大学生心理健康教育实务教程

张澜 闫华 田雪 韩冬雪 ◎ 主编

辽宁人民出版社

图书在版编目（CIP）数据

大学生心理健康教育实务教程 / 张澜等主编 . — 沈
阳：辽宁人民出版社，2024.2
ISBN 978-7-205-10843-4

Ⅰ.①大… Ⅱ.①张… Ⅲ.①大学生 — 心理健康 — 健
康教育 — 教材 Ⅳ.①G444

中国国家版本馆 CIP 数据核字（2024）第 028078 号

出版发行:辽宁人民出版社
　　　地址:沈阳市和平区十一纬路 25 号　邮编:110003
印　　刷:辽宁星海彩色印刷有限公司
幅面尺寸:185mm×260mm
印　　张:17
字　　数:362 千字
出版时间:2024 年 2 月 第 1 版
印刷时间:2024 年 2 月 第 1 次印刷
责任编辑:张天恒　王晓筱
封面设计:山月设计
版式设计:田永琪
责任校对:吴艳杰
书　　号:ISBN　978-7-205-10843-2

定　　价:42.00 元

Preface 前言

新时代背景下,大学生的心理健康状况发生了新的变化,他们的心理素质水平呈现出新的趋势。为了切实提高大学生心理健康水平,增强高校大学生心理健康教育教学实效性,依据大学生的心理健康发展需要,沈阳航空航天大学心理健康教育团队编写此教材,旨在完善教学体系、丰富教学内容、提高教学的效率与质量,力求兼顾理论性与实践性、实用性与趣味性于一体。我们就教材在专业建设与人才培养中的实际效果以及毕业生在实际工作岗位上的心理素质状况进行了调研,在此基础上,进一步完善教材的体系、结构、内容和形式,力求出精品教材。

本着理论与实践相结合,讲授与分析、研讨相结合的宗旨,教材设定了11个专题,分别为心理健康概述、适应心理、自我意识心理、挫折心理、人际交往心理、人格心理、情绪心理、恋爱心理、性心理、生命教育、健康教育。

此外,为提高大学生的思想品德,树立社会主义核心价值观,本教材把"立德树人"作为编写的核心指导思想,积极贯彻落实中共中央关于各类课程建设要与思想政治教育理论课程同向同行的要求,将党的二十大报告中阐述的爱国情怀、社会责任、文化自信、安全治理、航天强国精神等内容融入教材中,将育德和育才相结合,实现课程思政的育人价值,满足社会对高质量人才的需要。

本教材的作者,长期以来一直进行大学生心理健康教育教学工作,不仅具有扎实的心理学知识,而且积累了丰富的心理健康实际训练经验和技能。本教材是理论与实践、教学与科研有机结合的成果,既包含通俗的心理学理论知识,又解析了丰富生动的心理健康案例,增加了自我心理测试部分,便于学生进行理论学习与实践应用。

本教材由沈阳航空航天大学的张澜、闫华、田雪、韩冬雪担任主编。具体写作分工如下:专题一、专题五、专题十由闫华编写;专题二、专题六、专题八由田雪编写;专题三、专题四、专题七由张澜编写;专题九、专题十一由韩冬雪编写。张澜负责全书的设计、统稿和审定工作。

　　鉴于各种原因,本书还存在诸多不足之处,敬请广大读者批评指正。在写作过程中参阅和引用了一些专家学者的研究成果,选取了一些实际的心理健康案例,在此我们一并表示感谢。

编　者

2023 年 9 月

Contents
目录

专题一　健康从健心开始——心理健康概述

📚 专题导读

本专题主要内容包括心理健康的基本内涵以及心理问题的类型和特点,详细说明了心理健康的评价标准以及心理问题的主要解决方法。重点是帮助学生了解心理问题的类型划分以及心理问题的评判标准。

◎ 学习目标

1.理解健康和心理健康的内涵。
2.明确大学生心理健康的评价标准。
3.树立心理健康意识,培养时代新人。

◀ 案例导航

武翔(化名)是一名大四学生,平时学习非常努力,学习成绩也很不错。最近几个月,武翔被奇怪的腹痛"缠"上了,每当疲劳或精神紧张时,他的肚子就会痛。一天下午,武翔的肚子又痛了,开始是脐周痛,后来转为右下腹痛,同学们见状,连忙把他送到了医院。武翔告诉医生,他从小就有肚子痛的毛病,在家乡曾被诊断为慢性阑尾炎。医生结合病史和体检结果,很快作出了"慢性阑尾炎急性发作"的诊断,建议武翔做手术。手术进行得很顺利,武翔很快便康复了。然而,术后的病理报告却让武翔傻了眼,上面赫然写着"正常阑尾"4个字。难道我的肚子痛不是由阑尾炎引起的?武翔不由得担心起来。术后不久,武翔的担心变成了现实。每当他闷闷不乐或情绪激动时,肚子还会痛。最终,外科医生建议武翔去看心理医生。心理医生经过全面检查后认为,武翔患的是假性阑尾炎,或称"精神性阑尾炎"。经过一段时间的心理治疗后,武翔的肚子痛再也没犯过。

任务一　走进心理健康

一、健康与心理健康

(一)健康新概念

健康是人类永恒的话题,人们对健康概念的认识是随着社会的发展以及人类对自身认识的深化而不断丰富的。在生产力十分低下的时期,人类只关注如何适应自然和征服自然,维护自身的生存,对健康的理解处于懵懂状态。随着生产力水平的提高、医疗技术的进步,人们开始关注身体健康,防病治病的科学也应运而生,但人们基本上将健康与疾病看作是非此即彼的两个极端,没有疾病和不适就是健康。正如20世纪初英国出版的《简明不列颠百科全书》中对健康的定义为:"没有疾病和营养不良以及虚弱状态。"这种"无病即健康"的传统健康观念在很长时间里一直影响着人们的医疗保健观乃至政府的卫生政策。1989年在我国出版的《辞海》中,对健康的概念解释为:"人体各器官系统发育良好,功能正常,体质健壮,精力充沛并具有良好劳动效能的状态。通常用人体测量、体格检查和各种生理指标来衡量。"可见,数百年来人们对健康的认识还只是关注人的躯体生物学变化,对人的心理活动及社会适应没有涉及。一个人感冒了会去看医生,但一个人心情抑郁、沮丧,或是人际关系紧张、生活百无聊赖,是不会去看医生的。

然而,物质生活满足了,精神生活的需求自然提到日程上来。现代科技的飞跃与社会文化的迅猛发展,使现代社会生活中的人普遍面临着激烈的竞争,快速的节奏,前所未有的巨大心理压力使人不堪重负,临床医学上发现很多生理病的产生离不开心理的因素,临床诊断开始注意提醒病人心理调节,临床护理也开始注重心理的重要性。人们逐渐认识到心理、社会因素在健康与疾病及其相互转化中的不容忽视的作用,因而逐步确立了心身统一的健康观,从更全面的角度诠释健康的生物—心理—社会医学模式应运而生。

知识拓展　　**世界卫生组织对健康的定义**

早在1948年,联合国世界卫生组织(WHO)在成立宪章中就明确指出:"健康乃是一种身体上、精神上和社会上的完满状态,不仅仅是没有疾病和虚弱的现象,而且有完整的生理、心理状态和社会适应能力。"这种认识是现代社会人们对健康要领的全面总结与更新,健康不再仅仅是躯体的反映,同时还必须是心理活动正常、社会适应完满的综合体现。1988年,联合国卫生组织又增补了道德标准,这是健康概念的再一次深化,使健康的范围涉及个体生活和社会生活的各个方面。至此,健康不仅是没有疾病,而且包括心理健康、社会适应良好和道德健康。这是目前为止,对于健康的最全面、完整、科学、系统的理解,也是21世纪健康新概念。

(二)心理健康的内涵

心理健康是时代的课题,是现代社会进步与人类自身发展的客观要求。由于心理健康的迅速发展,迄今为止,关于心理健康的概念众说纷纭,难以统一。1946年的第三届国际心理卫生大会将心理健康定义为:"在身体、智能及情感上与他人的心理健康不相矛盾的范围内,将个人的心境发展成最佳的状态。"世界心理卫生联合会则将心理健康定义为:"身体、智力、情绪十分调和;适应环境,人际关系中彼此能谦让;有幸福感;在工作和职业中,能充分发挥自己的能力,过着有效率的生活。"美国精神病学家孟尼格尔(K.Menninger)认为:"心理健康是指人对于环境及相互间具有最高效率及快乐的适应情况。不仅要有效率,也不只是要有满足感,或是愉快地接受生活的规范,而是需要三者兼备。心理健康的人应能保持稳定的情绪、敏锐的智能、适于社会的行为和愉快的气质。"我国学者章颐年则认为心理健康包括:"像别人;和年龄相符;能适应他人;快乐;统一的行为;适度的反应;把握现实;相当尊重他人的意见。"学者张人骏则将心理健康概括为:"健全的认知能力;适度的情感反应;坚强的意志品质;和谐的个性结构;良好的人际关系。"著名心理学、性学专家王效道等认为心理健康具有如下特征:"智力水平处在正常值范围内,并能正确反映事物;心理和行为特点与生理年龄基本相符;情绪稳定、积极与情境适应;心理与行为协调一致;社会适应,主要是人际关系的心理适应协调;行为反应适度,不过敏,不迟钝,与刺激情境相应;不背离社会行为规范,在一定程度上能实现个人动机并使合理要求获得满足;自我意识与自我实际基本相符,'理想我'和'现实我'之间的差距不大。"

综上所述,心理健康的基本含义是指心理的各个方面及活动过程处于一种持续且积极发展的状态,在这种状态下,主体能作出良好的适应,并且充分发挥其身心潜能。心理健康具有生理、心理和社会行为三个方面的意义。

从生理上看,一个心理健康的人,其身体状况特别是中枢神经系统应当是没有疾病的,其功能应在正常范围之内,没有不健康的特质遗传。因为健康的身体特别是健全的大脑乃是健康心理的基础。只有具备健康的身体,个人的情感、意识、认知和行为才能正常运作。

从心理上看,心理健康的人不仅各种心理功能系统正常,而且对自我通常持有肯定的态度,能有自知之明,清楚自己的潜能、长处和缺点,并发展自我。现实中的自我既能顾及生理需求又能顾及社会道德的要求,能面对现实问题,积极调适,有良好的情绪感受和心理适应能力。

从社会行为上看,心理健康的人能有效地适应社会环境,妥善地处理人际关系,其行为符合生活环境中文化的常规模式而不离奇,角色扮演符合社会要求,与社会保持良好的接触,且能对社会有所贡献。

知识拓展　　　　　　　　　　**全国大学生心理健康日**

2000年,"5·25全国大学生心理健康节"在北京师范大学拉开帷幕,健康节名称取自"5·25"的谐音"我爱我",意为关爱自我的心理成长和健康,爱自己才能更好地爱他人。2004年,教育部、团中央、全国学联办公室向全国大学生发出倡议,把每年的5月25日确定为全国大学生心理健康日,随后得到很多高校的认同。多所高校都利用这一天开展多种形式的心理健康教育活动。如今,"5·25大学生心理健康活动周"已成为全国大学生活动的一个著名品牌。

二、大学生所面临的心理冲突

大学生心理发展正在迅速走向成熟,而又未达到真正的成熟,因而在心理发展过程中,矛盾和冲突在所难免。正是在解决这些矛盾、冲突的过程中,大学生的心理才进一步成熟起来。大学生面临的心理冲突主要有以下几种类型。

(一)独立性与依赖性的冲突

随着自我意识的增强,特别是离开家庭、进入了拥有一定社会气氛的大学校园之后,大学生的成人感迅速增强。他们渴望走向独立生活,强烈要求社会承认他们的成人资格,自信心、自尊心、独立意识都有很大提高。同时,大学校园环境也比以往自己的生活环境赋予个人更多的独立与自由空间。然而由于各种主客观因素的限制,大学生往往有独立的想法而不能实施独立的行动。例如,经济上的非独立性,使大学生要依赖父母;另外,由于经验缺乏,他们尚无法完全依靠自己的力量来处理好一系列复杂的实际问题。因此,在大学生身上,一方面有着强烈的独立意识,另一方面又有着显著的依赖行为。这种依赖性与迅速发展的独立性之间,产生了一种现实的矛盾冲突。

(二)理想性与现实性的冲突

每一个成长着的年轻人都会有自己的理想。大学生由于文化层次较高,与一般年轻人相比,更富有理想性。进入大学之前,容易把事情想象得非常美好,为自己设立较高的理想,等到进入大学后,会发现现实并非如此。由于社会经验的缺乏,自我评价能力的不足,他们往往会发现现实远非自己所想象、追求的那样完美,自己也远非想象的那样出色。理想与现实终究是有距离的,当理想受挫,不能化为现实时,必然产生强烈的心理冲突。因此,对大学生而言,最常困扰他们的是"理想我"与"现实我"、理想社会与现实社会之间所产生的矛盾,并可能由此引发出许多心理上、情感上的苦恼。

(三)心理闭锁与寻求理解的冲突

大学时代,是既渴望友情又追求孤独的时期。一方面,由于自我意识的发展,大学生常常对自己的内心世界进行细致而全面的探索、反省,希望有一方完全属于自己的自由角落,这是青年期最显著的心理特征之一。这种心理闭锁与真正的自我确立有着一定的关系。另一方面,大学生又害怕孤独,希望自己的情感有一个宣泄的对象,希望自己有一个可以共鸣的知己。虽然在刚走进校门的大学新生身上,可以更容易看到这种需求;但实际上,整个大学时代都存在着与他人建立起亲密关系以满足感情上的互助的需要。这种心理特征上的二重性,使大学生的情感生活更为复杂。

(四)性成熟与性心理的冲突

大学生就其生理和心理发展过程而言,已进入了性生理成熟和性心理趋向成熟的阶段。由于大学生是一个十分特殊的群体,他们在校学习时间的延长导致了他们社会化过程的后延。他们在经济上尚未独立,还生活在半社会化的校园中,他们还有比较艰巨的专业学习与专业训练的任务,他们的未来还有许多不确定因素,这一切导致了他们性心理的成熟落后于性生理的成熟,由此而产生种种与性心理有关的心理冲突。大学生对这类冲突往往敏感而焦虑,这对其心理发展与成熟有着重要的影响。

总之,大学时代是心理断乳的关键期。心理断乳,意味着个人离开父母家庭的监护,彻底切断个人与父母家庭在心理上联系的"脐带",摆脱对成人的依赖,成为独立的个体,建立自己独立的心理世界。在这一过程中,种种矛盾冲突交织在一起,成为大学生应认真对待的重要课题。

案例分析

警惕大学生心理虚脱

小李是信息电子专业的大一学生,刚进入大学时,曾立下目标,一定要好好学习,争取获得奖学金,因此,他把高中学习的劲头拿出来,上课认真听讲,记笔记,独立完成作业,同学暗地里称他为"新一代的老学究"。慢慢地,他发现周围的同学开始逃课、抄作业、打游戏,自己也逐渐被影响,放松了对自己的要求,成了"60分主义者",到了期末,考前突击式的复习勉强通过考试。

部分大学生进入大学后"如释重负",认为船靠码头车到站,学习失去了中学时的动力,奉行"60分万岁";有的学生梦想一夜之间能发大财,能成名人,但在实际生活中缺乏努力。面对蓬勃发展的社会,却激不起热情,消沉、懒散、躁动不安,像一个营养不良的人出现虚脱的现象,这正是大学生"心理虚脱"的典型特征。

任务二 心理健康评价标准

一、心理健康的等级

心理健康与生理健康是健康概念不可分割的部分,但是心理健康的标准并不像生理健康那样具体、精确和绝对。因为心理现象是主观精神现象,它的度量很难有一个固定而清晰的界限。任何人都有可能在一生中某个阶段产生一些心理问题,不存在永远心理健康的人。心理健康水平大体可分为四个等级:健康状态、不良状态、心理失调、心理病态。

健康状态表现为心情经常愉快,适应能力强,善于与别人相处,能较好地完成同龄人发展水平应做的活动,具有调动情绪的能力。

不良状态,是正常人群中常见的一种亚健康状态,这种状态持续时间较短,损害轻微,能完成日常工作、学习和生活,大部分通过自我调整能使心理状态得到改善。

心理失调主要表现为与他人相处略感困难,生活自理有些吃力,缺乏同龄人应有的愉快,如果主动调节或通过专业人员帮助可恢复常态。

心理病态表现为严重的适应失调,不能维持正常的生活、学习和工作,如不及时治疗,可能恶化成精神病,轻微的要依靠药物,严重的需要在医院接受封闭治疗。

二、大学生心理健康的标准

根据处于青年中期的大学生的心理特征和特定社会角色的要求,以及心理健康学的基本理论,大学生心理健康的标准可以概括为以下七个方面。

(一)能保持对学习较浓厚的兴趣和求知欲望

智力正常是人一切活动的最基本的心理条件,而大学生一般智力都比较优秀。学习是大学生活的主要内容,心理健康的学生珍惜学习机会,求知欲望强烈,能克服学习中的困难,学习成绩稳定,能保持一定的学习效率,可以从学习中体验满足与快乐。

(二)能保持正确的自我意识,接纳自我

自我意识是人格的核心,指人对自己以及对他人、对周围世界关系的认识和体验。人贵有自知之明。心理健康的学生了解自己,接纳自己,自我评价客观,既不妄自尊大而做力所不能及的工作,也不妄自菲薄而甘愿放弃可能发展的机会。自信乐观,生活目标与理想切合实际,不苛求自己,能扬长避短。

(三)能调控自己的情绪,保持良好的心境

情绪影响人的健康,影响人的工作效率,影响人际关系。心理健康的学生能经常保持愉快、开朗、乐观、满足的心境,对生活和未来充满希望。虽然也有悲、忧、哀、愁等消极体验,但能主动调节;同时能适度表达和控制情绪,喜不狂、忧不绝、胜不骄、败不馁。

(四)能保持和谐的人际关系,乐于交往

人际关系状况最能体现和反映人的心理健康状况。心理健康的学生乐于与他人交往,能用尊重、信任、友爱、宽容、理解的态度与人相处,能分享、接受和给予爱和友谊,与集体保持协调的关系,能与他人同心协力,合作共事。

(五)能保持完整统一的人格品质

人格是指人的整体精神面貌,人格完整是指人格构成要素的气质、能力、性格和理想、信念、人生观等各方面平衡发展。心理健康的学生的所思、所做、所言能协调一致,具有积极进取的人生观,并以此为中心把自己的需要、愿望、目标和行为统一起来。

(六)能保持良好的环境适应能力

环境适应能力包括正确认识环境以及处理个人与环境的关系。心理健康的学生在环境改变时能面对现实,对环境作出客观的认识和评价,使个人行为符合新环境的要求;能和社会保持良好的接触,对社会现状有清晰的认识,能及时修正自己的需要和愿望,使自己的思想、行为与社会协调一致。

(七)心理行为符合年龄特征

在人的生命发展的不同年龄阶段,都有相应的心理行为表现。心理健康的人的认识、情感、言行、举止都符合他所处的年龄阶段。心理健康的大学生应该精力充沛、勤学好问、反应敏捷、喜欢探索。过于老成、过于幼稚、过于依赖都是心理不健康的表现。

案例分析

求职中的决胜王牌

小张和小王是重点大学市场营销专业的大四学生,同住一个宿舍。在求职期间,一家外企到学校招聘,两个人分别投递了自己的求职材料。后来,他们都顺利地通过了笔试,并同时收到了面试通知。面试时,他们被分在两个会议室,主考官问了小张一些关于市场营销的问题,小张对答如流,并不时提出自己的新见解,受到了主考官的赞赏。在另一个会议室里,小王的面试也进行得很顺利,主考官对他的回答也表示十分满意。两人信心满满,似乎胜券在握。

面试快要结束时,主考官向两人分别提出了同样的问题:"对不起,我们公司的电脑出了故障,参加下一轮面试的名单里没有你,非常抱歉!"胜利在望的小张听到了主考官的话后,马上就变得没有了风度,质问主考官为什么会出现这样的事。主考官对他说:"你先别生气。其实,我们的电脑并没有出错。你以第一名的成绩进入了我们的面试名单。刚才的插曲只不过是我们给你出的最后一道题。面对竞争激烈的就业环境,你感到惶恐和不安是正常的,但是,你的心理承受能力实在太差了。市场营销部是全公司最有可能经历风险的部门,作为这个部门的高级人员,需要有良好的心理素质。我们希望你能找到更适合的工作。"小张愣住了:煮熟的鸭子飞了!没想到这也是一道考题!

在另一间会议室,小王在听完了同样的问题之后,面带微笑,十分镇定地说:"我对贵公司发生的这个错误十分遗憾,但是我今天既然来了,就说明我和公司有缘分。我想请您再给我一次机会,对公司来说,或许能够意外地选择一名优秀的员工。"主考官露出满意的神情:"你真是一个不错的小伙子!我们愿意给你这个机会。"

从专业知识和能力上看,小张和小王不相上下,而最终制胜的一张牌是他们的心理素质。

三、正确理解心理健康的标准

正确认识和运用大学生心理健康标准应注意以下几个问题。

一是心理不健康与有不健康的心理和行为表现不能等同。心理不健康是指一种持续的不良状态。偶尔出现一些不健康的心理和行为并不等于心理不健康,更不等于已患心理疾病。因此,不能仅从一时一事而简单地给自己或他人下心理不健康的结论。

二是心理健康与心理不健康不是泾渭分明的对立面,而是一种连续状态。从良好的心理健康状态到严重的心理疾病之间有一个广阔的过渡带。在许多情况下,异常心理与正常心理,变态心理与常态心理之间没有绝对的界限,只是程度的差异而已。

三是心理健康的状态不是固定不变的,而是动态变化的过程。随着人的成长、经验的积累、环境的改变,心理健康状况也会有所改变。

四是心理健康的标准是一种理想尺度,它不仅为我们提供了衡量心理是否健康的标准,而且也为我们指明了提高心理健康水平的努力方向。每一个人在自己现有的基础上作不同程度的努力,都可以追求心理发展的更高层次,不断发挥自身的潜能。

五是大学生心理健康的基本标准是能够有效地进行工作、学习和生活。如果正常的工作、学习和生活难以维持,应该及时调整。

了解与掌握心理健康的定义对于增强与维护人们的健康有很大的意义。当人们掌握了衡量人的心理健康标准,就能以此为依据对照自己,进行心理健康的自我诊断。发现自己的心理状况在某个或某些方面与心理健康标准有一定距离,就可以有针对性地加强心理锻炼,以期达到心理健康水平。如果发现自己的心理状态严重地偏离心理健康标准,就要及时地求医,以便早诊断、早治疗。

任务三　心理问题与应对

大学生心理问题综合起来大体可以分成两大类:一类是发展性心理问题,会导致产生心理上的困扰,这是大学生存在的主要心理问题;另一类则是出现了程度不等的心理疾病,需要心理治疗的介入。

一、发展性心理问题

(一)心理问题的表现

一是生活适应问题。这一问题在大一新生中表现最为突出。新生来自全国各地,与以往的家庭环境、教育环境、成长经历、学习基础等相差很大。来到大学后,在自我认知、同学交往、自然环境等各方面都面临着全面的调整和适应。由于目前大学生的自理能力、适应能力和调整能力普遍较弱,所以,在大学阶段的学习、工作和生活中,适应问题广泛存在。

二是学习问题。大学生的主要任务是学习,学习上的困难与挫折对大学生的影响最为显著。主要表现为学习压力大、缺乏学习动机、学习方法不当、考试焦虑等。

三是人际交往问题。每个人待人接物的态度不同、个性特征不同,再加上青春期心理固有的闭锁、羞怯、敏感和冲动,都使大学生在人际交往过程中不可避免地遇到各种困难,从而产生困惑、焦虑等心理问题,这些问题甚至会严重影响他们的健康成长。

四是恋爱与性问题。大学生处于青年中后期,性发育成熟是重要特征,恋爱问题是不可避免的。由于大学生接受青春期教育不够,很多学生根本不清楚什么是真正的爱情,对异性的神秘感和渴望交织在一起,由此产生了各种心理问题,严重的还会导致心理障碍。

五是经济方面的问题。经济困难的学生自尊心容易受挫,造成性格孤僻、心情忧郁、烦躁不安,导致学习成绩下降、人际关系冷漠,严重的情况下会影响学习、生活和健康发展。

六是求职择业问题。如今社会就业形势严峻,竞争激烈,很多大学生对自己认识不足,对社会也缺乏真正的了解,导致大学生面对就业充满失落和不安,对未来发展充满彷徨和焦虑。

(二)面对心理问题的态度

尽管这些年来,人们对心理健康的认识已逐渐加深,心理健康教育也越来越普及,但对于发生在自己身上的心理问题,有不少大学生还是觉得难以启齿,常常不知所措。倘若出现了心理问题,我们应该做到以下几点。

一是坦然面对。出现心理问题虽不是什么好事,但也完全不必如临大敌。一些同学可能在情绪上出现一些困扰,或者在身体上出现某些不适,就开始担心焦虑,甚至害怕长此以往会得上精神疾病。其实,心理健康也跟身体健康一样,在人的一生中难免会出现这样那样的问题,不必大惊小怪。

二是别急于"诊断"。心理问题本身多种多样,成因往往也很复杂,切忌盲目地从一些书籍上断章取义,或者道听途说,急于"对号入座",认定自己患了什么病。通常情况下,大学生的问题还是发展性的居多,很多都是"成长中的烦恼"。

三是学会自我调节。当出现心理困扰的时候,采取一些方法进行自我调节是一种积极的自我表现。自我调节的方法有很多,如运动法、音乐法、放松法、转移注意力、调整生活规律等,选择哪种方法因人而异、因困扰的问题而定、因拥有的条件而选择,只要有效就是好的调节方法。

四是不要讳疾忌医。就像得了生理疾病要去看医生一样,对于严重的、难以排解的心理问题,同样需要寻求专业心理医生的帮助。

腹式呼吸放松法

目的:缓解焦虑和紧张感。焦虑和放松不能共存,当人完全放松时就不会感到焦虑。放松可以训练,学会放松,焦虑紧张时就可以利用放松来调节。

放松训练的条件:首先树立放松的意愿。选择一个安静的场所,再找一把舒服的椅子,最好是半卧式沙发,使自己感觉舒适;要在饭后两个小时以后进行,因为消化过程不利于放松;放松期间,不要吸烟、喝酒、吃零食、说话等;坐下以后要摘下眼镜、脱掉鞋子、松开束身物品,如领带、皮带等。

操作要领(按次序):①安静,让心静下来;②用鼻子慢慢地吸气,想象"气从口腔顺着气管进入到腹部",腹部随着吸入的气的不断增加,慢慢地鼓起来;③吸足气后,稍微屏息一下,想象"吸入的氧气与血管里的浊气进行交换";④用口和鼻同时将气从腹中慢慢地自然吐出,腹部慢慢地瘪下去;⑤睁眼,恢复原状。如要连续做,可以保持入静姿态,重复呼吸。在紧张时,只要进行深呼吸2~3次,就可以起到放松的作用。

(三)正确认识心理咨询

心理咨询是指运用有关心理学的理论和方法,通过与咨询对象的交谈,达到解除或部分解除其心理问题,以求达到维持和增进其心身健康,促进其人格发展和潜能开发的过程。目前,很多医院开设了心理门诊,许多学校都相继建立了心理咨询室,社会上的心理咨询机构也逐渐增多。但是,在许多人眼里,对心理咨询仍存在很深的偏见,认为去咨询的人很可能有什么不正常或有精神病。此外,在国人的传统观念中,表露出情感上的痛苦是软弱无能的表现,对男性来说尤其如此。以上种种原因,使得很多人宁愿饱受精神上的痛苦折磨,也不愿或不敢前去咨询。其实,心理问题与精神病是两个不同的概念。每个人在成长的不同阶段及生活工作的不同方面,都有可能会遇到这样那样的问题,导致消极情绪的产生。对这些问题如能采取适当的方法予以纾解,问题就能顺利地解决;若不能及时加以正确处理,则会产生持续的不良影响,甚至导致心理障碍。这样看来,心理问题是日常生活中经常会遇到的,就这些问题求助于心理咨询并不意味着有什么不正常或有见不得人的隐私,相反,这表明了个体敢于直面自己的心理问题,具有较高的生活目标,希望通过心理咨询更好地自我完善,拥有高质量的精神生活。

二、常见的心理疾病

身体能生病,心理也一样能生病。生理疾病有轻重之分,心理疾病也是如此。心理疾病是指一个人由于生理、心理或社会原因而导致的各种异常心理过程、异常人格特征和异常行为方式。主要分为三大类:神经症、人格障碍和性心理障碍。

(一)神经症

神经症又称神经官能症、心理症或精神神经症,是一组轻性心理障碍的总称。神经症是由心理因素引起的,基本上都是主观感觉方面的不良,没有相应的器质性损害。表现为当事人一般社会适应能力保持正常或影响不大,有良好的自知力,对自己的不适有充分的感受,一般能主动求治。大学生群体里,常见的神经症有神经衰弱、焦虑症、抑郁症、恐惧症、强迫症等。

1.神经衰弱

神经衰弱是由于大脑神经活动长期持续性过度紧张,导致大脑的兴奋和抑制失调,神经活动能力的减弱而产生的心理障碍。当大学生遭遇某些负性生活事件,如亲人死亡、人际关系紧张、情感受挫、学业失败等,由这些负性生活事件所引起的忧虑、愤怒、怨恨、委屈及悲伤等情绪体验可导致大脑皮层的神经活动失调,进而发生神经衰弱。当大学生生活不规律及学习安排不当,缺乏良好的休息和睡眠,思想负担或压力增大,也易于导致神经衰弱的发生。

案例分析

石某是某重点大学理科一年级的学生。他的主要问题是对学习感到格外吃力,学习过程中也极易疲劳。该生往往只看了十几分钟的书,脑子里便乱成一团麻,再也无法继续看下去。学习中一些很小的事情,也会分散该生很大精力,注意力很难集中,学习兴趣明显下降,经常感到乏累,整天无精打采,睡眠出现障碍,每天晚上躺在床上需两三个小时才能入睡,尽管想了许多催眠的方法,但均无济于事。该生同时还伴有心情沉重等症状。据该生自述,他已面临退学的危险,迫切希望得到心理工作者的帮助。

2.焦虑症

焦虑症是由紧张、不安、忧虑、恐惧等感受交织而成的情绪状态,包含着对危险、威胁和需要特别努力但对此又无能为力的苦恼。在生理上表现为自主神经系统活动增加、肾上腺素输出量提高、心跳加快、皮肤出汗、面色苍白、呼吸急促、尿频尿急等症状。如果这种状态持续的时间长,会出现坐立不安的症状,而且会影响到消化和睡眠。因此,个体出现焦虑情绪状态时,一般都伴随有生理行为及认知方面的异常反应。在日常生活中,很多人都体会过焦虑情绪,比如,考试前夜难以入眠,比赛之前忐忑不安,这些暂时性的焦虑反应不属于心理异常,不会造成身体和心理的损害。焦虑有时是在应急情况下出现的一种正常的反应,仅在反应过分强烈或体验与事实严重不相符时,才会对身心产生危害。

案例分析

新生入校,娜娜被分配到四人间宿舍,其余几人是同班同学。在此期间,娜娜频繁和辅导员老师反映室友玩电脑、打电话影响其休息。之后,学校安排一名大二学生搬进该宿舍。娜娜的情绪开始波动,强烈地表达了不能接受大二学生。一个多月后,老师通过和娜娜本人及同学的沟通了解到,近期,娜娜总是担心一些实际上没有发生的事情,在一些毫无意义的问题上冥思苦想,纠缠其中不能脱身。同学说娜娜现在变得极为敏感、挑剔,不能接受同学的正常行为,寝室关系极为紧张,有时情绪异常低落并有些语无伦次,已经出现多次无故旷课情况。辅导员老师求助学校心理老师,初步判断娜娜存在明显的精神焦虑,但是否是焦虑症,还需要由心理医生作出诊断。

3.抑郁症

抑郁症又叫忧郁症,是最常见的一类情绪障碍。在现实生活中,每个人都会有情绪波动,情绪低落是很多人都经历过的情绪体验,如考试失败令我们沮丧,恋爱分手让我们痛苦,未来发展使我们焦虑,但这不一定就是患了抑郁症。抑郁症是一种以持久的情绪低落状态为特征的神经症,常伴有焦虑、躯体不适和睡眠障碍等症状。在心理异常中最为常见但不容易辨别,起病大多缓慢,病人内心感到痛苦,最初往往是失眠、乏力、食欲不振、学习及工作效率低等。抑郁症的典型症状可概括为"三低""四失去"。"三低"指情绪低落、思维缓慢、言行迟缓。"四失去"指失去兴趣——对任何事情都不感兴趣,包括以往的特长爱好;失去精力——精神不振、四肢无力,既不能进行剧烈活动,又不能持续思考,因而萎靡不振、力不从心;失去自信——自我评价过低、夸大缺点、妄自菲薄;失去希望——悲观失望、厌倦生活,并且常有失望与无助感,在生活中感到痛苦,在绝望中时常有自杀的念头。

案例分析

某大二学生,自述"心情忧郁、乏力,对学习反感,精力难以集中,做事无兴趣,感到生活没有意义"。高三时,常胃痛、腹泻,当时医生诊断为"胃肠炎",经治疗后好转。进入大学后,军训时,常有腹痛、腹泻,经胃镜检查诊断为"浅表性胃炎、十二指肠球炎"。服药治疗后效果不佳,因此感到焦虑不安,进而影响学习。到第二学期时,学习兴趣下降,讨厌学习,不愿看书,上课听不进去。无任何业余爱好,从不参加课外活动,业余时间常看一些医学书籍,最近一学期学习成绩下降,有些主要科目考试不及格。此后,有时想抓紧时间学习,但因头晕、胃部不适未能坚持。很少与他人交往,养成了孤僻的性格,常常独坐一处,显得孤独、忧郁。咨询过程中,总是问一句才答一句,回答问题时语调很低,有气无力,行动迟缓,反应较慢,始终低垂着头。经学校心理老师初步判断,该生存在明显的抑郁倾向,但是否是抑郁症,还需要由心理医生作出诊断。

4. 恐惧症

恐惧症是当事人的焦虑长久地固定于某一事物或某一情境,并产生一种持久的、特殊的、不合理性的恐惧。也就是说,即使当事人明明知道自己不会受到伤害,仍然无法控制自己的恐惧心理。常见的恐惧症类型主要有社交恐惧症、场所恐惧症和物体恐惧症。大学生中较常见的是社交恐惧症,它是指对某一特定社交场所和对象产生的恐惧心理。如有的大学生不敢与他人的目光相对,眼睛总是游离于房顶或窗外;有的大学生不敢与异性说话或交往,一看到异性就脸红、心跳,严重者甚至出现面红耳赤、出汗、心慌、震颤、眩晕、呕吐等。场所恐惧症主要表现为对特定场所产生恐惧,如对高空或黑暗等产生恐惧,不敢在高处停留,甚至不敢在高楼上居住,不敢独自一人处于黑暗中,担心自己无法自控或晕倒,甚至出现濒死感。物体恐惧症主要表现为对某些特定的物体产生恐惧,如对动物的恐惧,害怕猫、老鼠、狗、蛇、鸟类及昆虫等。恐惧症给患者的生活、学习和工作都会带来不良影响及苦恼。恐惧症的产生往往与患者以前在某一特定场景受到的惊吓或痛苦的经历有关。为了防止再次出现过去的痛苦经历,患者在心理防御机制上,就采取了躲避、退缩的行为。另外,恐惧症的形成也与认知和个性有关,恐惧症患者的特点多为羞怯、胆小、内向、依赖性强,遇事易出现焦虑和强迫倾向。大多数成人的单纯恐惧来源于儿童期曾有过的体验。

案例分析

女生宋某的心理总有一个无法解开的结。中学时,一次上数学课,老师要求看前面的幻灯片,可不知为什么她的眼睛却总向她后桌的方向看,当时她特别紧张,管不住自己的眼睛。大概她的波动情绪被后面的男生发现,男生们以咳嗽、清嗓子等方式发出怪动静。她是一个学习好、自尊心强的女孩子,受不了他们这样的方式,又无法诉说和解释,于是她开始少说话,少出门。后来顺利上了大学,可越来越怕去公共场合,总感觉别人在背后指责她。好不容易到了放假,近一个半月的假期生活,怕见亲戚、邻居、朋友,尤其对男性更敏感,每天闭门不出,郁郁寡欢,身体也越来越差。

5. 强迫症

强迫症是当事人以自我强迫为突出症状的神经症。所谓自我强迫是指患者的行为不受自己意志的支配,即使其行为违反自己的意志却仍然不自觉地重复,从而导致精神焦虑和痛苦。强迫症的临床症状多种多样,大体上分强迫观念和强迫动作,二者有时单独出现,有时同时出现。这些观念和行为在当事人心中往往有特别的象征意义,如果不那样做,就总觉得内心不安。强迫观念包括:强迫回忆,患者反复回忆无关紧要的事或过去的经历;强迫疑虑,对自己的行动是否正确无误,产生不必要的疑虑;强迫性穷思竭虑,即对自然现象或日常生活事件发生的原因进行无效的反复思考;强迫性对立思想,即摆脱不了和自己的认识相对立的思想的纠缠,感到苦恼。强迫动作有:强迫洗涤,当患者的手或身体接触陌生人或陌生人用的东西时,不能控制地去洗手、洗涤全身;强迫计数,患者不可克制地计数某些东西;强迫性仪式动作,患者常重复一套刻板动作,进门一定要左足先跨,接着向前走两步向后退一步,或上床睡觉前,按规定的次序脱衣脱鞋,然后绕床一圈,不这样做,会感到心中不安。无论强迫观念还是强迫行为,一个共同的特点就是明知这种思考或动作毫无意义,甚至感到荒谬,但却难以控制。不去做,痛苦,做完之后再反复数次做,更加痛苦。

案例分析

大学生小王性格畏首畏尾,谨小慎微,办事情总希望尽善尽美。复习功课时台灯放得高了,认为照明度不够;放低些,觉得挡视线,每次晚上看书前都得调半个多小时台灯的高度。虽然明知道没有必要,但不调就看不了书。不光这方面,穿裤子时,皮带系紧了,他感觉影响了自己的呼吸,系松了又认为有碍个人的形象,他便将皮带扣在第四个眼儿里,又扣在第五个眼儿……这样常常反复几十次。

知识拓展

强迫症还是强迫倾向

"强迫症"已经成为现代人的一个常用术语,在很多时候它还带有娱乐性质。我们经常会把这个词用在自己或朋友身上,比如说寝室同学喜欢把东西放得整整齐齐,我们会认为他有强迫症。再比如说自己关灯锁门离开房间以后,总忍不住要问自己"我关灯了吗?""我锁门了吗?"并且要回来确认一下,然后跟同行的同伴说:我有强迫症。此外,对事物力求分毫不差、尽善尽美,是普遍认为的强迫症。实际上,这可能只是一种强迫倾向,而不是强迫症。

(二)人格障碍

也称变态人格、病态人格、人格异常。是指人格特征显著偏离正常,从而使患者形成了特有的行为模式,不能适应正常的社会生活。人格障碍有三大类群:第一类以行为怪僻、奇异为特点,包括偏执型、分裂型人格障碍;第二类以情感强烈、不稳定为特点,包括癔症型、自恋型、反社会型人格障碍;第三类以紧张、退缩为特点,包括回避型、依赖型人格障碍。

1.偏执型人格障碍

偏执型人格障碍又称妄想型人格障碍。这种人的主要特点是固执刻板、敏感多疑和自我评价过高。他们往往心胸狭隘,好嫉妒,易冲动和诡辩,报复心强,与同事或上级难以相处。

2.分裂型人格障碍

分裂型人格障碍主要表现为退缩、孤僻、胆怯、安静沉默、过分敏感、害羞、性格怪僻,从不关心他人对自己的鼓励、赞扬或者批评,对人际关系采取不介入的态度,常常独来独往,很少流露出自己的情感,也没有朋友。他们常沉湎于幻想之中,幻想内容缺乏情感色彩,对现实的认识能力保持完好,但活动能力差,缺乏进取心,对竞争环境采取回避态度。

3.癔症型人格障碍

癔症型人格障碍又称表演型人格障碍。其主要特征表现为过分做作,暗示性强(包括自我暗示和他人暗示),以自我为中心,情感不稳定,往往由细微刺激引起暴发性情绪,反应过强,日常生活就好像在舞台上一样,通过一些夸张的、戏剧性的行为来引人注目。

4.自恋型人格障碍

自恋型人格障碍主要特征是自我评价过高,自傲自负,但脆弱,过分关注别人的评价,要求别人持续地关注和赞美;对批评则内心感到愤怒和羞辱,但外表以冷淡和无动于衷的反应来掩饰。他们不能理解别人的细微感情,缺乏将心比心的共同感,人际关系方面多彼此利用。

5.反社会型人格障碍

反社会型人格障碍主要表现为思想信念和行为常与社会规范发生冲突,自私自利,情感冷漠,不诚恳,不坦率,不考虑社会义务,缺乏悔恨、羞愧之心,法制观念差。以不负责任和违背社会道德的行为模式为主要特征。反社会型人格障碍对社会的危害最大,他们不但苦恼自己,同时还干扰了他人的正常社会生活。

6.回避型人格障碍

回避型人格障碍又叫逃避型人格,其最大特点是行为退缩、心理自卑、面对挑战多采取回避态度或无能力应付。主要表现为缺乏自信,怀疑自身价值,敏感,特别是在遭到拒绝和反对时,感觉受到了较深的伤害。在生活中尽管有交往的需要,但大多数人仍与周围人保持一定距离,他们很难同别人进行深入的感情交流。

7.依赖型人格障碍

依赖型人格障碍又称衰弱型人格障碍,主要表现为缺乏信心和独立意识,感到自己能力低下,被动服从别人的愿望,精力不足,容易疲劳,对身体不适和精神刺激的反应特别敏感,情绪容易波动,经常为小事伤感,缺乏生活乐趣。他们不肯负责,也缺乏自尊自重,常有过多的申诉和要求,总是希望别人能给自己帮助或让自己去依靠。网瘾、吸毒成瘾的人往往具有此种人格。

(三)性心理障碍

1. 露阴癖

所谓露阴癖,或称暴露癖,是将自己的生殖器暴露给非自愿的异性看,从对方的恐慌害怕或惊叫厌恶的反应中获得性欲的唤起和满足。暴露癖是比较常见的一种性变态心理,这种变态行为者几乎都是男性。这种行为既可在较为僻静、阴暗的地方发生,也可在人多拥挤的场合发生。露阴癖者选择的异性大多是比自己年轻且不熟悉的女性。通常情况下,露阴癖者并不对异性构成直接的暴力侵害,而是露阴成功后立即离去,以逃避受制裁。

2. 恋物癖

恋物癖,即以物代人,以某种异性用品如女性贴身用品作为性欲对象刺激和满足自己的性欲,一般以成年男性居多。恋物癖的特点是性行为的对象不是女性的性器官,而是女性使用的物品,所恋之物多数是女性用过或正在使用的贴身穿戴物,通常是以非法手段取得。患者大多性格内向、抑郁,平时缺少异性伙伴,性启蒙较早。有的有恋物癖的大学生平时品行良好,无流氓行为,发作前有明显的紧张性、焦虑性冲动,失去自控能力,事情过后有强烈的自责、悔恨以及改过的心理。

3. 窥淫癖

窥淫癖指的是寻找时机窥视异性裸体及他人的性行为来获得异常的性满足和性快感,并以此来代替正常的情欲和性交。主要行为特征是偷看异性的性器官、裸体,或他人的性生活,是一种异常的心理与行为表现。窥淫癖者常在夜晚潜伏在他人住房的窗外、厕所或浴室,偷看年轻夫妇的性生活及正在上厕所或洗澡的女性裸体。他们有时借助于望远镜或利用镜子反射,为了达到窥视的目的常常不择手段,甚至不惜冒很大的风险。

4. 恋童癖

恋童癖的性欲对象不是成人,而是专门选择儿童作为性欲满足的对象。恋童癖者几乎仅限于男性,大多数恋童者与儿童间的性行为仅限于抚弄儿童的外生殖器,或让儿童触摸自己的生殖器,只有少数人试图性交。在我国恋童癖不仅是性变态的问题,同时也是一种严重的犯罪行为。

5. 施虐癖与受虐癖

施虐癖与受虐癖是指两性之间通过暴力方式来得到性满足。施虐者对所爱的对象施以精神及肉体上的虐待或痛楚,以获得性兴奋。当施虐癖发展到极端时,便可能是一种精神病的表现,患者不再满足于施虐,而是常在性活动之后以极残忍的手段杀害对方,叫色情杀人狂,对社会构成重大危害,是要受到法律严惩的。受虐者与施虐癖正相反,以他人对自己的身体实施残害达到进一步的性心理满足。

三、经典的心理治疗方法

(一)精神分析疗法

精神分析疗法又叫心理分析疗法,是心理治疗中最主要的一种治疗方法,由奥地利精神科医师弗洛伊德在19世纪末创立。弗洛伊德通过对大量精神病患者、神经症患者的观察与治疗,以及对他自己内心世界的艰苦分析,提出该疗法。弗洛伊德认为,许多心理障碍的形成,是由于那些被压抑在个人潜意识当中的本能欲望或意念没有得到释放的结果。把无意识的心理过程转变为有意识的,破除潜抑作用,揭穿防御机制的化装,使病人真正了解症状的真实意义,便可使症状消失,这个转变工作就是精神分析。

最适于使用精神分析治疗法的病是歇斯底里、强迫症和恐惧症。病人要受过适当的教育,能理解医生的解释。实际年龄可以不加限制,但一般地说,20~40岁的病人较易收到疗效。通常精神分析疗法的治疗时间会很长,至少需要半年、一年或更多时间,每周会见3~6次,每次平均一个小时,累计费用会很高,因此应事先向病人说明这点以取得较好的合作。精神分析的过程中,心理分析师通常使用解析、自由联想、催眠、释梦等技巧。梦的显意相当于神经症的症状,隐意相当于形成症状的无意识动机。对梦的隐意加以分析有助于揭露病人症状的真意,有助于破除病人的阻抗。在进行自由联想时,通常是让病人在一个比较安静的房间内,躺在沙发床上随意进行联想。一般来说,医生往往鼓励病人回忆从童年起所遭遇到的一切经历或精神创伤与挫折,从中发现那些与病情有关的心理因素。无论采用哪种技巧,最终目的都是发掘病人压抑在潜意识内的致病情结或矛盾冲突,把他们带到意识域,使病人对此有所领悟,并重新建立现实性的健康心理。

> **知识拓展**
>
> ### 西格蒙德·弗洛伊德
>
> 西格蒙德·弗洛伊德(Sigmund Freud,1856—1939),奥地利精神病医师、心理学家、精神分析学派创始人。
>
> 1895年正式提出精神分析的概念。
>
> 1899年出版《梦的解析》,被认为是精神分析心理学的正式形成。

1919年成立国际精神分析学会,标志着精神分析学派最终形成。

他开创了潜意识研究的新领域,促进了动力心理学、人格心理学和变态心理学的发展,奠定了现代医学模式的新基础,为20世纪西方人文学科提供了重要理论支柱。

(二)行为疗法

行为治疗是以减轻或改善患者的症状或不良行为为目标的一类心理治疗技术的总称,具有针对性强、易操作、疗程短、见效快等特点。行为治疗主要关心当前的行为问题,强调通过学习、训练提高病人的自我控制能力,通过控制情绪、调整行为及内脏生理活动来矫正异常行为,治愈疾病。通常治疗过程分三步:首先,确认来访者的不良行为,据此可制定治疗目标、选择治疗技术和方法;其次,以适当的技术方法对不良行为进行矫正,帮助来访者建立起新的行为方式;最后,记录靶行为的基线水平及变化过程,以评价治疗过程。行为疗法具体包括系统脱敏疗法、满灌疗法、厌恶疗法、生物反馈疗法等,其核心都是利用控制环境和实施强化,使来访者习得良好行为,矫正不良行为。

知识拓展

约翰·华生

约翰·华生(John Broadus Watson,1878—1958),美国心理学家,行为主义心理学的创始人。他认为心理学研究的对象不是意识而是行为,主张研究行为与环境之间的关系,心理学的研究方法必须抛弃内省法,而代之以自然科学常用的实验法和观察法。他在使心理学客观化方面发挥了巨大的作用。其著作《行为主义》一书是行为主义的宣言式著作。

(三)以人为中心的治疗

以人为中心的治疗是人本主义的心理治疗之一,创始人是美国心理学家、人本主义心理学代表人物之一卡尔·罗杰斯(Carl Rogers)。他认为人性发展的基本属性是建设性的,人有追求美好生活和为之奋斗的本性。变态行为和疾病的产生,主要是因为不适当的环境使人的潜能不能发展或向歪曲的方向发展。不适当的环境因素中,最重要的就是人际关系,因此,治疗师的主要任务是提供良好的治疗关系,帮助患者有能力发掘自身潜能恢复健康。以人为中心的治疗主要有两种形式:一是个别谈话治疗,即来访者中心疗法,对象一般是有心理冲突或心理疾病的患者,治疗中要提供适宜的环境气氛,开发出来访者自身的改造自我概念和指导自己行为的潜能;二是通过"交朋友"小组进行小团体治疗,"交朋友"小组的成员由背景或问题相似的人组成,一般10人左右,通过集体活动的相互影响,来矫正一些适应不良行为及心理障碍。

(四)认知疗法

认知疗法是由亚伦·贝克创立的体系。认知是指认识和看法,对自己的看法,对他人的想法,对环境的认识和对事情的见解,等等。由于文化、知识水平及周围环境背景的差异,人们对问题往往有不同的理解和认知。经历某一事件的个体对此事件的解释与评价、认知与信念,是其产生情绪和行为的根源,对于不合理的认知和信念引起不良的情绪和行为反应,通过发现、挖掘这些思维方式,加以分析、批判,再代之以合理的、现实的思维方式,就可以解除患者的痛苦,使之更好地适应环境。一般来说,认知疗法适用于各种神经症,但主要用来治疗抑郁症,还适用于焦虑障碍、社交恐惧、偏头痛、考试前紧张焦虑、情绪激怒等症状。

知识拓展

亚伦·贝克

亚伦贝克(Aaron Beck),认知疗法的创立者。曾任宾夕法尼亚大学医学院教授和认知治疗中心主任。他长年从事精神分析的治疗,对于当事人的自动化思考很有兴趣。他提出若要了解情绪困扰的本质,必须把焦点放在个人对于引发困扰的事件的反应或想法上。其目标在于针对当事人自动化的想法形成相对应的转变图式。

(五)森田疗法

森田疗法,是由日本慈惠会医科大学森田正马教授于1920年创立的适用于神经症的特殊疗法。其基本治疗原则就是顺其自然,即接受和服从事物运行的客观法则,病人在这一态度的指导下正视消极体验,接受各种症状的出现,把心思放在应该去做的事情上,这样,病人心理的动机冲突就排除了,他的痛苦就减轻了。森田疗法主要的适应症是焦虑症、恐惧症、强迫症、疑病症、神经症性睡眠障碍等。森田疗法可分门诊治疗和住院治疗两种形式。门诊治疗每周一次,接受生活指导和日记指导,疗程约2~6个月。经典的森田疗法是住院治疗,大致分为四个时期:首先是绝对卧床期,4~7天。禁止病人做任何的事情,病人会有无聊的感觉,总想做点什么。其次是轻微工作期,3~7天。此间除可轻微劳动外仍然不能做其他事情,但开始让病人写日记。再次是普通工作期,3~7天。病人可开始读书,努力工作,以体验全心投入工作以及完成工作后的喜悦。最后是生活训练期,1~14天。这一时期为出院准备期,病人可进入一些复杂的实际生活。

森田正马

森田正马(Morita Shoma,1874—1938),日本学者,森田疗法的创始人。他对当时认为治疗神经症有效的各种疗法进行实践验证,尝试运用药物疗法、说服疗法、催眠疗法,均未收到预期效果。最后,他从当时的主要疗法如安静疗法、作业疗法、生活疗法中吸取精华,有机结合,创造了独特的森田疗法。他的著作至今在日本各大城市的书店中仍可找到。

过去,这些学派之间的争论十分激烈,各学派的治疗者坚守自家的理论观点和方法,对于其他学派的理论观点及方法技术很少问津。在多年的心理咨询与治疗的实践中,人们越来越清楚地认识到没有哪一种理论和方法适用于所有来访者、所有问题和所有情况。由此,心理治疗各学派经历了深入的自我反省,认识到各自所钟爱的理论之不足,开始对自身理论方法进行再思考,逐步为弥补自身不足而取其他学派之所长,在技术方法上也尝试着较为灵活的综合运用,在理论上采取更为开放的态度以寻求更为统一、综合的模型。于是,各种理论学派渐渐呈现出"门户开放"的整合倾向。

课后自习

一、心理测试

抑郁自评量表(SDS)

请仔细阅读每一条文字,然后根据你最近一星期的实际情况打分。(A.没有或很少时间,计1分;B.小部分时间,计2分;C.相当多时间,计3分;D.绝大部分或全部时间,计4分)

1.我觉得闷闷不乐,情绪低沉。
2.我觉得一天之中早晨最好。
3.我一阵阵哭出来或觉得想哭。
4.我晚上睡眠不好。
5.我吃得跟平常一样多。
6.我与异性亲密接触时和以往一样感觉愉快。
7.我发觉我的体重在下降。

8.我有便秘的苦恼。

9.我心跳比平时快。

10.我无缘无故地感到疲乏。

11.我的头脑跟平常一样清楚。

12.我觉得经常做的事情并没有困难。

13.我觉得不安而平静不下来。

14.我对将来抱有希望。

15.我比平常容易生气激动。

16.我觉得作出决定是容易的。

17.我觉得自己是个有用的人,有人需要我。

18.我的生活过得很有意思。

19.我认为如果我死了别人会生活得好些。

20.平常感兴趣的事我仍然感兴趣。

评分原则:

2,5,6,11,12,14,16,17,18,20为反向计分题。将20个题项的得分相加算出总分"Z"。根据Y=1.25×Z,取整数部分的标准分。

结果解释:

Y < 35,心理健康,无抑郁症状;

35≤Y < 55,偶有抑郁,症状轻微;

55≤Y < 65,经常抑郁,中度症状;

Y≥65,有重度抑郁,必须及时请教医生。

二、案例阅读

　　大一新生小丽,从小深得父母宠爱,上大学前生活均由父母照料。进入大学之后,由于不能适应当地的气候条件和生活习惯,水土不服,不久因体质虚弱而住院。她在生病期间,同父母商量打算回家,并向老师提出退学要求。她认为,家乡地广人稀,自然环境优美,空气新鲜;而学校人多嘈杂,宿舍拥挤,学校餐厅的饭菜不合口味,生活上很不习惯。而且,平时听不到乡音,自己浓重的方言又常引起别人的讥笑,连开口说话的勇气都没有,总觉得自己是个被抛弃的外乡人。入学以后小丽变得孤独自卑了,非常想念中学时的老师和同学,每次父母打电话来,她都泣不成声。晚上熄灯后她躲在被窝里哭,久久不能入睡,睡梦中也总是与家人和朋友在一起。小丽的父母希望她好好读书,她也想快乐起来,投入到新生活中去。她也曾强迫自己学习,但学习上总感到吃力,特别怕上高等数学和英语课,感觉没有老师和同学的帮助,自己就学不进去。最近一段时间总是担心期末考试不及格,会让父母着急,因此内心充满了烦恼和忧虑,每天坐在教室和图书馆,常常望着书发呆,学习效率很低。原来的她活泼、开朗,也比较乐观,现在她感觉自己像变了一个人,每天接听电话成为她生活中唯一的精神寄托,在学校实在待不下去了。

　　小丽进入大学之后,身体、心理的一系列变化缘于不能适应现今大学生活与过去生活的巨大反差。过去小丽的生活基本由父母照顾,舒适、平静而有规律。进入大学以后,生活环境、人际交往、学习方式、自我评价等都发生了很大的改变,这对于大学生来说,本是一个锻炼、提高自己生活自理能力和环境适应能力的好机会。但小丽不愿改变自己,不想融入新的生活之中,相反总是停留在对过去的回忆、与父母的联系之中,显得与大学生活格格不入,而且这种消极应对的方式也使得她产生了强烈的挫败感和自卑感,引发了焦虑、抑郁、失望等消极情绪和身体不适,加剧了对大学生活的不适应。大学生需要增强心理保健的意识,提高心理免疫力,以积极的心理状态适应学校和社会生活。

三、课后思考

　　1.不同时代对健康有不同的理解,请你说说现代对健康概念的认识。

　　2.评价大学生心理健康的标准有哪些? 你是如何理解评价标准的?

　　3.大学生常见的心理问题有哪些? 应该如何面对心理问题?

专题二　开启大学生活——适应心理

📚 **专题导读**

　　本专题主要内容包括适应心理的内涵、大学生的适应心理特点和类型、大学生适应心理问题的调适以及如何有效管理大学生活。重点掌握大学生适应心理问题的具体调适方法。

🎯 **学习目标**

　　1.了解适应与心理适应问题。
　　2.知晓大学生的适应心理特点和类型,掌握大学生提升心理适应能力的途径。
　　3.培养和完善大学生社会适应能力。

✒ **案例导航**

　　来自浙江的19岁大一新生艾米,父亲是某私企的老板,母亲是某法院的法官,家境优渥。从小除了学习以外,其他事情都不用艾米操心,所以专注于学习的艾米成绩一直名列前茅。可是从小的娇生惯养使艾米既缺乏与人沟通的技巧,又缺乏生活自理能力。怀揣着家人的期待和自己的梦想迈进大学校园的艾米,却发现与想象中的美好大相径庭。

　　艾米就读于一所地处北方的重点院校,而作为土生土长的南方人,她出现了一定程度的水土不服,气候条件不适应,饮食也不习惯,导致本就瘦弱的她随之病倒了。没有了家人的照顾,加之平时艾米严重的"公主病",同学也不愿意给予她更多帮助。她觉得自己没有知心的朋友,在集体生活中的格格不入让她感到自卑。学习成绩也一落千丈,学习热情逐步退却。艾米越发自暴自弃,厌弃大学生活,封闭自己,拒绝社交活动,事事逃避。情急之下,艾米打电话给父母要求退学。

任务一　适应心理概述

一、适应心理的概念

心理学范畴里使用适应概念时通常有三个角度：一是生物学意义上的适应即生理适应，如感官对声、光、味等刺激物的适应；二是心理上的适应，通常是指遭受挫折后借助心理防御机制来使人减轻压力、恢复平衡的自我调节过程，这是一种狭义的适应概念；三是对社会生活环境的适应，包括为了生存而使自己的行为符合社会要求的适应和努力改变环境以使自己能够获得更好发展的适应，这是社会适应的概念。

目前解释适应概念比较权威的定义来自朱智贤主编的《心理学大辞典》，该辞典中对"适应"的定义为："适应是来源于生物学的一个名词，用来表示能增加有机体生存机会的那些身体上和行为上的改变。心理学中用来表示对环境变化作出的反应。如对光的变化的适应和人的社会行为的变化等。瑞士著名儿童心理学家皮亚杰认为，智慧的本质从生物学来说是一种适应，它既可以是一个过程，也可以是一种状态。有机体是在不断运动变化中与环境取得平衡的，它可以概括为两种相辅相成的作用：同化和顺应。适应状态则是这两种作用之间取得相对平衡的结果。这种平衡不是绝对静止的，某一个水平的平衡会成为另一个水平的平衡运动的开始。如果机体与环境失去平衡，就需要改变行为以重建平衡。这种平衡—不平衡—平衡的动态变化过程就是适应，也是儿童智慧发展的实质和原因。"这一定义至少从以下三个方面说明了适应这一心理现象的性质与特点：第一，心理适应是主体对环境变化所作出的反应；第二，心理适应是一个重建平衡的动态变化过程；第三，心理适应的内部机制是同化与顺应的平衡。这三点对于理解适应的概念具有重要的作用。

二、适应心理的类型

适应是个体与环境相互作用的过程，从个体发展角度而言，个体在适应的过程中，存在不同的态度，这极大影响了在现实中适应环境的行为方式，或改变自己适应环境，或改变环境适应自身发展。依据适应的态度和行为方式，可把适应分为积极适应和消极适应两种类型。

（一）积极适应

积极适应是指个体充分发挥主观能动性，积极主动地调整自己与环境不相适应的行为,尽最大可能改变环境使之适合自己发展的需要,是一种比较高级主动的适应方式,强调为了个体的提高和发展而努力改变环境。

(二)消极适应

消极适应是指个体改变自己的行为或态度来适应外部环境的要求,是一种基本的比较被动的人与环境的消极互动的过程,强调的是为了个体的生存而改变自己与环境不匹配的行为或态度。

无论是积极适应还是消极适应,其目的都是为了使个体与环境达到一种暂时的平衡,消极适应更强调为了生存而改变自己,积极适应则强调为了提高和发展而改变环境,二者不可分割。在每个人的发展过程之中,生存与发展密不可分:首先,要能够生存,才谈得上发展;其次,要学会生存适应,才能达到发展适应水平。

任务二　适应心理分析

大学生从中学迈入大学,全新的角色面临着全新的环境与生活,有些同学不能及时适应,产生了包括独立生活困扰、角色认同困扰、学习能力困扰、人际关系困扰、职业规划困扰等心理适应不良的现象。产生这些现象的原因既有环境变化和学习不适应的原因,也有自身角色定位不准和调节不当等因素。对此,可以从学校教育和大学新生自我调整两个方面着手,帮助大学新生培养心理适应能力,更好地适应大学生活。

一、大学生适应心理问题

(一)不适应心理现象

案例分析

故事一:水土不服

大学生多为异地求学,地域环境的变化通常给他们带来一些生活习惯上的不良反应,也就是"水土不服"。辽阔的中国,地域文化差异很大,语言、饮食习惯、生活习惯等存在很大不同。由于听不懂方言,在一定程度上影响了同学之间的交流,尤其是大学新生,这种状况会给他们带来一定的心理负担,所以会产生孤独感。饮食上,有的以辛辣为主,有的以清淡面食为主,许多异地大学生初入大学时很不适应,个别严重的甚至因为吃不惯学校食堂的饭菜而退学。

2005年9月9日晚上,广州某大学一名新生跳楼身亡,该男生自杀前正在参加新生军训。可能是以前很少独立生活,该生曾说过"饭菜不合胃口,衣服也不会洗,无法适应这种生活"的话。9日上午,该生父母特意从老家来到学校,准备在附近租套房子陪读。当日,该生母亲看中一套房子,但因租金过高而没有租。吃晚饭时,该生得知消息十分失望,回到宿舍后即发生意外。

故事二:如何学习

学习方法困惑是指在中学习惯了听老师详细讲解、在身边悉心指教的学习生活,对大学自主性的学习方式一时很不适应的现象。如何自习,如何查资料,怎样衡量自己的学习效果,都成了新问题。找任课老师不容易,也不能像在高中一样指望家长聘请辅导老师来帮忙……许多同学特别是大一新生不得不慎重思考"我该怎么学习"。

故事三:不合群

某大学学生小张是在一个无忧无虑的环境中长大的,从小一切都有父母帮他打理,所以从来没受到过挫折。上了大学,过上了寄宿生活,刚开始他还能适应,后来慢慢发现自己越来越看不惯寝室的人,看不惯他们谈女朋友、看不惯他们的穿衣风格、看不惯他们的处事方式,渐渐地性格越来越孤僻;又不愿意向别人吐露心声,慢慢地连集体活动都不太参加了。久而久之,同学们也都开始疏远他,他也变得多疑多虑,有人在旁边小声说话,他都会认为是在议论自己。

(二)不适应心理问题的类型

根据上述不适应心理问题的分析,可以把不适应心理问题的类型归纳为以下几类:独立生活困扰、角色认同困扰、人际关系困扰、学习能力困扰和职业规划困扰。

1.独立生活困扰

对于大多数刚踏进大学校门的学生来讲,入学前,家庭舒适的生活条件,父母的各种关爱,使他们缺乏独立的生活能力;进入大学后,没有了父母、长辈的悉心照料,他们要独立生活,独立面对生活中的困难,要学会打理日常生活中的各类事务,要学会自己照顾自己。从一日三餐到个人的生活,一切都要由自己做主,这些会使一部分同学感到手足无措;饮食习惯的改变、生活环境的改变等,导致有的同学会抱怨食堂的饭菜不可口,抱怨集体生活的种种不便,抱怨舍友的一些不良习惯;还有一些北方来的同学由于不适应南方炎热、潮湿的气候条件,会有一些生理上的不适,从而产生各种心理困扰。这一系列生活习惯和环境的改变都可能使他们感到不适应,因而出现想家、思念亲人、怀念老同学等现象,并由此可能产生各种烦恼,出现焦虑、抑郁、敌对、低落的情绪,严重者会影响心理健康。

2.角色认同困扰

从一名中学生转变为一名大学生,每一个大学新生都面临着角色的转换,面临着对自我的重新定位。在这种角色的转换过程中,如果自身的行为不能随着角色的变化而变化以符合角色的要求,不能随着时间、环境的不同而进行相应的调整,就可能会出现角色的冲突,从而出现适应不良。黄希庭认为,角色认同亦称角色同一性,指与角色一致的具体态度和行为。而大学生角色认同,即大学生对"大学生"角色的认同。大学阶段是个体从青年期向成年期过渡的重要时期,是个体的人生转折点。这一时期正是德裔美国心理学家埃里克森所说的个体进行自我探索,完成自我同一性确立的重要时期,或者说是个体获得一个积极的角色认同的关键时期。能考上大学的学生大都是中学的佼佼者,他们在学校里受到教师的青睐、同学的推崇,大有"鹤立鸡群"的优越感。大学新生常常把进入大学自我理想化,认为自己必将在新的环境中"崭露头角"。然而,到了大学面临的是新的挑战,有的学生原有的优势不复存在,特别是经过期中考试的首次较量后,一些学生理想自我受到冲击,过去在同班同学中名列前茅的情况如今可能一去不复返。自我价值的落差常常使他们中的一些人从刚来时的自信乃至自负陡然变得自卑甚至自暴自弃。许多大学生开始自我疑问:"大学生这个身份对我到底意味着什么?""大学生是什么?""我为什么上大学?""我的未来和前途在哪里?"由此产生的迷茫和困惑开始成为困扰相当一部分大学生的首要问题。大学生由于认识上的偏差,情绪上的波动不稳,意志上的摇摆不定,可能形成自卑、失落、焦虑、紧张等消极不良的心理状态,不利于他们树立正确的世界观、人生观和价值观。

3.人际关系困扰

有心理学家指出:"人类的心理适应,最主要的就是对人际关系的适应;人类的心理疾病,主要是由人际关系失调而来。"对大学生而言,也同样如此。大学新生来自全国各地,彼此之间的生活习惯、家庭背景、性格、语言都会有一定差别,因此,每个人都会有不同的交际关系。由于地域与家庭的差异,他们原来各自的生活方式、性格兴趣、思想观念、饮食习惯等多方面也存在明显差异,在这个大家庭的人际交往过程中,不可避免地会发生一些摩擦、冲突和情感损伤,这一切难免会引起一部分学生心生不快。本来他们远离父母就有一种孤独感,一旦出现人际关系不和谐,发生其他冲突,这种孤独感就会进一步加剧,从而产生压抑和焦虑。有些学生表现为人际交往心理障碍。因为语言表达能力较差,使得他们害怕与他人沟通思想感情,把自己的内心情感世界封闭起来。这种人经常处于一种要求交往而又害怕交往的矛盾之中,很容易导致孤独、抑郁或自卑。还有些是因为性格上的不合群,他们在同学中不被理解而被排斥,其中一部分人便独来独往,不与他人接触,久而久之就产生一种受冷落或性格孤僻、粗暴等心理倾向。人际关系在大学生活中始终都是影响心理健康的重要因素。

人际关系不良,会给大学生尤其是大学新生带来很多烦恼、焦虑和不安,进而可能产生许多心理问题。

4.学习能力困扰

据有关调查显示,有60%的新生存在不同程度的学习心理的问题。刚从中学毕业考上大学的学生,都要经历学习心理与学习方法的适应期,有的学生很快就能适应,但有的学生则适应得很慢。大学的学习比中学更复杂、更精深,同时也要求学生的学习更为自觉、独立。老师的授课方式也不同于以往,大学里很少有人进行监督和指导,相当一部分大学生在高中阶段唯一的目标是考上大学,一旦目标实现了就开始松懈,没有树立起明确的目标,从而产生了"动机落差"。由于"动机落差",大学生的自我控制能力差,缺乏远大的理想,没有树立正确的人生观,导致学习动力不足,从而影响学习效率与学习效果。

5.职业规划困扰

许多学生将考上大学作为唯一的和最终的目标来约束和激励自己在高中埋头苦读,当终于如愿以偿地跨入大学校门时,许多学生却对于将来的职业没有明确的方向。有些学生学习动力不足、缺乏热情,不知道自己究竟应当干什么、如何去做,缺乏目标;有些学生上大学为了将来有份满意的工作或者更好地就业,而听从父母的忠告选择了自己不喜欢的专业,导致对所学专业不感兴趣,或不清楚所学专业的培养目标,或缺乏规划大学生活的意识,如同十字路口的迷路者,徘徊、迷惘。他们一方面很想给自己进行准确定位,结合现实,具有较强的价值感;另一方面,他们又不知道路在哪儿,加之现实中巨大的就业压力,他们更加感到迷惘,心里有空虚感,思想漂泊不定,不能正确认识和评价自己的专业,容易产生失落感或心力委顿感。

二、适应心理问题产生的原因

对于绝大多数大学新生来说,陌生的校园、新的人际关系、新的学习内容和方式等一系列的改变都需要他们具有较强的适应能力。由于大学生无论是在生理上还是在心理上,都处于迅速变化的过程中。分析大学生适应不良的常见原因对帮助大学生树立正确的认知、增强自我适应能力是十分有益的。导致大学生适应不良的常见原因主要有以下几个方面。

(一)环境变化带来的困扰

对环境变化的不适应会影响人生心境。环境变化包括社会环境和生活环境的变化,这些变化都会给大学新生带来陌生感与孤寂感。

案例分析

环境与专长

有个鲁国人擅长编草鞋,他妻子擅长织白绢。后来,他听说越国好赚钱,就想迁到越国去。友人对他说:"你到越国去,一定会贫穷的。""为什么?""草鞋,是用来穿着走路的,但越国人习惯于赤足走路;白绢,是用来做帽子的,但越国人习惯于披头散发。凭着你的长处,到用不到你的地方去,这样,要使自己不贫穷,难道可能吗?"

一个人要发挥其专长,就必须适合社会环境的需要。如果脱离社会环境的需要,其专长也就失去了价值。对自己的研究,应该结合自己所生存的环境,它包含个人存在的社会环境、物质环境,以及客观存在给个体影射的精神环境。

心理点评:白日莫闲过,业成于思毁于随,盘根错节,方知器利,考古酌今,审时度势,莫愁前路无知己;青春不再来,学精于勤荒于嬉,春华秋实,不负人勤,通中法外,舍短取长,天下谁人不识君。

(二)学习目的与动机不明

有些学生考入大学后缺乏正确的学习动机和目的,整天无所事事,得过且过。学习的目的与动机如果是正确的,学习的毅力就会大大加强。教育心理学的研究表明,学习动机是直接推动学生进行学习的一种内在动力。它是一种学习的需要,这种需要是社会和教育对学生学习的客观要求在学生头脑里的反映,它表现为学习的意向、愿望或兴趣等形式,对学习起着推动作用。因此,大学生有正确的学习动机和目的对适应大学的学习生活是十分重要的。另外,有关学者对导致大学新生学习不适应的原因做了如下分析:一是对大学繁重的学习任务没有足够的思想准备;二是没有根据大学学习的特点及时转变学习方法;三是不善于支配时间。

(三)学习模式变化带来的困惑

对学习模式变化不适应,扭曲学习心境与行为,对大学的教育思想、教育观念和以学生为主体的自主性学习模式很不适应,仍然停留在中学的学习模式阶段。

(四)人际关系变化带来的疑惑

从心理健康的角度看,对大学生影响最大的人际关系往往是师生关系和同学关系,但双方对于"关系"的需要、意图等诸多方面可能不一致,容易导致人际关系紧张。每个人都有自己的个性、习惯和观点,每个人在人际交往中都会遇到一些不和谐的情况,彼此交往之中会产生各种矛盾、冲突或纠葛,要适应,就得容忍差异的存在。

(五)角色定位不准导致严重心理落差

从中学进入大学是人生中一个较为重要的变化,步入大学校园,随着环境的改变,个人的角色也会随之改变。正确地评价和认识自我,及时地进行角色调整,为自己重新制定恰当的位置和目标,进行新的角色定位和自我角色期待,而不是抱着原来的自我不放,这样才能完成角色适应,顺利地度过大学生活。人生角色的定位是在人生海洋中把持心理平衡的"方向舵",如果定位不准,就会出现两个落差:一个发生在大一第一学期中,即"理想大学"和现实大学的落差;一个发生在大一第一学期后,即与同学对比产生的落差。这两种落差的根源都是自身人生角色定位错误导致的。

(六)情感调适不当容易导致郁闷与无聊

大学校园里人才济济,这使得大学生在文艺、体育以及知识面、交往能力、经济条件等方面的差异更加突出,势必会引起攀比、嫉妒、自卑等心理。特别是大学生中的贫困生,因为家境贫寒造成的生活困难以及与富裕同学相比差距很大,使他们经常体验到由于经济上的相对贫困而导致的自卑和心理失衡,甚至出现某种程度的心理困扰。如果不能及时进行调适,就会使其消极的认知和情感体验被泛化到生活的其他方面,使他们感觉到自己在经济基础、风度仪表、人格魅力等方面处处不如别人,产生强烈的自卑感,在这种心态的长期影响下,就会形成消极、冷漠、孤僻、退缩等心理和行为特征。

知识拓展　　　　　　　**"过来人"谈大学怎么过**

1.安全第一。安全是做事情的重要保障,请你一定要注意安全,爱惜自己,珍爱生命。

2.学会做人。对于大学生来说,知识与方法可以很快掌握,但良好的习惯、优秀的品质、高尚的品德需要积累。

3.实力最重要。永远记住,在社会上获得成功的方法只有一个,那就是提高你的实力。

4.凡事预则立。面试时很多老板都会问:"你会做什么?"你最好现在就记住这个问题,并为以后的回答做准备。

5.慎交网友。QQ、微信等是常用的交友工具,请不要轻易相信社交网络上的友谊或爱情。

6.让父母放心。经常给家里打个电话,始终记住:儿行千里母担忧。

7.健康是财富。每个星期都要抽时间来锻炼身体,锻炼身体就是为自己积累财富。

8.适度游戏。网络游戏可以玩,但千万别迷恋。

9.别说脏话。你应该知道习惯的力量,当找工作或者和别人接触时,你随便说出的一个字或几个字会让你在别人心中的形象大打折扣。

10.提前去招聘会。大二、大三的时候去学校的招聘会看看,也许这会带给你一种危机感,同时也会给你一些前进的动力。

任务三　适应能力锻炼

一、大学生心理适应问题的调适

(一)独立性的培养

独立性是大学生个体成熟度的一种表现。它体现在对社会、对人生等各种问题的独到见解,是探索社会和设计人生的独立能力,是克服困难和在任何时候都能生存、发展的自立精神。大学生只有克服依赖性,养成独立性,才能真正成为一个成熟的人。大学生培养独立性要注意以下几点。

1.培养个体独立的意识

每一个人,从离开母体开始,就在不断接受社会化中向着成为独立社会个体的方向发展。独立性是适应社会的重要素质,是完整社会意义上人的有机部分。大学生养成独立性是适应社会要求的必经之路,大学时代也是培养独立性的重要窗口期。个体独立的意识,就是大学生培养独立性的内在动力。

2.养成独立思考的习惯

在独立思考中,大学生的思维能力得到迅速发展,解决实际问题的能力也在迅速提升。独立思考使大学生不依赖、不盲从、不轻信,并形成较周密的思维习惯和科学的思维方式。遇到问题,努力尝试用多个角度去思考,或换位思考,在"孤独"的思考中成长,使个人思辨能力得以提升,并促使科学价值观、世界观和人生观的形成。

3.训练独自完成任务的能力

独立性的培养应注重独立实践的锻炼。大学生在日常学习生活和社会工作中要克服依赖、胆怯心理,自主思考各种问题,提高抗干扰能力,要从小事做起,主动应对各种挑战,持之以恒地锻炼独自处理日常问题的能力、完成各种工作任务,积累各种实践经验,促进独立性养成。

4. 提倡适度合作精神

独立性不代表"独来独往"、离群、拒绝合作,而是强调合作精神。大学生的独立性养成中的合作精神含义有二:一是作为完整独立个体,依靠集体、成员相互协作去完成只有集体团队才能完成的任务,增强人际沟通能力,但个体的主见和主动性不受影响;二是在集体和人群中更好地学习他人所长,汲取他人的成功经验,提升独立处事的能力。

(二)生活能力的培养

对于很多"九〇后""〇〇后"新生来说,上大学是第一次离开家,第一次开始独立生活。高中时期,学生的大部分精力都用来读书,父母包办了一切生活琐事,而走进大学,脱离了原来的生活环境,新生开始独立面对这一切。因此,学生必须学会打理个人生活,培养和锻炼自己独立生活的能力,这也是将来走向社会必须要具备的能力。

1. 培养生活自理能力

大学新生应学会打理日常生活,准时起床、运动,自己料理床铺,收拾房间,自己洗衣服,缝补衣服,根据天气的变化增减衣物,调理好每天的饮食,等等。在这个过程中,要和同学多交流,这既能够增进同学之间的友谊,又能够在一定程度上促进生活自理能力的提高。

以下是几个真实案例。看看你或者你周围的同学在刚步入大学生活时是不是也跟他们有相似之处呢?

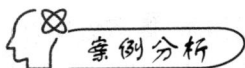

案例分析

某高校大一学生小江在同学中小有名气,不是因为他成绩好,也不是因为他社交能力强,而是因为他袜子多。这个学期,小江从家里带了几百双袜子,一部分自己穿,一部分送给同学。"两天换一双,然后就丢掉。"小江说。

某大学大一女生寝室,7点40分,喊叫声此起彼伏:"我的鞋子呢?""谁把我的牙膏拿走了?""我的书放在你那里没有?"……8点过后,人影消失无踪,满室狼藉,被子堆在床上,地上垃圾袋随意散落,阳台上的大桶里塞满脏衣服。

2. 学会理财

大学新生需要培养理财观念,避免不必要的消费。由于家长一般每月或每几个月给他们一次生活费,因此新生应计划如何消费。大学新生一般没有太多的理财经验。计划不当甚至没有计划的学生常常花钱大手大脚,把后面的生活费提前花掉。另外,赶时髦、讲排场的社会风气对大学新生也有影响,娱乐一次往往就花掉生活费的一大半,加上平时的伙食费,每个月的生活费就所剩无几了。

因此,大学新生要学会理财,要注意考虑:在生活中,哪些开支是必需的,哪些开支是完全不必要的,哪些是可有可无的;钱要花在正当的地方,要避免完全不必要的消费,可花可不花的尽量少花。此外,还要根据父母的经济能力或自己勤工俭学的收入来合理安排日常消费。经过以上分析,再确定自己每个月的消费计划,并且要尽量按照计划执行;另外,多余的钱可以存入银行,以备急需时使用。

建议大学新生学会记账和制定预算。有个记账簿,就可以掌握收支情况,看看哪些是不必要的支出,哪些是可以控制的支出,并对症下药,对今后的开支作出必要的改进,达到控制消费的目的。

3.培养良好的生活习惯

生活习惯代表个人的生活方式。良好的生活习惯不仅能促进个人的身心健康,而且能促进个人的发展。大学生精力旺盛,又处于长身体、长知识的阶段,良好的生活习惯是确保顺利、成功度过大学阶段的一个重要基础。为了达到身心健康的目的,从一进大学起,大学生就应该培养良好的生活习惯,并防止不良生活习惯的形成。

第一,养成有规律的生活作息。因为有规律的生活能使大脑和神经系统的兴奋和抑制交替进行,这对促进身心健康是非常有利的。大学新生应养成早睡早起的习惯,有的学生习惯在晚上卧谈,一谈就是两三个小时,结果第二天上课的时候非常疲惫,根本无心听课。长期如此,不仅影响平时的学习,还容易引起失眠,甚至引发神经衰弱。研究表明,大学生的睡眠时间每天不能少于7个小时。如果条件允许,午饭后可以小睡一会儿,但最好不要超过40分钟。

第二,进行适当的体育锻炼和文娱活动。"文武之道,一张一弛"。学习之余参加一些文体活动,不但可以缓解刻板紧张的生活,还可以放松心情,增加生活乐趣,进而有助于提高学习效率。跑步、做广播体操、踢足球等都有助于增强体质,提高免疫力,是一种积极的休息。实践证明:7+1>8。在这里7+1表示7个小时的学习加上1个小时的体育文娱活动,8表示8个小时的连续学习。也就是说,参加体育活动的7个小时学习比不参加体育活动的8个小时学习效果要好。

第三,保证合理的营养供应,养成良好的饮食习惯。大学生饮食不良现象主要表现在两个方面:一是饮食不规律。很多人早晨起床较晚,来不及吃早饭便去上课,有的索性不吃早饭,有的则在课间饿的时候随便吃些零食。二是暴饮暴食。大学生主要在食堂就餐,但食堂的就餐时间比较固定,常有学生由于学习或其他原因错过了开饭时间,于是就拿饼干、方便面来应付,等下一顿吃饭时再吃双份。营养学家的研究表明,早餐吃饱、吃好,对维持血糖水平是很必要的,用餐时不能挑食偏食,要加强全面营养,还要多吃水果和蔬菜。

第四,改正或防止吸烟、酗酒、沉溺于电子游戏等不良生活习惯。吸烟、酗酒的危害不言而喻。沉溺于电子游戏的危害同样很大,已有多例因玩游戏而猝死的新闻见诸报端,这不仅对身体的危害极大,而且严重耽误学业,因沉迷网络而荒废学业、被勒令退学的人屡见不鲜。大学生要积极预防游戏或网络成瘾,增强自制力。

大学生的8个不良饮食习惯

科学合理的饮食有助于提高大学生的身体素质和学习效率。但当代大学生普遍缺乏营养学知识，饮食行为基本处于盲目状态，随意性较大，能按科学方式对待饮食的人不多。以下是大学生常见的8个不良饮食习惯。

1.不吃早餐或早餐质量不高。大学生普遍不重视早餐，相当多的大学生不吃早餐或早餐质量不高。国内外的许多研究表明，不吃早餐和早餐质量不高的学生，其数字运用、创造性、想象力和身体发育等方面均会受到严重影响。因此要重视对大学生进行"早餐教育"，让大学生意识到吃早餐的重要性，了解早餐的食物种类、数量和营养搭配情况。

2.偏爱零食。大学生喜欢吃零食的情况非常普遍，尤其是女生更加偏爱零食。零食所提供的能量、营养素不如正餐均衡、全面，而且多数零食味道浓厚，过于甜或咸，脂肪和糖、盐的含量较高，既影响大学生进食正餐的胃口，又容易造成钙、铁、锌、碘、维生素等多种营养素的缺乏。因此，大学生要学会选择营养相对均衡、全面的零食，既享受到吃零食的快乐，又能获得良好的营养。

3.偏爱洋快餐。从营养的角度看，洋快餐普遍都是肉多菜少、高能量、高脂肪、低膳食纤维、低维生素、低矿物质的食品。比如，马铃薯的营养价值非常高，含有丰富的维生素、矿物质和优质淀粉，但用马铃薯炸制而成的薯片、薯条中却吸收了大量的油脂、热量，维生素也被破坏了，是典型的"热量炸弹"。

4.偏爱油炸食品。油条、煎饼、炸鸡等油炸食品以其鲜美的口感，深受大学生青睐。但油炸食品脂肪含量多，不易消化，且食用油反复高温加热还会产生有害物质。常吃油炸食品会产生消化不良、肥胖等症状，严重的还会诱发癌症等严重疾病。

5.校外就餐。男生在校外就餐的次数明显高于女生。他们选择校外就餐的原因有：有的学生认为校外饭菜价格适中，口味要比学校食堂好；有的认为校外就餐自由方便，不受时间和地点的限制；有的是因为同学、朋友聚会而外出就餐。大多数学生校外就餐的地点选择在学校周边餐馆，街边小店、小摊上，但这些地方大多条件简陋，缺少消毒器具，用餐环境恶劣，存在严重的食品安全隐患。

6.白开水饮用量偏少。很多大学生没有主动饮水的习惯,每日的饮水量不足,往往是渴极了才暴饮一顿。现在的瓶装水和饮料越来越多,有些学生常以此替代白开水,认为比喝白开水更有营养,尤其偏爱含糖的饮料和果汁。其实,从健康的角度来看,白开水是最好的饮料,里面含有多种对人体有益的矿物质和微量元素,而且它不用消化就能被人体直接吸收。

7.蔬菜和水果摄入量少。大学生膳食结构不合理还表现在每餐主食量摄入偏多,而蔬菜水果摄入量较少。蔬菜和水果能够为人体提供每日必需的多种维生素和钙、磷、铁等矿物质,还能增加膳食纤维,有助于体内酸碱平衡,从而达到一个平衡的膳食模式。

8.饮食不规律。有相当一部分大学生的一日三餐进餐时间无规律,甚至三餐的食量分配也无任何规律,随意性非常大。如果摄食不足或饮食过度,都会伤害脾胃。饮食不规律、饥一顿饱一顿是导致消化系统紊乱的主要原因。长期没有规律的饮食也会导致疾病的发生,必须引起注意。

以上这些不良习惯,你有没有? 如果有,你需要改改了。

4.安排好课余时间

首先,对自己近期内的活动有一个理智的分析,看看自己近期内要达到哪些目标,最需要做的是什么,各种活动对自己发展的意义是什么,等等。其次,作出最好的时间安排,并且在执行计划中不断地修正和发展。再次,最好能专门制订一份休闲计划,对一些较重大的节假日和休闲项目作出妥当的安排,这样能使自己的休闲和学习有条不紊地进行,使身心得到有效的放松和调适。

(三)尽快掌握大学的学习方法

对大学学习方法的不适应最易使大学生情绪波动和自我评价发生偏差。面对学习环境、学习课程和教师授课方式的转变,大学生必须采取适当的对策,摸索适应大学的学习方法。除了向有经验的高年级同学请教,接受任课教师指导和辅导员、班主任的帮助外,还应从以下几个方面摸索和掌握学习的方法。

一是自身要正确认识大学学习的特点,做学习的主人,通过自主学习的实践,逐步养成自学的习惯,培养自学能力。

二是要克服学习方法的惯性,尽快改变中学时被动的、听命于老师的、满足于死记硬背的学习方法,树立主动、独立、勤于思考的学习观念。从个人实际出发,逐步摸索出与自己水平、基础和大学教学相适应的学习方法。要根据大学的课程特点、教学内容、教学形式和教学方法以及教师的个性特点,不断地进行调整,主动适应大学学习的特点。

三是要把转变学习方法与转变思维结合起来。例如,在中学时代,我们的学习较多研究事物在相对静止状态下的问题,偏形式逻辑思维,而大学的学习重在研究事物的运动、变化、发展过程中的问题,偏辩证逻辑思维。这种辩证思维贯穿着整个大学的教学过程,它对学习方法有着直接的影响;反过来,学习方法的转变又会促进辩证思维的发展,两者是相辅相成、相互促进的。

四是要学会支配时间,安排学习计划。在学习精力和时间的支配上,刚入学的最初阶段应该集中在学好规定的课程上,而不是急于过多地阅读与课程无关的书刊。要养成预习、复习的好习惯,抓好听讲、记笔记、练习、答疑等几个环节,学会利用工具书、图书馆等条件,要处理好学习与体育锻炼、文娱活动、社会活动及睡眠的关系,还要注意合理的营养,以满足脑力和体力的消耗。当学习中遇到困难时,要不畏惧,不气馁。经过一个阶段的努力,培养起新的学习习惯,就会逐步适应新的生活,进入大学阶段学习的自由王国。

(四)协调好人际关系

在新生的人际关系中,问题最多的还是同学关系。由于班级和宿舍里的同学分别来自不同的地域和不同的家庭,思想观念、价值标准、生活方式、生活习惯等方面都存在着明显的差异,在遇到实际问题的时候往往容易发生冲突。因此,大学新生有必要掌握一些处理同学关系的方法和技巧,以实现人际和谐。

1.认识差异的客观存在

每个新生都必须面对差异,并且接受差异。要学会承认各人有各人的生活习惯和价值体系,如果你与别人生活在一起,你就得接受他(她)的生活方式。如果别人的生活方式有碍于你的生活(如夜里看电视影响你的休息,未经允许随便动你的东西等),你需要委婉地提出意见,并适当地进行自我调整(如调整作息时间)。

另外,了解下面的内容,会帮助你和新同学处好关系。

南北方的差异:南方人谨慎、细心,北方人直率、坦诚;南方人含蓄,北方人外露;南方人爱吃辣、喜食米饭,北方人口味重、喜食面食。思想观念、价值标准的不同:有的人看重能力,有的人看重品行;有的人信奉人之初性本善,有的人相信人在潜意识里总有犯罪的动机;有的人追求学业上的成就,有的人追求人际关系的和谐。

2.主动寻求友情

寻求友情是大学生普遍的心理需要,新生表现得更为强烈。但友情需要那些想获得友情的人自己去寻觅,而且要主动寻觅。在平时的生活中,新生需要做到三主动:主动与同学打招呼,主动和同学讲话,主动帮助别人。在帮助别人的时候,不要过于计较别人会不会报答你。

3.积极参加各种活动

学校为了使大一新生尽快适应大学生活,一般都会准备一系列的迎新活动:导师讲座、辅导员座谈会、学长交流会、迎新晚会等。新生应当多参加这些活动,在活动中与老师、学长及同学沟通交流,从而有效帮助自己认识新群体、新环境。除了学校举办的迎新活动,多参加课外活动也有助于新生尽快适应,如篮球、足球、羽毛球等体育运动,除了有助于适应新环境,还能够让人放松,心情舒畅。很多男生往往能很快找到志同道合的球友,班级郊游、联谊舞会、同乡聚会等群体活动能扩大新生的交际圈,帮助新生增长见闻,在新群体中找到归属感。

4.树立自信

克服自卑需要树立自信。自信就是自己相信自己,是对自我力量的充分估计。自信来源于实践活动,实践活动的效果是自信产生的基础,而自信又是我们做事情取得成功的基础。新生处在陌生的人际环境中,要相信自己能尽快适应这一新的人际环境,要相信自己有能力与周围的人建立起良好的人际关系。作为大学生,在适应新的人际环境及学习、工作、生活等方面,都要有自信心。

5.主动帮助他人

心理学家发现,以帮助与相互帮助为开端的人际关系,不仅容易确立良好的第一印象,而且可以迅速缩短人与人之间的心理距离,使良好的人际关系迅速建立起来。"患难之交"正说明了这点,这也是"雪中送炭"的心理效应。因此,我们平时在生活、学习中应主动帮助他人。

6.处理好宿舍关系

初入校园,社交网络还未打开,宿舍关系是最初的社交关系,舍友是自己最重要的伙伴,大家会有相互依靠的心理需要,这段时间常常会有宿舍集体行动。宿舍关系是一个先热后冷,最后再回温的过程。但新生不要觉得恐惧,要知道很快你就要走入社会,那才是真正复杂的人际关系。此时如果连宿舍关系都处理不好,将来该怎么办呢?

新宿舍快速融合的方法就是集体行动:一起吃饭,一起上课,一起参观校园,等等。女生可以一起去逛街,男生可以一起打篮球、踢足球。总之,想尽一切办法和同宿舍的同学熟悉起来,这也是处理好大学人际关系的开始。

处理不好同学关系的人大致有两类:一是过分求全,处处忍让。这种人一味迁就别人,别人对的他接受,别人不对的他也接受,有了意见也不敢提,怕伤了和气,怕别人对自己印象不好。这种人看似与世无争,与人为善,其实内心多有压抑,容易出现抑郁症的症状——少言寡语、不爱与人交往、退缩。二是过分维护自己,对别人缺少宽容,以自我为中心,言谈举止不考虑别人的利益。这种人在群体中不容易被接纳,常常不受人欢迎,是群体孤立的对象。要想处理好同学关系,必须动脑筋,讲究方法与技巧,如给室友提意见一定不能当着众人的面,以免使对方难堪、失面子。

另外,请记住以下三个建议:一是宿舍是大家的,你和室友就像家人,相互迁就很重要;二是卧谈会是增进室友之间友情的最好机会;三是不要每天和室友黏在一起,每个人都需要有自己的空间。

特别提醒：自我中心主义是集体生活的大忌，必须坚决摒弃。集体生活不可能像一个人生活那么自由。

讨论互动

采访陌生人

要求：突破自我，克服困难，在课后去采访一位陌生人。

访问：列出采访问题，并且预测可能遇到的困难，详细说明应对策略，同时记录采访对象的回答结果以及态度等。

分享讨论：采访完成后，请同学们先进行宿舍之间的交流，比如遇到的困难和解决办法或者心得体会，然后形成总结报告。

总体来说，要培养大学生的心理适应能力，不仅需要从大的环境去着手，还要从大学生自身去着手，发挥环境、自身之间的交互作用。

首先，就环境而言，学校和社会对于大学生应加强心理健康教育，为其健康成长提供心理扶植。对于大学生而言，面对环境、生活的种种改变和不适应，学生除了要保持积极乐观的心态外，还应该积极寻求外部支持，获得家庭、朋友、同学和老师的帮助，应学会让自己坚强地独立起来，培养自理能力，为自己造就良好的生活环境，科学且有条理地安排课余生活，保持身心愉快，健康、顺利地投入学习中去。

其次，就学校和大学生自身而言，学校在加强心理适应教育的同时，大学生自己也要加快自身角色的转变；学校在加强对大学生心理挫折承受力教育的同时，也要不断提高其心理承受力。有这样一个公式：100% 的成功=20% 的 IQ+80% 的（EQ+AQ），而这里的 IQ 指智商、EQ 指情商、AQ 指的是逆商，即能够承受挫折的能力。因此，大学生需要努力提高自己的承受挫折的能力。

再次，就社会和大学生自身而言，可以做到的就是，不断提高对环境的认识，提高自我意识水平，培养健康人格素质，培养积极应对方式，注重培养职业规划，等等。

最后，大学生自己在努力改变自己的行为或态度来适应外部环境要求的同时，还应该充分发挥主观能动性，积极主动地调整自己与环境不相适应的行为，尽最大可能改变环境使之适合自己发展的需要，将消极适应与积极适应并用，使自身更快更好地适应大学生活。

二、有效管理大学生活

大学生活是一个新的起点，预示着新的希望，忙碌的生活以应接不暇的速度冲入我们的视野，各种压力、各种负担会摆在我们的眼前，自己的梦想、亲人的期待、社会的现实以及求职的艰辛，这些都是我们必须承受的。

也许你很忙碌,每天像个陀螺不停地旋转,但结果很多时候是一无所获,仔细品味感觉自己似乎缺少了一些什么。其实,我们缺少的就是一个正确的目标和理想,像一条河流一样奔向大海,虽然路途可能荆棘密布,但我们从来不会退缩,因为我们不愿意成为泥沙,从此沉淀下去。

(一)目标定位

对于目标的定位可以分为目标确立、目标制定、目标实施和目标评估四个阶段。

1.目标确立

大学阶段的发展目标并非一入学就能完全确定,需要经历一个不断修正的过程。大一学生普遍存在目标失落的问题,这种失落主要是阶段目标、具体目标不清楚,最为突出的是第一学期学习目标不清楚、不明确,不清楚自己在未来的几年究竟该干什么,这种失落感会持续半年以上。

2.目标制定

目标的制定应当满足几个条件。

(1)符合社会和时代的要求。理想不是幻想,它源于现实又高于现实,制定目标首先要了解社会和用人单位需要什么样的大学生,社会需要的方向是什么。

(2)适合自己的特点,扬长避短。每个学生可以通过心理测试,了解自己的性格类型、能力水平、职业能力倾向等,从而认识自己,制定适合自己的发展目标。

3.目标实施

根据确定的发展目标,在了解个人特点和外部条件后,列出目标实现过程中已有的各种重要的有利条件和不利条件,然后思考相应的对策和措施。最后,用行动来达成目标,并将实现目标的过程记录下来。

4.目标评估

了解结果后,我们需要进一步检查目标是否已经达成。如果未完成那么就应查找失败的原因,总结经验,或者调整目标,加强自我监控,排除影响目标实现的干扰因素。

(二)有效规划

1.规划内容

(1)学习规划。学习是学生的天职,考试是检验学习质量的标准。大学期间不仅要学好基础知识,更要学好专业知识,不断加强人文修养,提高实践能力,培养并挖掘自己的兴趣爱好,激发自主学习的热情。

(2)活动规划。大学生在校期间的活动分为校级活动、系级活动、班级活动,校外活动有社会实践活动及各种任务性活动等。一般来说,活动规模越大参与门槛越高,获得的实践意义也越大。比如奥运会志愿者,不仅有较高的素质要求,而且有较高的形象和气质要求,更有专项技能的要求,这种活动的参与对人的一生都有重大的影响。而活动规模越小参与门槛越低,这类活动更多地趋向于娱乐性,比如班级组织唱歌、秋游等活动。当然在活动中也分为组织者和参与者,一般而言,组织者投入的时间和精力较大。

(3)感情规划。如何结交深厚的友情,如何面对爱情,如何与相爱的人共处是一门学问,这些都是要学习的。在大学期间感悟友情、体会爱情、学会爱与被爱,对于一个人的健全成长是有帮助的。

2.规划方法

在明确目标的前提下,要端正态度,不仅要正确地认识自我,而且要积极地自我暗示,最后还要有效地控制自我,积极地行动。

(三)时间规划

1.时间管理的内涵

时间是一种资源,对每个人来说具有公平性、不可再生性、不可逆转性和不可替代性。这些特性决定了时间是世界上最稀缺、最宝贵的一种资源。

时间管理是指一个人认识时间的重要性,善于把握时间、合理分配时间、有效使用时间的能力与控制力。大学是影响人生的最关键时刻,也是走向人生成功的基础。大学生时间管理对于当代大学生来讲是一个新的课题,有效的时间管理不仅能促使大学生珍惜时间、努力向上,而且有利于大学生形成良好的习惯和健全的人格。

2.时间管理的方法

(1)学会合理地运用时间

①要善于安排时间,学会利用精力最好的时间来做重要的事情。

②学会制订每阶段的学习、生活计划,并严格按计划执行。

③当天事情当天完成,不拖延时间。

(2)学会先做重要的事情

每个人的精力是有限的,所以要集中精力把时间用在重要的事情上。

①列出每天要做的事情,不要遗漏。

②把事情分成三类:无论如何都必须做的事情、有时间可以去做的事情、不需要做的事情。

③每当做完事情后,可以稍微休息,想想是否有遗漏,然后完成第二件事。

(3)学会利用零散时间

鲁迅说,时间就像海绵里的水,只要愿挤,总还是有的。利用一些零散的时间去做一些小事情,如晨练后、早饭后、课间、睡觉前都可以读一篇文章、复习一个操作流程或事先为某件事做准备。

知识
拓展

时间管理的帕累托原则

帕累托原则是由19世纪意大利经济学家帕累托提出的。其核心内容是生活中80%的结果几乎源于20%的活动。比如,是那20%的客户给你带来了80%的业绩,可能创造了80%的利润,世界上80%的财富是被20%的人掌握着,世界上80%的人只分享了20%的财富。因此,要把注意力放在20%的关键事情上。

根据这一原则,我们应当对要做的事情分轻重缓急,进行如下的排序:

A.重要且紧急(比如救火、抢险等)——必须立刻做。

B.紧急但不重要(比如有人因为打麻将"三缺一"而紧急约你、有人突然打电话请你吃饭等)——只有在优先考虑了重要且紧急的事情后,再来考虑这类事。人们常犯的毛病是把"紧急"当成优先原则。其实,许多看似很紧急的事,拖一拖,甚至不办,也无关大局。

C.重要但不紧急(比如学习、做计划、与人谈心、体检等)——只要是没有前一类事的压力,应该当成紧急的事去做,而不是拖延。

D.既不紧急也不重要(比如娱乐、消遣等)——有闲工夫再说。

课后自习

一、心理测试

(一)心理适应能力自测量表

下面的测量表能帮助你进行心理适应能力的自我判别,请认真阅读,并评估其与你实际情况的符合程度,然后从每个项目后面所附的三个备选答案中选出一个来。

1.我最怕转学或转班级,每到一个新环境,我总要经过很长一段时间才能适应。

  A.是   B.无法肯定   C.不是

2.每到一个新的地方,我很容易同别人接近。

  A.是   B.无法肯定   C.不是

3.在陌生人面前,我常常无话可说,甚至感到尴尬。

  A.是   B.无法肯定   C.不是

4.我最喜欢学习新知识或新学科,它给我一种新鲜感,能调动我的积极性。

    A.是   B.无法肯定   C.不是

5.每到一个新地方,我第一天总是睡不好,就是在家里,只要换一张床,也会失眠。

    A.是   B.无法肯定   C.不是

6.不管生活条件有多大变化,我也能很快习惯。

    A.是   B.无法肯定   C.不是

7.越是人多的地方,我越感到紧张。

    A.是   B.无法肯定   C.不是

8.我的考试成绩多半不会比平时练习差。

    A.是   B.无法肯定   C.不是

9.全班同学都看着我,心都快跳出来了。

    A.是   B.无法肯定   C.不是

10.对他(她)有看法,我仍能同他(她)交往。

    A.是   B 无法肯定   C.不是

11.我做事情总有些不自在。

    A.是   B.无法肯定   C.不是

12.我很少固执己见,常常乐于采纳别人的观点。

    A.是   B.无法肯定   C.不是

13.同别人争论时,我常常感到语塞,事后才想起该怎样反驳对方,可惜已经太迟了。

    A.是   B.无法肯定   C.不是

14.我对生活条件要求不高,即使生活条件很艰苦,我也能过得很愉快。

    A.是   E.无法肯定   C.不是

15.有时自己明明把课文背得滚瓜烂熟,可在课堂上背的时候,还是会出差错。

    A.是   B.无法肯定   C.不是

16.在决定胜负成败的关键时刻,我虽然很紧张,但总能很快地使自己镇静下来。

    A.是   B.无法肯定   C.不是

17.我不喜欢的东西,不管怎么学也学不会。

    A.是   B.无法肯定   C.不是

18.在嘈杂混乱的环境里,我仍然能集中精力学习,并且效率较高。

    A.是   3.无法肯定   C.不是

19.我不喜欢陌生人来家里做客,每遇这种情况,我就有意回避。

    A.是   B.无法肯定   C.不是

20.我很喜欢参加社交活动,我觉得这是交朋友的好机会。

    A.是   B.无法肯定   C.不是

评分原则：

1.凡是奇数号题(1,3,5,7,……)，选"是"计-2分，选"无法肯定"计0分，选"不是"计2分。

2.凡是偶数号题(2,4,6,8,……)，选"是"计2分，选"无法肯定"计0分，选"不是"计-2分。

将各题得分相加，即总得分。

结果解释：

35~40分：心理适应能力很强。能很快地适应新的学习、生活环境，与人交往轻松、大方。给人的印象极好，无论进入什么样的环境，都能应对自如、左右逢源。

29~34分：心理适应能力良好。

17~28分：心理适应能力一般，当进入一个新的环境，经过一段时间的努力，基本上能够适应。

6~16分：心理适应能力较差，依赖于较好的学习、生活环境，一旦遇到困难则易怨天尤人，甚至消沉。

5分以下：心理适应能力很差，在各种新环境中，即使经过一段相当长时间的努力，也不一定能够适应，且常常困惑，因与周围事物格格不入而十分苦恼。在与他人的交往中，总是显得拘谨、羞怯、手足无措。

如果你在这个测试中得分较高，说明你的心理适应能力较强。如果你得分较低，说明你的心理适应能力较弱，但你也不必忧心忡忡，因为一个人的心理适应能力是随着年龄的增长、知识经验的丰富而不断增强的。只要你充满信心、刻苦学习、虚心求教、加强锻炼，你的心理适应能力一定会增强的。

（二）独立性测试

选择最接近你情况的答案。

1.你完成学习作业主要靠(   )。

　　A.与同学讨论答案　　　B.自主学习，独立完成　　C.介于A、B之间

2.在社会工作中，你更愿意(   )。

　　A.自己策划实施　　　　B.无所谓　　　　　　　　C.希望能够多点帮手

3.在班集体活动中，你是一个活跃分子。(   )

　　A.千真万确　　　　　　B.很普通　　　　　　　　C.不是

4.你在组织活动中不喜欢他人干涉或指手画脚。(   )

　　A.无所谓　　　　　　　B.是　　　　　　　　　　C.不是的

5.接受困难任务，你总是(   )。

　　A.有信心独立迎接挑战　B.不确定　　　　　　　　C.想到找老师同学帮忙

6.你在自习时，喜欢(   )。

　　A.和同学们在一起　　　B.无所谓　　　　　　　　C.独自行动

7.别人指责你独来独往、行为怪异,你会(　　)。

A.一笑置之　　　　　　　B.很恼火　　　　　　　C.有点不高兴

独立性测试分值表

第一题		第二题		第三题		第四题		第五题		第六题		第七题	
A	1	A	3	A	1	A	2	A	3	A	1	A	3
B	3	B	2	B	2	B	3	B	2	B	2	B	2
C	2	C	1	C	3	C	1	C	1	C	3	C	1

注:17~21分,独立性强;12~16分,独立性一般;7~11分,独立性弱,依赖性强。

二、案例阅读

案例一

小吴,女,20岁,某高职院校财会专业学生。家居城市,出身干部家庭,各方面条件较好,吃住在家,家人从不让她参加任何家务劳动和其他社会活动,由于中学学习压力较大,自述和同学交往较少,人际关系不是很融洽。小吴自幼学习名列前茅,记忆能力较强,在中学时,一直深受中学老师的器重。每逢有关部门举行学科竞赛,均被选中参赛。但是,每次竞赛前,老师都要布置很多应试需要的记背材料,增加了她的学习负担,同时她还担心在竞赛中失利,因此心理压力较大。于是她对参加此类的竞赛性考试很反感,但是老师告诉她,选中她是学校对她的器重,是一种不可多得的荣誉,她就不敢违抗,加上同学们羡慕的眼光,她也就不忍放弃。于是,每次参赛前几天,她常常要记背到深夜。一天晚上,恰逢隔壁有几名青年在举行生日聚会娱乐,声音很大,严重地影响了她的记背效果,当时她情绪烦躁不安、焦虑、郁闷,产生诸多怨恨情绪。怨恨老师为了学校荣誉总安排自己参赛,影响自己学习,又疲惫不堪;又怨恨隔壁的人吵闹,扰乱了自己参赛的准备,于是她这一夜失眠了。第二天竞考时,她身体疲倦无力,浑身出汗,头脑混乱,考试失败。此次失败后,遇到考试她便失眠、焦虑、心烦意乱,为此她高考落榜。复读一年后,她考入一所职业技术学院。进入高校学习以后,独立生活能力的不足、人际交往经验的欠缺等生活问题给她带来了很多的烦恼。她由于对数学课程兴趣不浓,选择了财会专业,可是出乎她的预料,所学专业开设了高等数学、统计学等课程。而且课程难度较大,老师授课进度较快,课堂内容又很丰富,学习起来颇感吃力,加上中学时期的失眠问题,在大学的首次考试中,高等数学课程就挂了"红灯"。在以后的学习中,由于总担心考试过不了关,心理紧张,失眠症状越来越重,学习效率大打折扣,集中注意的能力和思维能力下降,对自己的学习能力产生怀疑。于是向家长提出退学,但又遭到家长的反对,无奈,在学校感到十分痛苦。

这是一个典型的大学环境适应不良的例子,从学习、生活到内心等等的不如意,其实都是一种对新环境的不适应。对于高职院校的大学生而言，离开自己熟悉的中学环境进入大学这个新的环境，从学校的管理模式、生活环境、人际交往、学习内容以及老师的讲授方式都会感到很多的新奇和陌生。如果环境变了，而自己不去主动适应，很容易产生心理适应方面的问题，从而影响个人的成长和发展。改变自己的观念，重新给自己的角色定位，确立新的学习目标，调整自己的心态，尽快地适应新环境，是保证大学生适应大学生活的正确方法。

案例二

"不知道别人何以拥有那么多的美好，而我却只有不尽的忧愁和寂寥"。这是一个大一学生写来的信，字里行间流露出无尽的困惑和烦恼，他希望我们能告诉他怎样才能摆脱迷惘，活出青春应有的风采。在信的最后他说："你不要告诉我要自信，我对你说了，我家境贫寒，连普通话都不会说，你叫我怎么自信?!"读着他的来信，尤其是感叹号和疑问号的真情表白，我又仿佛看到了几年前的自己。说真的，在大学里，我们正值青春骚动的浪漫年华，谁不曾有过类似的心路历程，总想把平淡的日子张扬得别有一番滋味，期待每一次付出都会得到理想的回报。走过大学后我才深深地明白，人不可能实现自己所有的梦想，但我又无法拒绝这颗渴求抚慰的心灵。于是，我把我的大学经历告诉他，希望他能从中领悟到一些东西并尽快走出困惑。

下文是我大学时的真实的心路历程，我希望，大家读了我的文字后能更了解我，说："对，生活就是这样。"如果是这样，那么恭喜你，你已走在寻找自我的路上。

考上大学在一个蝉声聒耳的夏天，我考上大学的消息像一条爆炸性的新闻，在山沟里掀起了层层波澜，实现了当时农村人比登天还难的农转非的梦想，惹得老实巴交的父亲常常有事没事往人群中一站，享受众人艳羡的目光。深夜，父亲和母亲经常躲进隔壁的房间里商量着如何筹措我的学费，我偶尔听着一两句沉重的叹息，但父亲面对我的依然是一副开心的笑容。

9月的乡村，格外亲切而多情，就在这样的日子里，父老乡亲众星捧月般把我送进大学校园，我还没有完全从憧憬和喜悦之中清醒过来，都市闪烁不定的霓虹灯就让我心慌、使我眼花，只有一米六五的我穿着土得掉渣的衣服，无论如何不会产生当年拿破仑"我比珠穆朗玛峰还高"的轻狂，我是一个智力正常的人，我得正视现实，如果说家境贫寒、身材矮小还可以将就的话，我那满口难懂的家乡话就让人难以谅解了。或许是思想活跃，或许是紧张所致，我说话常常像机关枪一样既快又急。我想，如果把我所说的记录下来一定没有一个标点符号。我不想别人因为听我的话而缓不过气，因此，无论何时我都不敢表达我的思想，尽管那时我极其压抑，常有一吐为快的冲动。

那时的我像一只野鸭子一样游离在欢乐的人群之外，却从来没有过要变成天鹅的梦想。尽管我的身高没有达到班级之最，但自卑是一种奇怪的心理现象，和个头相当的同学在一起，我害怕别人说"物以类聚，人以群分"；当然我更不愿当高个儿的陪衬，虽然我渴望朋友，却没有一个朋友。于是我把这些苦闷和孤独的心情，分门别类一行一行地填在格子里，我并没有想到它可以赚取稿费养活自己，当然我更没有想到的是它会对我的大学生活产生重要的影响。我只觉得写完之后有一种清扫心灵垃圾般的快慰。

时间在悄无声息地流逝，一个极其偶然的机会，这些在百无聊赖时涂写的诗稿被一位老乡看见，他惊讶的程度不亚于发现了新大陆，当时他在校报做记者，他竭力为我推荐，结果第二周，我描述心情的《寻路》发表了，在副刊上占据一大块版面，我第一次发现我的名字变成铅字竟然也会散发着芬芳，大家好像突然发现我的存在，赞美之声不绝于耳，虽然我依然独来独往，但我不再感到孤独，因为我明白，我已经选择了我的爱好，发现了我的聪慧，我不再是一个多余的人，尽管我还是以前的我，但我不再自卑。

每个人内心都有一个内在小孩，所以幸福与快乐不在别人的眼里，而在自己的心里。有些人表面很幸福，背后却隐藏着难言之苦；有些人脸上挂着笑容，心里却装满无声的泪水。无须羡慕和嫉妒别人，也不用太在乎人们的评说，好好过自己的生活，用爱接纳生活中所有的悲伤、艰苦和生活的馈赠吧。

思绪洞开了往事的栅栏，当我不再回忆时，我选择现在，珍惜现在的热血奔流，让自信、激情和诚实升起生命的图腾，汇入小河，歌唱着奔向大海。

三、课后思考

1. 谈谈大学新生的心理特点，并分析自己刚刚进入大学时的心理状态。

2. 理想中的大学生活和现实中的大学生活有哪些差异？

3. 大一学生小明发现现实中的大学生活和理想中的大学生活相差太大，他很苦恼。面对这种矛盾状况，小明应该采取什么途径来解决？

专题三　了解你自己——自我意识心理

专题导读

本专题主要内容包括自我意识的内涵、自我意识的结构和内容、大学生自我意识的特点和主要问题、大学生自我意识调整的主要方法。重点掌握自我意识的结构内容和自我意识调整的方法。

学习目标

1. 知晓自我意识的内涵和主要内容，掌握自我意识的本质特点。
2. 学习自我意识的基本方法，把握积极悦纳自我的内涵。
3. 通过自我意识的学习，明确自身对社会、对国家、对集体的责任和义务。

案例导航

一个女孩子这样描述自己：我究竟是一个什么样的人呢？我很爱美，我总希望自己拥有一个清纯可爱的外表，我爱画画、唱歌、听音乐……我是一个理想主义者，我经常能感受到自己变化不定、波澜起伏的内心情感，我容易对哪怕是一面之缘的男孩子产生好感……我的内心非常渴望将来成为一个成功的人。我的学习非常好，我想达到的学习目标一定要实现。我非常敏感，我妒忌总是比我强的人（尤其是女孩子）。除了学习外，我认为自己也非常漂亮。我还特别喜欢运动。我觉得我的意志力不是特别坚强，可我又不怕苦和累。我的心中总是充满理想和美好的愿望，可是生活中有时总和想象的不一样，所以有时候我也很失望……

这就是我，我认为我是一个非常好的女孩子，我希望我将来成为一个事业成功的女强人，我不怕世俗的目光，我也相信我能够实现！

这就是一个人对自己的认识和评价，也就是自我意识。自我意识是人认识世界的出发点，也是个人成长与发展的基础。

任务一 了解自我意识

很多人一生当中曾经无数次地自问："我是谁?""我如何才能成功?""我有什么目标?""我上大学的目的是什么?"一个人是否努力过,一个人是否奋斗过,这都不是最重要的。最重要的是,一个人要能够真正地认识自己,认识自己的优点和不足,发现自己的潜力和优势。

一、自我意识的定义

自我意识(Self-consciousness)也称自我,是人的意识的核心部分,是人的意识发展的高级阶段。自我意识是人们对自己的身心状况及与外部世界相互关系状况的认识和评价。包括对自己的生理状况(身高、体重、相貌、体型、健康状况以及所属物等)、心理状况(性格、气质、能力、兴趣、思维、需要、意志品质等)及社会状况(人际关系、自己的角色、社会地位、社会关系等)的认识和评价。

"人啊,认识你自己!"早在古希腊时期,伟大的苏格拉底就提出了这个口号。这是他对人类自我意识的呼唤和呐喊。他呼吁人类应该关注自己,关注现实的人生。这是人类自我意识觉醒的标志。

自我测验 ✓

(1)假如我是一种动物,我希望我是_____,因为_____;

(2)假如我是一种花,我希望我是_____,因为_____;

(3)假如我是一棵树,我希望我是_____,因为_____;

(4)假如我是一种食物,我希望我是_____,因为_____;

(5)假如我是一种交通工具,我希望我是_____,因为_____;

(6)假如我是一种电视节目,我希望我是_____,因为_____;

(7)假如我是一种电影,我希望我是_____,因为_____;

(8)假如我是一种乐器,我希望我是_____,因为_____;

(9)假如我是一种颜色,我希望我是_____,因为_____。

二、自我意识的内容

从认知、情感和意志的角度,自我意识包含自我认知、自我评价、自我控制三个方面;从自我意识本身则分为生理自我、心理自我与社会自我(见表3-1)。

表3-1　自我意识的分类

	自我认知	自我评价	自我控制
生理自我	对自己身体、外貌、衣着、风度、体重、体型、家属、所有物等的认识	英俊、漂亮、有魅力、迷人、平庸、丑陋等	追求身体的外表、改善外表的不足,追求物质欲望的满足,维持家庭的利益等
心理自我	对自己的智力、性格、气质、兴趣、能力、记忆、思维等的认识	能力、聪明、优雅、敏感、迟钝、粗心、细腻等	完善人格、提高能力、丰富兴趣、控制情绪等。注意行为符合社会规范,要求智慧与能力的发展
社会自我	对自己的名望、地位、身份、角色、性别、义务、责任、力量等的认识	自尊、自信、自爱、自豪、自卑、自怜、自恋等	追求名誉地位,与他人竞争,争取得到他人的好感。明确自己的责任、义务等

自我测验 ✓

你喜欢什么

以下这些动物中,请"依序"选出你的心目中最喜欢的三种(注意:是依次。也就是最喜欢的、次喜欢的、第三喜欢的。必须是你第一直觉想到的动物序列)。这些动物有:狗,熊,猴子,狮子,马,松鼠,羊,兔子,企鹅,猫。

排名第一的动物:代表你希望自己给别人的印象;排名第二的动物:代表别人对你的看法;排名第三的动物:代表你真正的样子。

狗:个性温和,善解人意,为朋友竭尽心力,不怕麻烦,是忠诚度极高且富有同情心的人。为人正直,不会作出背叛朋友的事,是可以信赖的人。

熊:温和亲切,是可以依赖的人。心地善良,个性率直,给人平稳、顾家的印象。另外,行事谨慎。

猴子:幽默,容易亲近,在一起不会让人感到厌倦的人。喜欢照顾别人,头脑灵活,好奇心强。

狮子:有威严,在人群中特别受瞩目,最具有领袖气质的人。重荣誉及社会地位,有时难免偏于虚荣,因此,自尊心很强。

马:带点稚气,为人爽快。即使是女性也不要求特别的待遇,是个性格活泼、干脆,在穿着上也很讲究的人。

松鼠:有一点孩子气,外表给人软弱的印象,实际上却是能干且牢靠的人,不过有些三心二意。另外,崇尚自由,脑筋也很灵活。

羊:外表柔弱,实际上却很顽固,是勤奋不懈的努力派,以及重秩序、讲义气的人,将朋友的事看得比自己还重要。

兔子:是可爱、颇具魅力的人。由于这个特质,常让周遭的人兴起想保护你的欲望。另外,个性温和优雅,很讨人喜爱。

企鹅:谨慎、保守、朴素型的人。有时会给人一种沉静中带点危险的感觉,对很多事都无动于衷。

猫:神秘、捉摸不定的人。忠于自己的步调、崇尚自由、不喜欢受束缚,而且自我,对很多事都持着既定的想法。

任务二　探究自我意识

青年期是身心发展和自我意识发展的关键期。青年在生理、认识、情感等各方面的深刻变化,如性的成熟、思维与想象能力的发展,感受力的提高,使他们开始把关注的重点转向自身内部,开始去发现、体现自己的内心世界,并迫切要求形成自己独特的个性与独特的理解方式。

一、大学生自我意识的特点

自我意识是大学生身心发展的核心要素,在自我认知、自我评价与自我控制三者相互影响、相互作用的过程中,自我意识逐步成熟,其间经历了分化—矛盾—整合的过程。

(一)自我意识的冲突

1.主观自我和客观自我

大学生是一个较为特殊的群体,是在大学校园里接受高等教育的人。他们生活在有着浓郁的文化和学术氛围的校园里,离社会生活较远,缺乏一定的社会经验,导致他们对自己的需求、动机、价值观、人生观等方面的认知产生偏差,理想与现实不能很好地结合,从而使心目中的理想我与现实中的现实我产生一道鸿沟,出现一定的差距。比如,大学生作为同龄人中可以接受高等教育的人,和那些没有上大学的人相比,主观上通常会对自己有较高的评价,再加上社会上一直对"大学生"这个称谓有很高的期望,大学生在心理上往往存在一定的优越性。然而,随着高等教育越来越普及,社会上对大学生这一群体的评价和期望已经不像以前那样高。当大学生在接触社会的过程中经历类似的挫折的时候,就容易导致大学生在心理上产生一定的失落感,出现主观我与客观我之间的冲突和矛盾。日本学者的研究也发现,在高中生、大学生和成年人的自我意识中,大学生主体我与客体我之间的差距最大。

2.理想自我和现实自我

理想自我是指个人想要达到的完美的形象,是个人追求的目标,它引导个体实现理想中的个人自我。现实自我是个人从自己的立场出发,对现实中自我的各种特征的认识。现实自我又称个人自我,主观性较强。在现实生活中,理想自我与现实自我总是存在着一定差距的,合理的差距能够使人不断进步、奋发有为。但是,如果差距过大,则有可能引起自发的分裂,导致一系列心理问题。

青年时期的大学生,心中承载着无数的梦想,每个人都渴望一把登天的天梯,他们有抱负、有追求、有理想,成就动机强烈,特别是当市场经济将人们的成就意识凸现时,很多大学生心中涌动着比尔·盖茨般成功的梦想,他们为自己设定了一个美丽的"理想我",也对大学生活进行了理想化的设定。但当他们一脚踏入大学时,现实与心中的理想形成了巨大的反差,新生出现了"理想真空带"与"动力缓冲带",一时间找不到自己生活的方位。对理想自我的渴望与对现实自我的不满构成了这一时期大学生自我意识发展的重要组成部分。值得重视的两个方面是:一是理想我与现实我有一定距离是正常的,它可以激励大学生奋发图强、积极向上,向着梦中的方向飞奔;二是当现实我距离理想我太过遥远时,大学生会产生各种各样的心理不适甚至自暴自弃,变得平庸无为,变得无所事事,变得没有动力。

当理想我与现实我发生冲突,积极的自我调适便非常必要。这时,大学生要重新调整和评估自己的理想,直到通过努力可以达到为止。

自我测验 ✓　　　　　　　　　三个"我"

（1）请先预备三张纸,首先在第一张纸上描述"理想的我",时间约为10分钟。然后将自己写好的第一张纸搁置一旁,暂时不准再观看。接着照此类推,在第二张和第三张纸上分别具体描述"别人眼中的我"和"真正的我",每次大概10分钟时间。

（2）完成后,将三张纸放置在桌上,对三张纸上的三个"我"作出检核,主要是看看三个"我"是否协调和谐。若否,则差异何在,并尝试找出原因何在。请你留意另外一个重点:"理想的我"和"真正的我"是否协调一致? 通过此重点,你往往可以发现两者之间的差异,甚至矛盾之点。同时,往往会发觉自己一些对人生所产生的深层感受和渴求。

(3)为了达到更积极的效果,你应当努力探索,看看如何可以使三个"我"更加协调一致,制订促进三个"我"协调统一的方案。有了具体的计划,你会较容易在生活中落实并作出改进。一个心理健康的人,三个"我"是协调和谐的。当一个人自己和他人眼中的"我"没有太大差距,个人理想也没有脱离现实,就是一个自我形象明确而健康的人。但当三个"我"不协调时,我们就该问自己:别人为何不了解我? 我是否不能表里一致? 不过,我们不必期望自己的三个"我"百分之百协调一致,因为那是不实际的期望,只会导致负面的影响。

(4)进行上述思考后,请填写表3-2。

表3-2 三个"我"协调一致吗?

三个"我"	开始时	调整后
理想的我		
别人眼中的我		
真正的我		

3.独立自我和依赖自我

大学生生理与心理的成熟使他们渴望独立,以独立的个体面对生活、学习与工作中遇到的问题,但由于长期的校园生活使他们应有的社会阅历与经验相对匮乏,当应激事件出现时,却又盼望亲人、老师、同学能够替自己分忧。另外,大学生心理上的独立与经济上的不独立也形成了明显的反差。在他们迫切希望摆脱约束、追求自立的同时,却又不可能真正摆脱家长、老师的支持和帮助。特别是对于某些独生子女来说,由于长期受到父母的溺爱,这种独立与依赖的矛盾就表现得非常突出。

应当指出的是,独立并非意味着独来独往,独立并非不需要任何人的帮助和指导,并非不需要依赖别人,而在于个人必须对自己的行为负有责任。"一个好汉三个帮",即使是一个独立性很强的人,也有依靠别人的需要。不同的是,独立的人更多的是依靠自己的力量和努力去克服或解决自我的问题,而不是完全依靠他人的帮助或依赖于别人;独立的人能够权衡利弊、审时度势,能够勇敢作出决定并能够勇于承担自己的行为责任。

过分的依附使大学生缺乏对客观事情的判断能力与决断能力,显得优柔寡断,缺乏主见;而过分的独立又使部分学生陷入"不需要社会支持"及"凡事都要靠自己"的误区,采取我行我素、孤傲自立的行为方式,但在遭遇挫折时又会出现不知如何寻求帮助的情况。事实上,任何心理成熟的独立的现代人,都需要他人的帮助,广泛的社会支持是个体心理健康不可或缺的。

大学生在主张独立的同时,又存在一定的依附心理。大学生的身心发展是不断地趋于成熟的,但是,由于大学生大部分时间都是生活在校园里,远离社会,社会经验比较匮乏,缺乏独立解决问题的能力,因此,大学生在遇到一些较为重要的事或者突发事件的时候,又希望能得到家人、老师和同学的帮助和支持。大学生迫切追求独立、希望能够摆脱各种束缚,与现实中不可能完全独立形成较大的反差。加上大学生在经济上基本很难实现独立,不得不依附家里,导致大学生的心理独立与经济不独立也产生矛盾。

4.骄傲自我和自卑自我

自负,是一种自以为是、自命不凡的情感体验和情绪表现,是自信的极度表现。自信是自我意识的一个非常重要的组成部分,是个体在对自己予以肯定的基础上形成的对自己的一种综合性的认可,是一种积极的自我体验,它不但直接影响大学生的自我认知、自我评价,还对大学生的自我调控起着十分重要的作用。然而,过于自信就是自负了,对大学生自我意识的发展会产生不利影响。当代大学生普遍具有较好的自信心,但仍有少数大学生存在自负的心理。有自负倾向的大学生,往往过于虚荣,骄傲自大,对自己有过高的评价,缺乏自我批评和自我反省;对于别人提出的意见和批评也不接受,唯我独尊;把自己的意志强加于人,在人际交往过程中很难与人和睦相处。由于缺乏自知之明,自负的大学生对现实我的认识和评价过高,使理想我在生活中占主导地位,这就导致大学生在这种自不量力的情况下追求过高的目标,往往导致失败,产生较多的不良情绪体验,影响大学生自我意识的发展和完善。

与骄傲心理相反的,是自卑心理。有自卑心理的大学生对自己各个方面的能力都评价较低,往往不能客观地、恰如其分地分析和认识自己,不够自信,常常产生失望、悲观等情绪;他们在遇事时总想着自己的不足之处和缺点,心虚胆怯,想要逃避和退缩,不能勇敢面对;自卑的大学生总是怀疑自己的能力,不敢表现自己,怯于与人交往,特别是不敢和异性交往,慢慢变得自我封闭。

案例分析

晓东出身于干部家庭,就读于南方某名牌大学,学业优秀,能力也较强。他从小学起就一直担任学生干部,自小心理上就有一种比别人优越的意识。上了大学,这种心理更加强烈,有时简直是恃才傲物,自负得很。他认为考上大学就是进了龙门,读书就等于身价高,于是毕业时只把目光盯着大城市,从机关事业单位到著名大企业大公司,要求的都是总经理助理、策划师之类的职位,希望有宽松的工作环境。结果本来看好他的几家单位都不敢要他了。至今,晓东还在"待价而沽"。

某高校文学院的学生小莉,几次应聘失败后一直很消沉。后来,在父母的劝说下,她勉强投出了十几份求职简历,结果全部石沉大海。为此,小莉索性把自己关在家里,不再参加招聘会。她认为,用人单位对女生有偏见,再加上自己所学的专业又不热门,应聘了也没有结果。面对就业挫折,小莉显得极度自卑。

5.中心自我和从众心理

当代的大学生都标榜独特的个性,追求与众不同,有些大学生在考虑问题的时候往往以自我为中心,做事的时候也常常以考虑自己为出发点。尤其是当前的大学生大多为独生子女,他们在家中早已习惯了家长众星捧月般的待遇,因此,很容易出现以自我为中心的倾向,凡事都从自我的角度去思考、去衡量,缺少对客观环境和人际关系的冷静思考和分析,往往不顾及他人的感受。以自我为中心的大学生常常得不到别人的信任,难以赢得别人的好感,在和同学相处的过程中容易出现人际交往不和谐的现象,遇到困难和问题的时候得不到他人的帮助,往往要比其他人遭遇更多的挫折。

从众心理是当代大学生自我意识消极表现的另一方面,与大学生以自我为中心的心理刚好相反。从众心理是一种普遍的心理现象,是指在一定的情境下放弃自己的想法而采取与大多数人一致的自我保护的行为。然而,过强的从众心理,就是一种依赖性的反应了。有过强从众心理的大学生,当他们遇到问题或压力的时候,会有退缩和逃避的反应,走在了集体的边缘。在现实生活中,往往缺乏主见和独立意向,不主动思考问题,遇到问题时束手无策或求助于他人,常常人云亦云,甚至迷失自我。

从众效应是一种追随别人行为的常见的心理效应。这种效应有时是积极的,如别人献血你也去献;有时是消极的,如看到别人在公园摘花,自己也跟着去摘花。

学习从众:大学宿舍成员集体出动参加各种证书培训班,已经是大学校园蔚然流行的风景。

消费从众:进入大学,班级聚会、老乡聚会、社团聚会等,吃的高档,穿戴时髦,玩的够派,钞票大把大把地花,虽然无可奈何,但是为了面子,只好不顾里子。

恋爱从众:大学校园恋爱极富感染性,有的班级一阶段没有几个人谈,而另一阶段则出现了一群谈恋爱的;有的寝室无人问"爱",有的寝室全在"爱中"。

作弊从众:大学校园里有考试"不看白不看"的哲学,"学不在深,作弊则灵",考试不作弊的学生反而被讥笑为"傻瓜",大家都作弊,我为什么不作弊呢?

(二)自我意识的协调

随着自我明显的分化,大学生开始主动、迅速地关注自己的内心世界和行为,对生理自我、心理自我、社会自我每一细微变化都产生新的认识和体验,自我反省能力增强,自我形象的再认识更加丰富、完整和深刻,由此而来的种种激动、焦虑、喜悦增加,自我体验更加丰富多彩,自我思考增多,自己应该怎样做,能怎么做,不应该怎么做,不能怎么做,等等成为经常思考的问题,开始要求有属于自己的一片天空和世界,渴望得到理解和关注。在自我意识不断调整、发展的过程中,他们极易寻求新的支点,寻找自我意识的统一点,整合自我意识。由于自我意识具有复杂性与多维性,大学生逐渐在多维度中审视自我、调整自我,向理想自我靠近。从多维度观察的自我同一性越高,大学生自我意识的发展越好,人格越完善。

首先,有明确的自我观念,观察、分析、解决问题的能力已有了较高程度的发展。他们不仅关注自己的外表、行为、举止等外在因素,同时更加关注自己的性格、交际、组织能力等内在因素。在经过痛苦的选择与调整之后,大学生逐渐成长,使自己的理想我与现实我趋于统一,主观我与他观我趋于一致,对自我的认识更加深刻、客观、理性。

其次,自我认识能力有所提高,能够有准确的认知与评价自我。当代大学生对自我认知较为客观,不夸大自己的优势与不足,对自己的现状与未来有明确的认识,既不好高骛远,也不妄自菲薄。多数大学生认为自己能做好自己所有的事情,对自己的身材相貌感到满意,对前途还是比较乐观的。自我肯定感较强的大学生,他们的自我意识通常表现为接纳自我,自信心较强。

最后,在自我控制方面,当代大学生自我控制自觉性较高。在经历了大一时期的角色转变、学习生活交往和人际关系等方面的心理适应过程之后,便很快进入了一个角色定位的稳定时期,这时大学生的自我监督、批评和教育的认识水平提高了,能够在信念水平上驾驭自我。大学生自我控制主动性的增强主要表现为独立性的发展,这种独立意识促使他们对自己的控制方式逐步从外部控制转变为内部控制,即主动掌握自己的心理变化,特别是在规划自己的职业理想、生活理想和人格理想时基本上克服了由家长、老师和长辈帮助规划的被动情况,而转变为主要依靠自己的想法来主动规划。

案例分析

这是一个大二学生的自我描述:

我是一个性格开朗、文静、有活力,待人热情、真诚的大学女生。在父母眼中,我是一个懂事、上进、孝顺父母,偶尔有些懒惰的青春女孩;在朋友眼中,我是一个诚实守信、幽默、聪明的好朋友;在老师眼中,我是一个作风正派、工作认真负责、热情开朗、团结友爱、积极进取的学生;在恋人眼中,我是一个有责任感,兴趣广泛的好恋人。

这是一个学生比较客观的自我描述,也是自我认知的一部分。其中能够正确地认识和分析自己的优缺点,表现出了自我意识比较高的协调性。

当自己将这些描述清晰地整理出来时,你可以与你的同学、家人、朋友、恋人沟通,听取他们对你自己评价的认同度,这也是自我过滤的过程。先将自己的优点列出,并得到大家的认同,再写出自己的弱点,请大家都助分析,这些澄清的过程也是自我认识不断深化的过程。

二、大学生自我意识的问题

自我意识的分化,使大学生开始注意到自己以往不曾留意的许多方面,同时也意味着自我矛盾冲突的加剧,即主观自我与客观自我、理想自我与现实自我的矛盾冲突加剧。由自我意识的分化带来的矛盾是大学生自我意识发展过程中的必然现象,当然,它会给大学生带来不安、疑惑与困扰,可能还会影响到他们的心理健康与心理发展。大学生的自我意识主要存在以下方面的问题。

自我认识不清楚。对自己的心理特征和自己与周围事物的关系观察得不够。例如,让学生描述自己时,我们常常会听到这样的答案:"我不知道自己有什么特长""我不知道自己有什么能力""我不知道我在同学中的地位如何",等等。

自我剖析不科学。有一部分学生只总结自己的优点,忽略了自己的缺点,而另外一部分学生只总结自己的缺点,忽略了自己的优点。常见的说法是:"这件事情没做好,全怨他们几个,要是我自己做,肯定能成功。""这件事情没做好,责任全在我,我没有能力。"

自我评价不恰当。突出表现为两个极端,即或者过高估计自己,或者过低评价自己。常见的答案有:"老师,这件事情别交给我,我什么都做不好。""凭我的水平,干啥都没问题。"

自我反思不到位。主要表现为在行动时,随心所欲,走一步算一步,最后能取得什么结果就算什么结果,不是按照计划去调整行为,而是根据行为的结果来修改计划。

自我控制能力弱。主要表现为行为受他人和外界环境所左右,不能自觉发动应有的行为,不能主动控制不合时宜的行为。

案例分析

案例一

小芳从小学到高中一直都是班里的佼佼者,甚至是一个县的宠儿,一直被光环笼罩着,并成功地考入了理想中的名牌大学。然而小芳刚进入大学后却感到很失落,觉得大学跟自己设想的不一样,现实和理想差距很大,尖子碰尖子,小芳的成绩一下子排不上号了,不再是老师的宠儿,在同学眼里也很平常。小芳一直以来的优越感消失了,先前的激情没有了,被迷茫和无所适从所替代,不自主地放松了学习。甚至进入大学后把大量的时间花在了玩游戏、聚会、交友、旅游上面。一玩就是一两年,基础知识没打牢,考试常常挂科,结果4年很快就过去,醒悟时为时已晚。

自尊感过强。当代大学生大多数是独生子女,在对独生子女的教养中,每一个父母都尽自己最大的能力让孩子吃最好的、穿最好的,有了进步及时表扬,有了缺点不忍心批评,使孩子误以为自己的一切都是最好的,没人可比。而到了人才济济的大学校园以后,自己原来的优势显现不出来了,优越感没有了,不分析原因,又不愿意服输,所以在学习和生活中争强好胜,甚至怨恨他人。

自信心不足,自卑感强烈。由于对自己评价过低、经常遭遇挫折、容貌欠佳、智能相对落后、家长专制、家庭经济条件不好、家庭不完整等原因,导致大学生对自己的能力缺乏信心,放弃追求,自怨、自怜、自卑。

体验不到成功。由于不能恰当地评价自己,大学生给自己设定的抱负水平过高,无论取得什么样的成绩都不能让自己满意,所以体验不到成功的喜悦。

案例二

小的时候父亲对小斌的要求很高,学习成绩下滑时总是受到批评。考上大学后,竞选班级、社团干部均没有成功,自己提出的意见也不被宿舍成员采纳,觉得在大学里找不到自己的位置。因此,不愿意参加集体活动,担心自己说错话、做错事,总是待在宿舍玩网络游戏,最后导致期末考试四门课程不及格,他自己也很苦恼,不知道自己为什么会变成这样,觉得自己好失败。

缺乏自我监督。主要表现为社会道德准则没有内化为个人的品德,没有内在的行为准则,离开了外界的监督,就不能产生自觉的意志行动。

任务三　调整自我意识

一、乐观地悦纳和展示自我

悦纳自我,就是以对自己本来面目的认可、肯定和喜悦的态度,将一个真实的我、本来的我展示于人们面前,可以让别人了解自己,展示自我。这样将有助于密切人际关系,正确认识自我和评价自我。心理研究表明,心理健康者更多地表现出对自我的接受和认可,而心理障碍者则明显表现出对自我的不满和排斥。有些大学生对自己的容貌、性格、才能、家庭等某一方面或几方面不满,而又无力改变,便产生自我排斥的心理。这是心理幼稚的一种表现。人总要对自己有所肯定又有所否定,并且在自我意识的发展中建立起二者的动态平衡。否则,对自己不满过于强烈,就会加剧心理矛盾,产生心理持续紧张,这样不仅会使个体感到活得很累,还可能引发心理问题,严重的可能出现悲剧。

悦纳自我是增进健康的自我意识的关键和核心。大学生要做到悦纳自我,需要强化四条理念:一是坚信"只要真正付出努力,同等条件下,别人行,我也一定能行",以此来增强自信。而强烈的自信和理智的努力则能激发个体的潜能,促进成功。成功后的愉悦又可以使个体进一步增添自信,形成良性循环。二是不忘"尺有所短,寸有所长"。一个人固然有长短处,但更多的是有很多的长处,即便短处也总有一定的限度,因此大学生不能只看短处,否定自己,也不能妄自菲薄而认为自己一无是处,要恰当地认同自己,而不是苛求自己。三是懂得"失之东隅,收之桑榆",正视自己的短处,既努力扬长也注意补短。一个人在某些方面自觉不足,如果通过理智地努力来补偿,以最大的决心和最顽强的毅力去克服这些缺陷,往往能取得特别的成功。四是记住"失败是成功之母",正确地对待成功和失败。成功和失败是相辅相成的,成功的果实只能在艰辛的努力中逐渐成熟。

自我测验　　　　　**独特的我(我的长处和短处)**

(1)请认真地自行填写下表。

我的长处		我的短处	

(2)假如你所填的长处太少,说明你是一个自我概念较低、自我形象贫弱的人,同时你肯定也是一个不能接纳自己的人,因此,接下来所要做的就是设法发掘、界定你的长处,对自己作出肯定。下面要做的是:邀请你的家人或者熟悉你的同学、朋友(起码要有两位)参与进来,让他们根据对你的了解,分别说出他们认为你拥有的长处。然后,你把包括你自己在内的三(或更多)种回答比对一下,看看其中有多少项是你没有发现,而别人却一致的看法。遇到这些项目时,你还可以和参评人做些讨论,了解自己在他人眼中是一个什么样的人。在经过别人的帮助和诱发后,你的表格中往往是长处多过短处。请再填写下表。

当我再一次看清楚自己的长处和短处之后,我感到			

(3)还可以进一步深入地进行一些探讨:在短处方面,按"不能改变"的短处和"可以改变"的短处进行分类。分好类后,对于后者,还可以定出改进的计划和方法。

最后可以根据实际情况,进行团体分享,或小组内部交流。

案例分析

案例一

有这样一个寓言:有一天,森林里的动物们召开会议,小鸭子、小麻雀、小白兔、小猪、小松鼠等动物都来了,它们商讨如何使动物们变得像人类那样更聪明,甚至能够超越人类。它们决定首先成立一所学校,希望通过练习,使自己本领高强,成为一个通才。它们制定了一系列的课程。第一天,决定上游泳课。结果,小鸭子非常高兴。一个猛子扎到水里,高兴地游来游去。放学回家后,它高兴地对鸭妈妈说:"妈妈,我们的学校可好了,今天上的游泳课我真喜欢。明天我还要去上学。"第二天,小鸭子来到学校以后,没想到老师说今天要上跑步课。小鸭子一听就傻了:跑步我不行啊。结果小兔子非常高兴,一个箭步冲了出去,第一个跑到了终点。晚上放学后,它也对妈妈高兴地汇报了学校发生的情况。它也兴奋地告诉妈妈:"妈妈,我太喜欢这个学校了,明天我还要去上学。"结果,等它再上学发现,今天不上跑步课了,今天改上爬山课了……森林学校每天的课程就这样轮换着,可想而知,总是有动物高兴,有动物沮丧。

最后的结果是:小白兔在奔跑方面名列前茅,但是一到游泳课的时候,就浑身发抖;小鸭子在游泳方面成绩优秀,飞翔也还差强人意,但奔跑和攀登的成绩却糟糕透顶;小麻雀在飞翔方面,轻松愉快,但就是不能正经奔跑,尤其是碰到水就几乎精神崩溃;至于小松鼠,固然爬树的本领高人一筹,奔跑的成绩也还不错,却在飞翔课中学会了逃课。大家越学越迷惑,越学越痛苦,终于决定:停止盲目学习别人,好好发挥自己的长处。他们不再抱怨自己,羡慕别人,因此又恢复了往日的活泼和快乐。

正确地认识自己,了解自己,把握和调控自己,就是一个人良好的自我意识的表现。俗话说,人贵有自知之明。只有准确地了解自己的优缺点,才能客观地评价自己,理解他人。

案例二

有一个出生在孤儿院中的小男孩,常常悲观地问院长:"像我这样没人要的孩子,活着究竟有什么意思呢?"院长总笑而不语。有一天,院长交给男孩一块石头,说:"明早你拿着石头去市场上卖,但不是真卖,记住,无论别人出多少钱,绝对不能卖。"第二天,男孩拿着石头蹲在市场的角落,意外地发现有不少人对他的石头感兴趣,而且价钱越出越高。回到院内,男孩兴奋地向院长报告,院长笑笑,要他明天拿到黄金市场去卖。在黄金市场上,有人出比昨天高10倍的价钱来买这块石头。最后,院长叫男孩把石头拿到宝石市场上去展示,结果,石头的身价又涨了10倍,更由于男孩怎么都不卖,竟被传扬为"稀世珍宝"。男孩兴冲冲地捧着石头回到孤儿院,把这一切告诉了院长,并问为什么会这样。院长并没有笑,望着孩子慢慢说:"生命的价值就像这块石头一样,在不同的环境下就会有不同的意义。一块不起眼的石头,由于你的珍惜,而提升了它的价值,被说成稀世珍宝,你不就像这块石头一样,只要自己看重自己,自我珍惜,生命就有意义,有价值。"人无论受到什么磨难,什么困难,我们的价值不会降低,你还是最好的自己。换句话说就是大家要悦纳自己,但并不是放纵自己的缺点,而是要我们在发现自己的缺点后勇敢地接受,并且予以改进和提高。

二、客观地认识和评价自我

自我认知是自我意识的首要成分,是自我体验的前提,也是自我调控的基础。正确而全面地认识自我是大学生自我意识发展的前提和基础。大学生可以通过以下3种途径全面地认识自我。

首先,通过自我反省认识自我。古人云:"吾日三省吾身。"大学生可以通过自我反思和自我观察的方式,来提高对自我的认识。无论是学习方面、工作方面,还是人际交往方面,大学生都要经常对发生在自己身上的事情进行观察和思考,自我剖析,自我检查,看看在这些事情上自己哪些方面做的好,哪些方面做的不够好或者做的不对,然后总结经验教训,形成正确的自我认识。

其次,通过别人的评价来认识自我。大学生在认识自我的过程中,往往受到自身的经验和阅历的限制,导致对自己的认识不够深刻,不够全面,不能真正了解自己的长处和优势、缺点和不足。这就要求大学生学会通过别人对自己的评价来修正自我认识。有研究表明,周围人的评价尤其是师长、朋友的看法对自我认识的发展有很大影响。大学生可以通过他人对自己的态度、期望、评价来进一步认识自己。大学生应该注意的是:要正确对待别人对自己的评价。不能因为别人过高地评价自己而忘乎所以,也不能因为别人对自己过低的评价而一蹶不振。

最后,通过实践活动中的成果来认识自己。社会实践成果的价值有时直接标志着个体自身的价值,社会衡量一个人的价值主要是通过其社会活动成果认定的,理想的活动成果能促进个体认识自我的能力,发现自我的价值,从而进一步开发自我潜能、激发自信。

案例分析

世界上最困难的事就是认识自己

据说,在希腊帕尔纳索斯山南坡上的神殿门上面,写着这样一句话:"认识你自己。"人们认为这句格言就是阿婆罗神的神谕。古希腊哲学家苏格拉底最爱引用这句格言教育别人。

《伊索寓言》中有一则关于乡下老鼠的故事:城市老鼠和乡下老鼠是好朋友。有一天,乡下老鼠写了一封信给城市老鼠,信上这么写着:"城市老鼠兄,有空请到我家来玩。在这里,可享受乡间的美景和新鲜的空气,过着悠闲的生活,不知意下如何?"

城市老鼠接到信后,高兴得不得了,立刻动身前往乡下,到那里后,乡下老鼠拿出很多大麦和小麦,放在城市老鼠面前。城市老鼠不以为然地说:"你怎么能够老是过这种清贫的生活呢?住在这里,除了不缺食物,什么也没有,多么乏味呀!还是到我家玩吧,我会好好招待你的。"于是乡下老鼠就跟着城市老鼠进城去了。

乡下老鼠看到那么豪华、干净的房子,非常美慕。想到自己在乡下从早到晚,都在农田里奔跑,以大麦和小麦为食物,冬天还待在寒冷的雪地上搜集粮食,夏天更是累得满身大汗,和城市老鼠比起来,自己实在太不幸了。

聊了一会儿,他们就爬到餐桌上开始享受美味的食物。突然,"砰"的一声,门开了,有人走了进来。他吓了一跳,飞也似的躲进墙角的洞里。

乡下老鼠吓得忘了饥饿,想了一会儿,戴起帽子,对城里的老鼠说:"还是乡下平静的生活,比较适合我,这里虽然有豪华的房子和美味的食物,但每天紧张兮兮的,倒不如回乡下吃麦子来的快活。"说罢,乡下老鼠就离开都市回乡下去了。

这则寓言使大家看到不同个性、习惯的老鼠,喜欢不同的生活方式。即使它们都曾经对不同的世界感到好奇,但是,它们最后还是会回归到自己所熟悉的框架里。为此,新西兰政治家马尔登指出:"我们在构筑自己的目标的时候,也要充分考虑自己的个性、习惯。"

马尔登说:"现在就是你重估自己的时刻——你是什么样的人?你将何去何从?现在就是你认清怎样改善生活的时刻。"

生活中最大的冒险,就是更进一步地了解自己。悲哀的是,有许多人因为不了解自己,在面临环境中的许多问题时,当然也不知道应该如何正确应付和处理,因而陷入失败的泥沼中。

通常人们以为外部世界不易发现,而自己对自己却了如指掌。事实上,大部分的人都不能彻底了解自己,也不知道自己真正想要的是什么。你也是其中之一吗?

大学生要树立正确的评价观,努力克服评价偏差,正确地评价自我,才能够保证身心健康。要正确地评价自我,最重要的是正确定位"理想我",理想我和现实我的冲突是大学生自我意识中最典型的冲突,在定位"理想我"时,要立足社会需要,符合社会规范,要从个人的实际出发,不能好高骛远,目标是要通过一定的主观努力才能实现的,而不是唾手可得的。要正确地评价自我还需要选择正确的比较对象,大学生会在日常生活中寻求比较的对象,这些对象的选择应遵循相似性和可比性的原则,不可盲目选择比较对象,用自己的优点去比他人的缺点,用自己的缺点去比他人的优点都是不可取的。

三、主动地调节和控制自我

控制自我是主动定向地改造自我的过程,也是个体对待自己的态度具体化的过程,有效地控制自我是健全自我意识,完善自我的根本途径,帮助大学生提高自我控制的能力,有效地控制自我,可以从以下两个方面着手。

第一,帮助大学生合理定位理想自我。理想自我是个人将来要实现的目标,确定其内容时,要面对现实,从自身实际出发,即要切合自己的知识程度、能力水平和生活经验等实际情况,通过努力实现适宜的目标,如果目标定得太高,就会使自我失去信心,从而放弃追求。反之,目标太低,则不能体现自我的人生价值。只有合理的目标才能激励一个人坚持不懈地为之努力奋斗。

第二,培养大学生健全的意志品质。在实现人生目标的过程中,既有各种本能欲望的干扰,又有各种外部诱惑的侵袭,容易使人偏离正确的轨道,松懈奋进的斗志,放弃对远大理想的追求。所以一个人要想成就一番事业,就必须能够抵制诱惑,约束自己的情感,把握自己的行为,这就需要有健全的意志品质。意志健全的人,在行动的自觉性、果断性、自制力和顽强性等方面都表现出较高的水平。培养大学生健全的意志品质,可以通过组织学生参加具有挑战性的实践活动、体育竞赛,增强学生克服困难的毅力;树立榜样,尤其是以他们熟悉的、优秀的同龄人作为榜样,激发学生的意志力量;严肃纪律,促使学生养成遵守纪律的好习惯;引导学生自省觉悟,克服各种不良的意志品质。

自我测验 ✓　　　　　　**天生我材必有用**

(1)我最欣赏自己的外表是 ＿＿＿＿＿＿＿＿＿＿＿＿＿＿＿＿＿＿＿＿。

(2)我最欣赏自己对朋友的态度是＿＿＿＿＿＿＿＿＿＿＿＿＿＿＿＿＿＿。

(3)我最欣赏自己对学习的态度是＿＿＿＿＿＿＿＿＿＿＿＿＿＿＿＿＿＿。

(4)我最欣赏自己的一次成功是_____。

(5)我最欣赏自己的性格是_____。

(6)我最欣赏自己对家人的态度是_____。

(7)我最欣赏自己做事的态度是_____。

四、积极地完善和超越自我

确立积极向上的理想自我。积极向上的理想自我是在自我认识、自我认可的基础上,按社会需要和个人的特点来确立自我发展的目标。大学生要积极探索人生,理解人生,树立正确的人生观、价值观和世界观,为理想自我的确立寻找合适的人生坐标,从个人与社会的联系中认识人生的价值和意义,并通过实现这一目标而努力地完善自我。

努力提高现实自我。不断战胜旧的自我,重塑新的自我,既要努力发展自己,又绝不能固守自我,要积极主动地为社会服务,勇于承担重任;既注重自我价值的实现,又不仅仅追求个人价值,在为他人和社会服务、为国家和民族作贡献的过程中实现自我价值。提高现实自我是一个长期的过程,必须善于调节自己的不良情绪,明确行动的目标,磨砺坚强的意志,坚持不懈,持之以恒,才能使"现实自我"不断地向"理想自我"靠拢,并最终实现自己的人生目标。这一过程,就是大学生努力完善自我的过程。

案例分析

学生张某的钢笔字写得比同学王某好,可是张某的英语没有王某学得好,王某在学校各种英语大赛中经常获奖,张某常常因为英语的单科成绩而影响自己的总成绩,于是张某暗下决心一定要学好英语。他买了各种英语复习资料,利用课余时间背单词,学语法,英语方面的积累越来越多,后来在期末英语考试中取得全班第一的好成绩。

小娜生活在一个比较困难的家庭,上到大学后,看到班级同学的生活质量特别高,穿名牌衣服,用苹果手机,心里很着急,家里又没有钱买,于是小娜产生一个念头,在同学不注意的时候,去到其他寝室,偷盗其他同学的财物,后来在一次偷窃中被人发现,送到公安机关,受到法律制裁。

我们应该认识到:人与人都是不同的,每一个人都有自己的优势和不足,很多时候一个人在某些方面与别人相比具有优势,但在其他方面却不如别人,这是很正常的。

认真进行自我探究,逐步获得积极的自我统一。自我统一意味着"主体我"和"客体我"的统一,是自我认识、自我体验和自我调控的统一。大学生在认真探索人生的过程中,逐步获得积极的自我统一,实现自身的价值。在获取自我统一的过程中,首先要分析和确认"理想自我"的正确性和可行性,然后与现实自我相对照,最后有针对性地、有计划地解决二者之间的矛盾,缩小差距,最终获得统一。

课后自习

一、心理测试

(一)自我意识量表

"0"表示完全不符合我,"4"表示非常符合我,"1""2""3"分别代表不同程度的符合和不符合。请你在数字对应的表格中填写适合你的数字。

题目	0	1	2	3	4
1.我经常试图描述我自己					
2.我关心自己做事的方式					
3.总的来说,我对自己是什么人不太清楚					
4.我经常反省自己					
5.我关心自己的表现方式					
6.我能决定自己的命运					
7.我从不检讨自己					
8.我对自己是什么样的人很在意					
9.我很关注自己的内在感受					
10.我常常担心我是不是给别人一个好印象					
11.我常常考察自己的动机					
12.离开家时我常常照镜子					
13.有时我有一种自己在看着自己的感受					
14.我关心他人看我的方式					
15.我对自己心情变化很敏感					
16.我对自己的外表很关注					
17.当解决问题时我很清楚我自己的心理					

此表是美国社会心理学家费斯汀格等人在1975年编制的,用于内在自我和公众自我的测量。第3题和第7题为反向记分,代表内在自我的题目包括:1、3、4、6、7、9、

11、13、15和17；代表公众自我的是：2、5、8、10、12、14和16。

每个人都可以了解一下自己是公众型还是私我型。

（二）田纳西自我概念量表

这份问卷的目的是帮助你了解自己。问卷上的题目是在描述你的实际情况。请仔细阅读每个题目，判断该题目所叙述的内容与你的真实情况是否相同。请在相应的选项上打"√"。（完全不相同：1分；大部分不相同：2分；部分不同：3分；部分相同：3分；大部分相同：4分；完全相同：5分）其中反向题目是5、8、9、13、14、16、18、19、22、25、27、28、32、37、38、39、42、43、45、46、49、52、54、55、56、57、61、63、64、68。

身体自我：受试者对其身体健康状态、外貌、技能和性方面的感觉。

道德伦理自我：受试者对其道德价值、宗教信仰、好坏人等的看法。

个人自我：对自己个人价值及能力的评价。

家庭自我：对自己作为家庭成员一分子的价值及胜任感的看法。

社会自我：自己在与他人关系中的价值及胜任感。

自我认同：反映受试者对自我现状的描述。

自我满意：对自我现状的满意程度。

1.我的身体健康。

2.我喜欢经常保持仪表整洁大方。

3.我举止端正，行为规矩。

4.我的品德好。

5.我是个没有出息的人。

6.我经常心情愉快。

7.我的家庭幸福美满。

8.我的家人并不爱我。

9.我讨厌这个世界。

10.我待人亲切友善。

11.偶尔我会想一些不可告人的坏事。

12.我有时候会说谎。

13.我的身体有病。

14.我全身都是病痛。

15.我为人诚实。

16.我的道德不坚定，有时想做坏事。

17.我的心情平静，不忧不愁。

18.我经常心怀恨意。

19.我觉得家人不信任我。

20.我的家人、朋友对我很器重。

21. 我很受别人欢迎。

22. 我很难交到朋友。

23. 有时候我觉得很想骂人。

24. 我偶尔会因身体不舒服，脾气变得有点暴躁。

25. 我的身体既不胖，也不太瘦。

26. 我对自己的外貌感到满意。

27. 我觉得我不太值得别人信任。

28. 我经常觉得良心不安。

29. 我瞧不起我自己。

30. 我对我自己现在的情形感到满意。

31. 我已经尽力去孝顺我的父母。

32. 我觉得我对家人不够信任。

33. 我对自己的社交能力感到满意。

34. 我对自己待人的方式感到满意。

35. 偶尔我会在背后说些别人的闲话。

36. 比赛时，我总是希望赢。

37. 我觉得身体不太舒服。

38. 我对自己身体的某些部分不太满意。

39. 我觉得我的行为合乎我自己的良心。

40. 我对自己的道德行为感到满意。

41. 我觉得我这个人还不错。

42. 我对自己感到不满意。

43. 我不太喜欢我的家人。

44. 我目前与家人保持良好关系，我感到满意。

45. 我觉得我在社交方面不够理想。

46. 我觉得我和他人处得不够理想。

47. 听到黄色笑话，我有时会忍不住笑出来。

48. 我有时会把当天该做的事情拖到第二天。

49. 我的动作时常显得很笨拙。

50. 我很少感到身体不舒服。

51. 我在日常生活中常凭着良心做事。

52. 为了胜过别人，有时候我会使用不正当的手段。

53. 在任何情况下，我都能够照顾自己。

54. 我经常不敢面对难题。

55. 我常和家人发生争吵。

56. 我的行为常无法满足家人的期望。

57. 和陌生人谈话,我觉得困难。

58. 我尽量去了解别人对事物的看法。

59. 我偶尔会发脾气。

60. 我很会照顾自己的身体。

61. 我常常睡得不好。

62. 我很少做不正当的事。

63. 对我而言,做正当的事或表现良好的行为是有困难的。

64. 我时常没有经过事先考虑,就贸然行事。

65. 我遭遇到困难时,都能轻而易举地加以解决。

66. 我很关心我的家人。

67. 我尽量公平合理地对待朋友与家人。

68. 我和别人在一起时,常觉得不自在。

69. 我和别人相处得很好。

70. 对于我所认识的人,我并非每个都喜欢。

计分方法:

请计算分数并填写在表格内。做一个答案纸,把题目按照下列规则排方阵:第一列1~12题,第二列13~24题,以此类推,然后按照下列方法计算。

(1)计算PH(生理自我):把第一排和第二排的12个题目的分数相加,即题目1、2、13、14、25、26、37、38、49、50、61、62的分数相加。把两排的分数加起来,并写在"PH="后。假如加起来得36,就是"PH=36"。

(2)计算ME(道德伦理自我):把第三排和第四排的12个题目的分数相加。把所得和写在"ME="后。

(3)计算PER(心理自我):把第五排和第六排的12个题目的分数相加。把所得和写在"PER="后。

(4)计算FA(家庭自我):把第七排和第八排的12个题目的分数相加。把所得和写在"FA="后。

(5)计算SO(社会自我):把第九排和第十排的12个题目的分数相加。把所得和写在"SO="后。

(6)计算SC(自我批评):把第十一排和第十二排的12个题目的分数相加。把所得和写在"SC="后。

(7)计算ID(自我概念):1~24题的分数相加。把所得和写在"ID="后。

(8)计算SA(自我满意):25~48题的分数相加。把所得和写在"SA="后。

(9)计算B(自我行动):49~70题的分数相加。把所得和写在"B="后。

(10)计算总分:TOTAL=ID+SA+B

	第一列	第二列	第三列	第四列	第五列	第六列	统计值
第一排	1	13	25	37	49	61	PH=
第二排	2	14	26	38	50	62	
第三排	3	15	27	39	51	63	ME=
第四排	4	16	28	40	52	64	
第五排	5	17	29	41	53	65	PER=
第六排	6	18	30	42	54	66	
第七排	7	19	31	43	55	67	FA=
第八排	8	20	32	44	56	68	
第九排	9	21	33	45	57	69	SO=
第十排	10	22	34	46	58	70	
第十一排	11	23	35	47	59		SC=
第十二排	12	24	36	48	60		
统计值	ID=		SA=		B=		TOT=

测试结果说明：

总分(TOT)它反映出个人的整体自我概念以及自尊高低。

高自我总分(≥60T)倾向于认为自己有能力、喜欢自己，感觉自己有价值、对自己有信心，同时根据这些感觉来从事各种活动。这样的人对自己有一个清楚而正向的看法，同时可能在量表的心理自尺和自我认同量尺上也得到高分。若测试自我批评得分低，自我总分得分却高，有可能由于高度的防卫性，扭曲了测试结果。

自我总分极高的人(70T以上)会花相当大的精力维持自我观点，这些人在社交和工作场合中，当别人无法赞同他不切实际的看法时，可能会变得非常多疑，也许表现得过于自信。

自我总分低的人(≤40T)不愿意冒险，避免承担责任、表现自己，或任何可能失败和被拒绝的情况，切断了别人给予支持、正向回馈和表达正面情感的机会，无法建立适当的个人界线。

二、案例阅读

案例一

小明是一名大三的学生，高一时，有次老师让他回答问题，当时他思想开小差，不知老师问的是什么问题，于是支支吾吾地说不出话。老师很生气，讽刺了他几句。说他嘴比较笨，连话都说不出整句，考上大学又有什么用。同学们哄堂大笑，然后又有人窃窃私语,尴尬的小明恨不得立即从这个班里消失。初入高中的这次经历给他带来了很大影响,从此以后,他再也没有主动要求发言过。更为严重的是,任何老师只要一点名回答问题,他就会心跳加速,紧张得手脚出汗。对此,小明也很苦恼,他非常害怕重新经历类似的失败,每次不幸被老师点名回答问题,他都会想,"我本来就不行",进行自我安慰。然而,马上就上大四了,自己这样下去将来怎么走向社会? 他也很渴望改变现状。一次偶然的机会,全班出去旅游,晚上大家玩击鼓传花的游戏,花传到他手里,他被大家推到圆圈的中央,必须表演一个节目。小明局促地站了几秒钟,在大家的鼓励下,勇敢地、慢慢地抬起了头,环顾着周围熟悉的同学,时空交错,不再是哄笑和奚落,而是大家热情期待的眼神。看到这里,小明心中不知是温暖还是委屈,忽然流下了眼泪,当即他做了一个勇敢的决定,讲讲自己困在这件事的经历。因为是讲自己的故事,他不但倾注了感情,而且语言很流利。同学们认真地听着,还有一些有过类似经历的同学不时地点头。类似情景不同的反应,小明心中的结一点点解开了,最后,他赢得了大家热烈的掌声,他的讲述成为当晚最动人的节目。

案例二

下面是一封中学生自杀前的遗书,谈到她自己,也谈到她关于死亡的认识,我们分析她的自杀原因和影响因素,可以发现错误的死亡意识,不正确的人生观和自我评价是她的一个显著的特点。

"当你们看到这封信时,我已经在天上了。也许你们会说我很脆弱,你们会说我不坚强,那对于我来说已经不重要了,希望大家不要为我而伤心,你们应该为我笑一笑。"

看到她的遗书,相信大家的心情都会很沉重,中学时代可以说是一个人生活中的黄金时代,充满幻想、充满希望,尽管现在的学生学习压力很重,但是在历史上,处于他们这个时期的青少年们,生活压力重的可以说比比皆是,看看那些领袖人物、历史名人的少年时期,其生活境遇之悲惨,不是现在的学生所可以想象的。此外,世界各地青少年们生活压力大的也非常多,难道他们的选择就只有死亡了吗? 在这个案例中,她的不正确的死亡意识,像"我死了会很快乐""等你们二老百年之后,我在天上迎接你们""我已经下决心要走了,到一个没有烦恼、没有忧伤的世界去""你们应该为我笑一笑。我走了,走得很从容",这些字里行间透露出中学生一个错误的死亡意识:人死如灯灭,根本不存在来生与后世。她说她别无选择,这反映了中学生自我意识的狭隘性和极端性,遇事固执己见,容易走向极端,但这么严重的狭隘性和极端性也不是这个年龄段特有的,至少说明教育者在培养她良好的自我意识、死亡意识、人生观等方面存在问题,这是有关自我意识发展偏差走向极端的例子,尽管在生活中很少见,但确实存在,这足以提醒老师、家长,中学生的自我意识发展不可忽视,必须加强心理健康教育,使其对自己和生活有正确的认识,能够恰当解决自身出现的问题,而不是束手无策。

学生自杀现象的重要原因是不能树立正确的自我意识。学生已经开始对死亡问题有所认识,形成了自己的死亡意识,如果他们所受的生活和学习压力过大,他们的自我调节能力又比较差,如果再加上形成错误的死亡意识,那对他们的自我发展是很不利的,严重的甚至会导致自杀情况的出现。

三、课后思考

1.什么是自我意识? 自我意识的内容主要包括什么?

2.大学生自我意识存在哪些问题?

3.调整自我意识的观念和方法有哪些?

专题四　做命运的主人——挫折心理

◆ 专题导读

　　本专题主要内容包括挫折心理的基本内涵和特点、挫折的各种反应类型及表现、大学生挫折心理和行为的主要类别以及如何建立正确的挫折认知观、培养坚强的意志品质以战胜挫折。重点掌握挫折的反应类型以及战胜挫折的具体策略。

◎ 学习目标

　　1.掌握挫折心理的本质特点,熟悉挫折心理的反应类别。

　　2.了解大学生主要的挫折心理,明确产生挫折反应的原因。

　　3.培养战胜挫折的意志品质,继承和发扬中华民族不屈不挠的奋斗精神。

◄ 案例导航

　　某大学一年级学生杨某,在中学时学习成绩优异,备受同学的羡慕以及老师和家长的称赞。上大学后,学习勤奋刻苦,决心保持一流的学习成绩。由于大学的学习与中学的学习相比,在学习内容和学习方法上都存在较大的差别,而杨某却一味地遵循曾经使她取得优异成绩的中学学习方法对待大学的学业,所以,尽管她非常努力,但仍不能产生好的学习效果,致使在第一学期期中考试时就出现了一门课不及格。杨某万万没有想到,进入大学第一次考试就出现了不及格。这对从来没有考试不及格的她来说简直是不可想象的结果。得知考试结果后,杨某回到宿舍独自哭了许久。当想到放假回家后面对同学异样的眼光和父母惊异的表情,想到今后还有那么多的课程要考试,杨某感到非常紧张,也感到非常羞愧。于是,杨某在强大心理压力下,不敢回家而独自出走。后来,经过家长和同学的多方寻找,才将杨某找回家。然而,杨某不敢再回学校上课,办理了休学。

人生不如意之事十有八九。人生既漫长又短暂,在人的一生中,可以说,充满了很多艰难挫折。挫折就像弹簧,你软它就强。反之,你就会战胜挫折。挫折能让人沮丧、灰心,也会让人成长和坚强。对待挫折,别无他法,只能勇敢地面对它、战胜它。与挫折斗争的过程就是成长和成熟的过程。

任务一　直面挫折心理

挫折对人的心理具有积极和消极两个方面的作用。这种影响是客观存在的,关键在于人怎样去认识和对待挫折,如果认识引导得当,则挫折可以成为成功的基石;反之,则可能从此一蹶不振,一事无成。

一、什么是挫折心理

在挫折产生的过程中,通常把具体事件称为挫折事件,把心理感受称为挫折心理。挫折这一概念包含四个方面的含义。其一,挫折情境,即指需要不能获得满足的内外障碍或干扰等情境因素,如考试不及格,比赛未获得所期望的名次,受到同学的讽刺、打击,恋爱失败等。其二,挫折认知,即受挫大学生对挫折情境的知觉、认识和评价,它受大学生个体的认知结构影响。这种挫折认知一般可以分为两种情况:一是受挫者对真实挫折情境形成的认知,这是真实的挫折认知,如失恋、考试失败等;二是对想象挫折情境(实际并不存在)形成的认知,这是想象挫折认知,如某同学总担心过马路时不小心被车撞倒、考试不及格。其三,挫折体验,指伴随着挫折认知,受挫大学生对挫折情境所产生的轻视、排斥、否定、厌恶、内疚等消极情绪、情感体验。这种体验有表浅与深刻之分。其四,挫折反应,即对自己的需要不能满足时产生的情绪和行为的反应。常见的有焦虑、紧张、愤怒、攻击或躲避等,这种外显行为也有轻微与激烈之别。

一般情况下,当挫折情境、挫折认知和挫折体验三者同时存在时,便构成了挫折心理。但在有些情况下,即使没有挫折情境,只有挫折认知和挫折体验这两个因素,也可以构成挫折心理,如上文中提到的想象挫折情境,用并不存在的事实来营造一个挫折情境,构成挫折心理形成的虚拟源头,从而形成挫折心理。但有时也有这种情况发生,即事实上存在一个挫折情境,但由于个体没有把它感知为挫折情境,所以挫折也无从产生。如身材矮小的大学生小张不仅不将其身高作为其前进道路上的绊脚石,反而使之成为其成长的动力,用智慧与坚毅来代替外表的不足,从而在毕业洽谈会上从容镇定地列出自身的九大优点并有幸被一著名跨国公司录用。不难发现,只有当个体感知或意识到挫折情境时，即在挫折认知的情况下，才会产生挫折感。可见，挫折情境与挫折反应之间并非必然的联系，往往要通过挫折认知，即对事件的认识和看法、态度来确定。挫折反应的性质及程度主要取决于挫折认知。如果受挫者主观上将严重的挫折情境，认知、评价为不严重，他的挫折反应就会很微弱；反之，如果他将别人不严重的挫折情境，认知、评价为严重，那么也会引起非常强烈的情绪反应。此外，每遭遇一次挫折之后，受挫者的挫折认知都会发生一些变化，或提高、增强了耐挫力，或降低了耐挫力，以至于雪上加霜，破罐子破摔，更加不能自拔，这样一来，就形成了一个挫折反馈机制。因此，在构成挫折的四个要素中，挫折认知是最重要的，它决定着挫折体验和挫折反应的轻微与强烈。

自我测验 ✓　　**挫折诊断书**

我最近一次遭受挫折的时间是＿＿＿＿＿＿＿＿＿＿＿＿＿＿＿＿＿＿＿＿。

地点是＿＿＿＿＿＿＿＿＿＿＿＿＿＿＿＿＿＿＿＿＿＿＿＿＿＿＿＿＿。

我遭受的挫折是＿＿＿＿＿＿＿＿＿＿＿＿＿＿＿＿＿＿＿＿＿＿＿＿。

分析挫折产生的原因，我发现：

内部原因（主观原因）：我的能力＿＿＿＿＿＿＿＿＿＿＿＿＿＿＿＿＿。

　　　　　　　　　　我的努力＿＿＿＿＿＿＿＿＿＿＿＿＿＿＿＿＿。

外部原因（客观原因）：事情的难度＿＿＿＿＿＿＿＿＿＿＿＿＿＿＿＿。

　　　　　　　　　　运气＿＿＿＿＿＿＿＿＿＿＿＿＿＿＿＿＿＿＿。

二、挫折的作用

挫折对人的心理具有积极和消极两个方面的作用。这种影响是客观存在的，关键在于人怎样去认识和对待挫折，如果认识引导得当，则挫折可以成为成功路上的基石；反之，则可能从此一蹶不振，一事无成。

（一）挫折对人的积极作用

挫折也有积极作用，挫折孕育着成功。对人来说，挫折的积极作用具体表现在以下几个方面。

第一，对人的意志的积极作用。坚强的性格和意志，往往是长期磨练的结果。多数人生活在较好的家庭与学校环境里，虽然这种环境有利于他们的成长，但也降低了他们对挫折的适应能力，不利于坚强性格的形成。一旦遇到挫折，将会承受更大的压力，那么他们承受挫折的能力可能也会更强，就能更清醒、更深刻地认识所面对的问题，其性格也就变得更加坚强。

案例分析

海伦·凯勒是美国著名作家和教育家。1882年,在她1岁多的时候,因为发高烧,脑部受到伤害,从此以后,她的眼睛看不到,耳朵听不到,后来,连话也说不出来了。她在黑暗中摸索着长大。

7岁那一年,家里为她请了一位家庭教师,也就是影响海伦一生的苏利文老师。苏利文在小时候眼睛也差点失明、因此十分了解失去光明的痛苦。在她辛苦的指导下,海伦用手触摸学会手语,摸点字卡学会了读书,后来用手摸别人的嘴唇,终于学会说话了。

苏利文老师为了让海伦接近大自然,让她在草地上打滚,在田野跑跑跳跳,在地里埋下种子,爬到树上吃饭;还带她去摸一摸刚出生的小猪,也到河边去玩水。海伦在老师爱的关怀下,竟然克服了失明与失聪的障碍,顺利完成了大学学业。

1936年,和她朝夕相处50年的老师离开人世,海伦非常伤心。海伦知道,如果没有老师的爱,就没有今天的她,所以决心要把老师给她的爱发扬光大。于是,海伦跑遍美国大大小小的城市,周游世界,为残障人士到处奔走,全心全意为那些不幸的人服务。

她最终以优异的成绩毕业于哈佛大学拉德克利夫女子学院,成为一位学识渊博,掌握英语、法语、德语、拉丁语、希腊语五种语言的著名作家和教育家。她走遍世界各地,为盲人募集资金,把自己的一生献给了盲人福利和教育事业。她获得了世界各国人民的赞扬,并得到许多国家政府的嘉奖。

第二,对人解决问题的积极作用。当人面临困难或挫折时,其神经中枢受到强烈的刺激会引起情绪激奋、精神集中,使整个神经系统兴奋水平提高,在这种情况下,人的精神焕发,思维加快,情绪反应能力也会大大提高。同时,在解决困难和对付挫折的过程中,人可以从中学习到经验与方法,正所谓"吃一堑,长一智"。

第三,对人的综合能力提高的作用。许多人对社会、对自己有一些不切实际的想法,当他们用这些想法来指导自己的行动时,就容易出现挫折。挫折的产生无疑给他们吃下一粒清醒丸,使他们对自己作出一个合乎实际的评价,同时也使他们对生活、对社会有一个较为客观的认识、从而增强其适应现实生活的能力。

(二)挫折对人的消极作用

挫折所引发的负面效应是比较严重的,具体来说有如下几个方面。

第一,学习效率下降。学习是一种积极的思维活动,学习效率除受个体的智力水平和知识水平的制约以外,还与学习者的情绪状态、自信心等因素密切相关。当人遭遇挫折后,一方面自信心会降低,出现自卑无能的感觉;另一方面,情绪状态长期处于焦虑不安之中,使原有的思维能力受到影响,从而极大地降低了学习效率。

第二,思维与生活能力水平降低。人受挫后,容易引起情绪波动和出现行为偏差。如果持续遭受挫折,则可能导致神经系统的紊乱。这样不但会大大地降低人的思维创造力,而且使他们的生活适应能力也大打折扣。

第三,身心健康受到损害。人受挫后,其整个身心状态都处于一种紧张、压抑和焦虑不安的状态。这种消极的心理能量如果长期得不到释放,就会损害人的身心健康,有时可能成为发病的诱因。比方说,如果长期处于压抑焦虑之中,一个人的食欲便会明显下降,睡眠也会出现反常,这样就会严重影响他的身心健康。

第四,性格改变和行为偏差。当人遭到重大挫折或持续挫折而又无法作出相应的调整时,就会使某些行为反应形成相应的习惯模式或人格特征。由于受挫的人处在应激状态下,感情易冲动,自控能力较差,不能正确评价自己的行为及后果,就可能会作出违反社会规范的行为。如有些人受挫后,几个人一起酗酒闹事或挑唆斗殴,甚至走上犯罪的道路。

案例分析

一名在广州没有找到工作的大学生在乘坐火车返乡途中突然情绪失控,用拳头和头部击撞车窗,大喊"不想活了"。因担心这名大学生出现意外,列车长和乘务长守护他38个小时,中途制止了大学生10余次轻生行为。最后,大学生被在长春火车站等候的母亲接回家中。

"我不想活了,别拦着我,都给我走开。"列车第四节车厢内,一青年男子用拳头和头部击撞车窗,想要把车窗击碎跳车轻生,和男子同车的乘客被这突如其来的一幕吓得不知所措。列车长和乘务长发现后,马上进行制止。但由于青年男子又高又胖,二人费了好长时间,才将男子控制住,但情绪失控的男子在坐到座位上后仍然大喊大叫。

男子被控制后,什么也不说,列车长和乘务长两个人一左一右坐在他身旁,希望和他聊天以缓解他的情绪。但男子只说一句话"你们都是坏人,我不想活了,都别管我",其余什么也不说。无奈之下,两人只好坐在他身旁守护着。

事后了解,这名大学生就是因为求职受挫,情绪受到极大影响,进而出现过激行为。

三、挫折的反应

(一)挫折的原始性反应

原始性反应就是当人们遇到挫折时,出于本能自然而然产生的心理与行为反应。

1.攻击

攻击是人们受挫后通常产生的最直接、最简单的行为反应。根据受挫者攻击的对象不同,可分为直接攻击和转向攻击。

（1）直接攻击。直接攻击指攻击行为直接指向引起挫折的对象,多以动作、表情、语言、文字等形式表达出来,如对使自己受挫的人采取嘲笑、谩骂、殴打等行为,由于缺乏理智,往往不考虑后果,容易造成严重的后果。直接攻击行为,多发生在那些缺乏生活经验、比较简单、鲁莽、易冲动的学生身上。近年来,社会上、校园里出现的各种报复和伤害事件,就是这种直接攻击的真实写照。例如,大学校园里偶尔发生的情杀事件,就是一种极端的直接攻击行为。直接攻击多采用打斗或讽刺、谩骂等形式,以侮辱对方人格,发泄自己内心的不满。

（2）转向攻击。转向攻击指受挫者由于种种原因使之不能攻击使其受挫的对象,于是把愤怒的情绪指向自己（如轻生、自我折磨、自我虐待等）或与其挫折情境无关的对象（一般以"替罪羊"的形式出现,如背后抱怨、发牢骚、摔物、向别人发泄怨气等）。转向攻击行为多发生在自制力较弱、自信心比较差的人身上。受挫的人通过攻击行为可以暂时发泄心中的愤懑和不快,但并不能消除原有的挫折感,甚至会引发新的挫折,并危害他人和社会。少数人由于平时不严格要求自己,加之思维简单、性情粗暴或者思想上不够成熟,当他们的个体行为受挫后往往引起愤怒和报复的情绪,把受挫后的憋闷、焦躁和紧张情绪投射到不相干的人或物上,以得到心理上的安慰、发泄和平衡。比如,有的学生因为没有如愿解决组织问题、没有评上先进或者没有拿到奖学金,就怀疑和怨恨班上的学生干部打了小报告,甚至报复;有的学生因为受到老师的批评或同学一时的不理解,而攻击咒骂师生,甚至破坏课桌椅等校园财物。攻击行为虽然可使因挫折引起的激愤通过向外发泄得到暂时平缓,但不能解决实际问题,其结果只会危害自己或别人的安全,损坏公私财物,引起不良后果,甚至造成很坏的社会影响,因此有必要对攻击行为加以引导和控制。

2.退化

退化是指个人在遭受挫折后出现与自身年龄、身份很不相称的幼稚行为,如像孩子那样哭泣、耍赖、任性,做事没有主见,蒙头大睡等。因为当人们遇到挫折后,如果以成人的应对方式面对挫折,就会产生心理上的紧张、焦虑和不安,受挫者为了避免出现这种情况,往往会放弃已经习得的成人的正常行为方式,恢复早期幼儿的方式加以应对,从而减轻内心的心理压力。如有的人因考试成绩不佳、没有评上奖学金或没有竞聘上干部等蒙头大睡、不起床、不吃饭或哭哭啼啼,不能控制自己的情绪。这些行为都属于退化行为。退化的另一种表现是受暗示性,盲目相信别人,盲从地执行某人的指示。例如,有个人和自己的女朋友分手后,听人说每天对自己讲"她会来找我的"等类似的话,两人就会和好如初。于是,每天坚持对自己讲,一遍又一遍。

3.幻想

幻想是指一个人在遇到挫折时企图以自己想象的虚幻情境来应对挫折。任何人都有幻想,大学生又处在多幻想的年龄段,所以幻想特别多。通过幻想,人们可以暂时脱离现实,在自己想象的情境中满足一些自己的需要和欲望,使人产生一种愉快和满足的感觉。如有些学生在幻想中想象当自己在事业上获得了巨大成功、当自己处于很高的地位、当自己得到了意中人的青睐时,如何受到世人的敬仰,如何风流潇洒的情境。应该说,当人们遇到挫折时,暂时的幻想,可以使人在一定程度上缓冲挫折情绪,偶尔为之,也是正常的。但如果用幻想来应对现实中的挫折,特别是长期处于幻想状态,或养成了从幻想中实现现实生活中实现不了的目标的习惯,就会使人降低对现实生活的适应能力和严重脱离现实生活,甚至可能导致精神疾病。

(二)挫折的理智性反应

挫折的理智性反应是指人们受到挫折后,采取积极进取的态度,在理智的控制下作出的反应。通常,人们在遭受挫折后都会出现紧张状态,都会在某种程度上作出某种情绪性反应。其中,有些人始终被情绪所控制不能摆脱,而有些人则能够及时调整,保持冷静,面对现实,审时度势,采取积极的态度和方式对待挫折。

案例分析

有个人,在他的一生中遭受过两次惨痛的意外事故。第一次不幸发生在他46岁时。一次飞机意外事故,使他身上65%以上的皮肤都被烧坏了。在16次手术中,他的脸因植皮而变成了一块彩色板。他的手指没有了,双腿特别细小,而且无法行动,只能瘫在轮椅上。谁能想到,6个月后,他亲自驾驶着飞机飞上了蓝天!4年后不幸再次降临到他的身上,他所驾驶的飞机在起飞时突然摔回跑道,他的12块脊椎骨全部被压得粉碎,腰部以下永远瘫痪。

但他没有把这些灾难当作自己消沉的理由,他说:"我瘫痪之前可以做1万种事,现在我只能做9000种,我还可以把注意力和目光放在能做的9000种事上。我的人生遭受过两次重大的挫折,所以,我只能选择不把挫折拿来当成自己放弃努力的借口。"这位生活的强者,就是米契尔。

正因为他永不放弃努力,最终成为一位百万富翁、公众演说家、企业家,还在政坛上获得一席之地。

(三)挫折的情绪性反应

人们在受到挫折时伴随着强烈的紧张、愤怒、焦虑等情绪,所作出的反应,可能表现为强烈的内心体验,也可能表现为特定的表情或行为反应。情绪性反应多为消极性反应,主要表现为焦虑、冷漠、退化、幻想、逃避、固执、攻击、自杀等。焦虑是一种模糊的、紧张不安的综合性负性情绪,常常伴随焦急、忧虑、恐惧等感受,甚至可能会出现冒冷汗、恶心、心悸、手颤、失眠等神经生理反应。当人们面临心理冲突、情境压力或遇到挫折,或者预感到某种不祥的事情或不良的后果将要发生,或者感到需要付出努力的情境将要来临而又感到没有把握预防和解决时,一般都会产生焦虑情绪。挫折是引起焦虑的重要方面,人们遇到挫折时一般都会表现出某种程度的焦虑情绪。对人而言,人际关系和学习上的挫折是引起焦虑的主要原因。由人际关系不良所导致的过度焦虑,使一些人不能适应集体生活,内心常处于一种渴望理解与自我封闭的矛盾中,对自己的交际能力作出否定性评价,并时常会因一两件小事加剧挫折感。学习上的过度焦虑则会抑制思维,分散注意力,影响正常的学习活动。

(四)挫折的个性反应

1.遇到挫折越挫越勇

人生遇到的挫折难以预料。有的人,遇到挫折就弯下了腰,从此一蹶不振,失去了生活的勇气;而有的人,遇到困难,在经过短暂的痛苦、彷徨后,会勇敢坚强地站起来,勇敢地面对困难、战胜困难,表现出惊人的勇气和力量。

案例分析

贝多芬从小就显示出音乐天赋,26岁那年,他在维也纳举办的首场钢琴演奏会上崭露头角。然而就在他准备大展鸿图的时候,他日夜耳鸣,听力迅速减退。到31岁时,他的听觉大大减退,一位令他倾心爱慕的姑娘离开了他。

失聪和失恋给贝多芬的心灵以摧毁性的打击,坚毅的性格使他在绝望中挺直了腰杆。他在一封信中说:“我要扼住命运的咽喉,它决不能使我屈服。”他挥笔写下了一系列不朽的音乐作品。除了几首先前创作的乐曲之外,他的大部分作品都是在耳聋之后写成的。

2.习得性无助

美国心理学家塞利格曼和梅尔于1967年用狗做了一项经典实验。他们把狗关在一个笼子里,只要铃声一响,就给狗以难受的电击。多次这样实验以后,心理学家改变了实验条件,他们在电击狗之前,先将笼门打开。结果发现,铃声响后,狗不但不从笼门逃出,反而不待电击出现,就倒在地上痛苦地呻吟和颤抖。本来完全能够逃避电击的狗,却在笼中绝望地等待痛苦的来临,这种在受到多次挫折之后产生的对情境的无能为力感,心理学家把它叫作“习得性无助感”。

在现实生活中,“习得性无助”现象非常普遍。从生到死,人们在漫长的岁月中会遭遇到各种不同的失败和挫折,甚至不幸。如先天性疾病、学习成绩差、升学考试失败、失恋、夫妻感情破裂、工作失误或下岗失业、不良人际关系,甚至身患不治之症等。我们常常听到有人说“我就破罐子破摔了”“我没有希望了”“我听天由命吧”……这些常常就是当人处在无能为力的情形下表现出来的“习得性无助”状态。

(五)挫折的心理防御性反应

当人们产生挫折后,往往会产生焦虑的情绪。为了避免或减少焦虑的发生,人在日常生活中逐渐学会某些应付挫折的自我心理防御性反应方式。心理防卫机制大体可分为两类,即积极心理防卫机制和消极心理防卫机制。积极心理防卫机制是指以科学的手段组成的防卫机制,如升华、认同、宣泄、幽默等;消极心理防卫机制是指以非科学手段组成的防卫机制,如压抑、推诿、逃避、理由化、反向等。

1.积极的心理防御性反应

(1)认同作用。指一个人在遭遇挫折而痛苦时效仿他人获得成功的经验和方法,使自己的思想、信仰、目标和言行更适应环境的要求,从而在主观上增强自己获得成功的信念。如现实中许多人常常把一些历史名人、学术权威、英雄楷模作为自己认同的对象,从他们的人生经历中汲取力量,尤其在遇到挫折时,拿这些榜样来激励自己,奋发进取。认同作用就是把别人具有的、让自己感到羡慕的品质加在自己头上,或者是将自己与所崇拜的人视为一体,以提高自己的信心、声望、地位,从而减轻挫折感。

(2)升华作用。这是一种最有建设性的、积极地应付挫折的方法,是指当一个人因种种原因无法达到原定目标或个人的动机与行为不为社会所接受时,用另一种比较崇高的具有创造性和建设性的有社会价值的目标来代替,以弥补因失败而丧失的自尊自信。它一方面转移或实现了原有的情感,达到了心理平衡;另一方面又创造了积极的价值,利己利人。俄国哲学家别林斯基说过:"不幸是一所最好的大学。"例如将生活中的不幸升华到诗歌、音乐、绘画、文学创作方面去,既宣泄了积蓄的能量,又丰富了生活,陶冶了情操。如贝多芬失聪而作《命运交响曲》;歌德遭受失恋的痛苦但在事业上发愤努力,写出名著《少年维特之烦恼》。

(3)幽默作用。指一个人处境困难或尴尬时,用幽默方式来对付困境,或间接表示自己的意图,在无伤大雅的情形下,转达意思,处理问题。一般来说,人格成熟的人,常懂得在适当场合使用合适的幽默,转变困难的情境,大事化小,小事化了,渡过难关。这不仅是一种聪明的做法,也是修养水平较高的表现。

(4)补偿作用。当由于主客观条件的限制,使个人目标无法实现时,设法以新的目标代替原有目标,以现在的成功体验去弥补原有的失败痛苦,称之为补偿,即所谓"失之东隅,收之桑榆"。例如,一个人在生理上有缺陷,或在心理上曾遭受打击,为了弥补损失和心理创伤,往往通过其他方式和途径设法达到自己既定的需求目标,从而减轻心理上的不适感。现实生活中有的同学虽其貌不扬,但在学习上刻苦用功,成绩出众,同样令人刮目相看。

2.消极的心理防御性反应

(1)压抑。指个人将不为社会所接受的本能冲动、欲望、情感、过失、痛苦经验等,不知不觉地从意识中予以排除,或抑制到潜意识中,使之不侵犯自我或使自我避免痛苦。由于压抑作用,痛苦似乎被遗忘了,人在意识上感受不到焦虑和恐惧。在这种"有目的"的遗忘中,被压抑的东西并没有消失,往往不知不觉地影响人们的日常心理

和行为,而且一有相应的情境,被压抑的东西就会冒出来,对个体造成更大的威胁和危害。如做梦、失言、笔误等无意中的动作失态都是这种压抑作用的表现。压抑这种反应比较常见,但对身心危害较大。

案例分析

媛媛是一名在校大学生,最近被室友反映,经常在傍晚时惊叫,在地上打滚,大吵大闹,做怪动作,持续时间一个小时,但白天表现正常,日日如此,连续几个月。看病时问其原因,回答说:"不知道。"后经治疗,媛媛说出事情经过。原来是父亲对她非常疼爱,但管教较严,不让她随便和男孩子交往。有一天晚上她要与男朋友约会,父亲一直坐在门口,寸步不离,使她无法赴约。她一方面害怕父亲,不敢明说;另一方面担心男友会一直等她,心里非常着急。此后每到傍晚,就不知不觉焦虑,但导致的原因却忘记了。

（2）逃避。当个体不敢或没有能力应对挫折情境而逃离现场或现实的行为,就是逃避。它主要有两类情况:一是个体不敢面对自己预感的挫折情境的到来,逃向自认为较安全或幻想的世界中去;二是从受挫情境中退却,压抑受挫情绪。这两种的共同点是"畏难而避"。如有些人感到预定目标难以实现,前途渺茫,又没有精神寄托,便逃避现实,经常酗酒、算命信教,以求在麻醉和幻想中获得满足。如有些学生谈恋爱失败后就不敢再谈恋爱;有些学生当众演讲失败受别人嘲笑后再也不参加集体活动等。

（3）推诿。指将自己不当失误或内心存在的某种不被社会所接受的欲望冲动、思想观念,转移到别人身上,以此来逃避自己心理上的不安。有的人考试没考好,就说老师没教好,考题没出好,评分不公正等;自己自私,就说人人都是自私的,"人不为己,天诛地灭";好赌的人常感叹"人生就是一场赌博"等。例如,楚霸王项羽兵败垓下时,愧对江东父老,但仍不悔悟,自己安慰自己说:"天亡我,非用兵之罪也!"把战败的责任归咎于天。

（4）理由化。是指由于受到挫折,个人需要在现实中难以获得满足,为了不使自尊心遭到打击,避免精神上的痛苦与不安,就借助一定的理由和事实替自己辩解。理由化有多种情形,以"酸葡萄效应"和"甜柠檬效应"最为典型。例如,当不上班干部就说班干部没意思,耽误学习;求爱不成,就说对方才貌平平,并非自己所求,等等。"甜柠檬效应"指的是有的人得不到葡萄,只有柠檬,就说柠檬是甜的。例如,某人很想参加舞会,但自己不会跳舞,又不好意思让别人知道自己不会跳舞,便谎称自己喜欢安静不愿去闹哄哄的场合。理由化是人们面临挫折时不自觉采用的一种心理防卫机制,它除了暂时缓解内心冲突,保持暂时心理平衡之外,对心理发展更多的是起消极作用。

（5）反向,即矫枉过正。指把自己一些不符合社会规范,不被允许的欲望、行为,以一种截然相反的态度行为表现出来,以掩盖自己的本意,减轻心理刺激。它实际上也是对个人的冲动和拒绝进行压抑的一种心理表现。例如,有的同学想与异性交往,又怕遭拒绝,而装出一副对异性不屑一顾,根本没兴趣的样子;凡是总爱在别人面前炫耀自己的人,恰恰反映了其内心有怕别人瞧不起的自卑感。反向行为由于动机互相矛盾,因而表现为过分紧张做作。

(6)冷漠。这是一种与攻击相反的行为反应。指当个人遭遇挫折时表现出无动于衷、漠不关心的态度,似乎毫无情绪反应。其实,冷漠并非不包含愤怒的情绪成分,只是个体把愤怒暂时压抑,以间接方式表现出来而已。这种现象表面冷漠退让,内心深处则往往隐藏着很深的痛苦,是一种受压抑极深的反应。

任务二　挫折心理分析

在大学阶段,由于大学生身心发展不成熟、不健全,缺乏生活经验,遭遇的困难和挫折少。当他们遇到挫折时,往往表现和处理不当,给身心带来损害。大学生常见的挫折主要有以下几种。

一、学习挫折

大学,是人生征途上的一次重要转折,是多少人梦寐以求的人生目标。但进入大学后,首先是面对强手如林的同学,要想在学习与能力发展上获得双丰收,并不是那么容易的事。教学方式的改变,使得在应试教育体制下的学习习惯一下子难以完全适应大学的教学方法、教学内容和教学体系,从而出现学习动力不足、学习与其他活动的关系处理失当等问题。

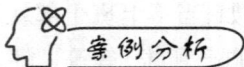

案例分析

一名来自山区、经济困难的大学生,高中学业成绩一直非常优异,上大学后,忽然感觉到心中迷茫,学习没有动力,生活没有目标,有时候想到辍学在家的妹妹和年迈的父母也恨自己不争气。可是他的确找不到奋斗的目标与学习的动力,学习上得过且过,生活上马马虎虎,漫无目的,上课打不起精神。

二、恋爱挫折

人渴望接触异性,向往美好爱情,一些人在校时就涉足恋爱问题,有的甚至处于热恋之中。然而,爱情是两颗心共同撞击的火花,单方面的痴情是构不成爱情的。有的人由于缺乏生活经历,或是择偶标准不切实际,或是恋爱动机不端正,或是由于家庭或社会舆论的压力,或是在交往中发现彼此性格不合,或是单相思,陷入失恋的痛苦之中,有的甚至不能自拔,造成不良后果。

案例分析

某校大二女学生是国家二级运动员,人也长得很漂亮。她与一名同学确定了恋爱关系,当发现男友另有新欢后,她居然恨上了所有的女孩,于是她借各种机会盗窃女同学的物品。同样,某科研单位在读博士赵某在女友去澳大利亚学习后,为了出国找女友,竟伪造相关文件。在受到处分后,赵某就到各高校盗窃,直至在一高校办公室拎包时被人发现,他已经偷了2万余元。

三、交往挫折

人际交往是人生活动的重要组成部分。人重视人际交往,珍视友谊。但有的同学由于性格内向怕交往;有的同学因难以适应学习生活的新环境,和同学关系不协调;也有的同学对他人和集体冷漠,甚至产生敌意,造成人际关系紧张。

案例分析

某大学一年级男生张某是班长,为人诚恳,学习努力,热心为同学服务。进入第二学期了,按规定,班长要重新选举产生。张某喜欢班长这份工作,很想继续担任班长,于是就对自己同宿舍的好友、团支部书记王某说了自己的想法。王某听后拍着胸脯对张某说:"这事包在我身上,我为你在班上拉选票。"一周后,选举开始了,可选举结果大出张某所料,自己的好友王某当选为班长。事后,张某得知,王某根本就没有为自己拉选票,反而说服大家选自己当班长。于是,张某感到自己被愚弄和欺骗了,非常气愤和恼怒,与王某断绝了朋友关系。

四、经济挫折

经济问题对人产生的挫折影响主要表现在以下几点:一是部分经济困难的同学

在日常生活相差悬殊的对比中产生自卑心理。他们总担心别人瞧不起自己,同学间不经意的一个玩笑或行为都会深深刺伤他们的心灵,有的甚至影响了正常的人际交往。这方面的问题有日渐增长的趋势。有的人说:家里贫困让我感到很自卑,自卑让我觉得低人一截,不敢正视别人,不敢发表自己正确的见解,不敢和别人交流,更不敢和老师对话,人多的场合,我只能偷偷地逃离。二是面对现实的无奈感。由于极度的经济困难,人一方面要时时刻刻计划自己的经济开支,一不小心就会陷入窘迫的困境;另一方面要应付繁重的学习任务,有的还要参加勤工助学。由于经济和学业上的双重压力,面对现实,他们有的觉得力不从心,在重压之下失去了青春应有的朝气和活力。三是对家人的愧疚感。贫困生大多家庭经济困难,家境贫寒,父母积劳成疾,有的甚至是靠兄妹外出打工或在全家节衣缩食的压力下才有条件读大学。这就使他们背上沉重的心理负担。

案例分析

某高校21岁男生小飞,家庭经济情况比较困难。他无法很好地控制自己的情绪。原来情绪不好的时候,一两天就过去了,可这次已持续了两周多了,特别难受,也很郁闷,做什么事都提不起劲头,情绪很低落,不想见任何人,寝室里同学的说笑声也令他烦躁不已。他想每天快乐地生活,高效率地投入学习,可是他做不到,很焦虑。

五、就业挫折

目前,随着就业制度改革的进一步深入,除了少数特种专业的毕业生仍由国家负责统一分配外,绝大多数毕业生在国家政策的指导下"自主择业"。而随着高校毕业生的日益增加,相当多的人在就业的过程中体验到了就业挫折。如有的人不能正确评价自我,缺乏自信,瞻前顾后,没有主见;而有的却趾高气扬,盲目自大,"皇帝的女儿不愁嫁",结果"高不成,低不就";有的求稳求全,有的盲目冲动,有的片面追求,有的焦虑不安。

案例分析

在学校3月举办的小型招聘会上,毕业生小李的父母在招聘会尚未开始时,就早早地到会场打听单位的情况。招聘会开始很久以后,小李才姗姗来迟,并由家长陪同前往用人单位摊位前面谈。面谈过程中,小李发言的时间还没有其父母多,结果谈了一家又一家,最终一无所获。

毕业生小刘学习成绩和其他方面条件都不错,在就业的初期满怀信心。但由于专业冷门等原因,找过几家单位都碰了壁,结果产生了自卑感,在后来的择业过程中表现越来越差,陷入恶性循环而不能自拔,以至于到了新的用人单位那里,只能被动地问人家"学某某专业的要不要",其他什么话都不敢讲,最终未能落实就业单位。

任务三　勇敢战胜挫折

中国有句古话:"天无绝人之路。"每个人都希望自己的生命历程能够一帆风顺,都期盼自己的事业之途能够一马平川,都想自己的人生航程能够风平浪静……然而,现实生活中,幸运儿又有多少?人生不是阳关道,而是充满荆棘的崎岖小径,且十分漫长。人生之路充满挫折,美好的人生要在挫折中砥砺前行。

一、建立正确的挫折认知观

生活就是喜怒哀乐的总和。自然界和社会界的万物无一不是在曲折中前进,螺旋式上升。一切顺利,直线发展的事情几乎是没有的。有人专门研究过国外293个著名文艺家的传记,发现其中有127人在生活中遭遇过重大挫折。世界上各行各业有所成就的人都对成功道路上的挫折有着深刻体验。英国著名科学家、大西洋海底第一条电缆的设计者威廉·汤姆逊教授曾说过:"有两个字能代表我50岁前在科学进步上的奋斗,这就是'失败'。"能成大事,积伟业者无一不是在逆境中磨砺过来的。正所谓"宝剑锋从磨砺出,梅花香自苦寒来"。挫折虽然带来的是不愉快的情绪体验,但挫折对人的影响并不都是负面的。俗话说"吃一堑长一智""失败是成功之母",就是这个道理。挫折是客观的,给人以打击,带来损失和痛苦的同时,也能使人奋起和成熟,从中得到锻炼。从失败的树上摘取成功的果实,伴随着不断的失败,才能得到成功。

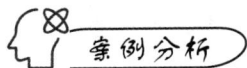

案例分析

我国著名数学家华罗庚因家境贫困,从小就替父亲担起全家的生活重任。但一有空,就借几本数学书来看,他用5年时间自学了高中三年和大学初年级的全部数学课程。18岁那年,他染上了伤寒病,为此,家里的东西全部当光,病情却不见好转,幸好有家人的精心照顾,总算保住了生命,却成了终身残疾。后来在原就读的中学老师的关怀下,到这所中学里当勤杂工。他一有空就借书看,伤残的左腿时常疼得钻心,他仍一心在数学王国的海洋里劈波斩浪,将身躯的疼痛、生活的艰辛和世道的不公统统抛在脑后。

自我测验 ✓

从蛋到人

活动目的:如果把人生比作五步的话,我们开始都是平等的"蛋",但一轮过去了,赢的长成小鸡,输的仍然是蛋。做小鸡的想继续升级,做蛋的想变成小鸡。在游戏中最郁闷的莫过于在猴变人那一关被打回蛋。因为只差一步就可成功了,到最后却又得从头再来,会有种前功尽弃的感觉。这样让大家体会到挫折的感觉,而且不是自己所能够掌控的挫折。

活动时间:30分钟

活动准备:将全班同学分为多个两人组

活动方法:

1.开始时,大家都处在"蛋"的状态;每两人一组,进行猜拳,赢的升为"小鸡",输的继续在"蛋"的状态。接着,赢了的队员再两两一组,进行猜拳,赢的升为"小鸟",输的回到"蛋"的状态,和同样处在"蛋"状态的队员猜拳……依此类推,直到连赢5次,经历完从"蛋—小鸡—小鸟—猴—人"的"五步曲",才算胜利。

2.分享感受,讨论:当我们付出很多努力,却不得不从头再来时(就像在游戏中那样),你是否依然有勇气?

二、树立积极的人生态度

确立远大的理想、坚定的信念和正确的世界观,可以激发一个人追求积极人生价值的热情,激励人顽强拼搏的意志,它们是意志努力的力量源泉。目标越远大越有利于激发人的心理潜能,使人观察力敏锐,记忆力持久,思维活跃、深刻,想象力丰富,并使人的情感充沛,兴趣集中,为实现自己的目标、理想锲而不舍。

案例分析

拿破仑在一次与敌军作战时,遭受顽强的抵抗,队伍损失惨重,形势突出危急。拿破仑也因一时不慎掉入泥潭中,被弄得满身泥巴,狼狈不堪。可此时的拿破仑浑然不顾,内心只有一个信念,那就是无论如何也要打赢这场战斗。只听他大吼一声,"冲啊"! 他手下的士兵见到他那副滑稽模样,忍不住都哈哈大笑起来,但同时也被拿破仑的自信所鼓舞。一时间,战士们群情激扬、奋勇当先,最终取得了战斗的成功。

人无论在任何危险的逆境中,都要保持乐观的心态。你的自信可以感染到很多你接触到的人。有没有乐观自信的态度也直接影响到人的一生的成败。

三、设定明确的发展目标

心理学研究表明,对于活动中的成功与失败,个人的抱负水平具有十分重要的作用。成功会使人产生成就感,而失败则会使人产生挫败感,引起焦虑、沮丧等不良情绪,丧失信心,甚至放弃作进一步努力的尝试。所以确定明确的发展目标和适当的抱负水平是避免挫折、获得成功与自信的重要问题。确定适当的抱负水平也就是确定恰当的奋斗目标。

心理学家得出这样的结论:当人们的行动有了明确目标的时候,并能把行动与目标不断地加以对照,进而清楚地知道自己的行进速度与目标之间的距离,人们行动的动机就会得到维持和加强,就会自觉地克服一切困难,努力达到目标。

自我测验 ✓

回忆自己所经历过的挫折以及它们给你的人生带来的影响,从正、负两个方面来分析,并填入表4-1。

表4-1　我的挫折经历

发生时间	挫折经过	消极影响	积极影响
初中阶段			
高中阶段			
大学一年级			
……			

四、锻炼意志品质

意志品质是人们在长期的社会实践与社会生活中逐渐形成的,是在实际生活中磨炼出来的。人们在学习与工作中总会碰到不顺利的时候,在困难与挫折面前是逃避还是斗争,是消沉还是奋起,是对人们意志的真正考验,意志就体现在主体充分调动自身力量去克服困难与挫折的实践活动中。

案例分析

案例一

高士其是我国科普作家。在外国留学时，有一次做实验，一个装有培养脑炎过滤性病毒的玻璃瓶子破裂了，病毒侵入了他的小脑。从此留下了身体致残的祸根。他忍受着病毒的折磨，学完了芝加哥大学细菌学的全部博士课程。回国以后，他拖着半瘫的身子，到达延安工作。新中国成立后他病情恶化，说话和行动都十分困难，连睁、合眼都需要别人帮助。但他仍以惊人的吃苦精神进行创作，先后写成100多万字的作品。有人问他苦不苦，他笑着说："不苦！因为我每天都在斗争，斗争是有无穷乐趣的。"

大学生在校期间的学习、劳动、实习、科学试验、社会服务、社会调查、社会实践等各项活动过程都有意志的参与，都需要为完成目标任务而付出艰辛和努力。此外，可能会遇到这样或那样的困难、失败和挫折，这既是面临的挑战，也是锻炼意志品质、提高心理素质的良好机会。每个人都应以良好的心态去迎接挑战，在实践中培养起自己良好的意志品质。

案例二

有一天，某个农夫的一头驴子，不小心掉进一口枯井里，农夫绞尽脑汁想办法要救出驴子，但几个小时过去了，驴子还在井里痛苦地哀嚎着。最后，这位农夫决定放弃，他想这头驴子年纪大了，不值得大费周章去把它救出来，不过无论如何，这口井还是得填起来。于是农夫便请来左邻右舍帮忙一起将井中的驴子埋了，以免除它的痛苦。农夫的邻居们人手一把铲子，开始将泥土铲进枯井中。

当这头驴子了解到自己的处境时，刚开始哭得很凄惨。但出人意料的是，一会儿之后这头驴子就安静下来了。农夫好奇地探头往井底一看，出现在眼前的景象令他大吃一惊：当铲进井里的泥土落在驴子的背部时，驴子的反应令人称奇——它将泥土抖落在一旁，然后站到铲进的泥土堆上面。就这样，驴子将大家铲倒在它身上的泥土全数抖落在井底，然后再站上去。很快地，这只驴子便得意地上升到井口，然后在众人惊讶的表情中快步跑开了！

当处于困境别无他法时，驴子选择勇敢地面对它、战胜它，改变自己的命运。如果我们面对挫折时积极去面对，助力往往就潜藏在困境中。我们应该不断地建立信心、希望和无条件的爱，这些都可以帮助我们从生命中的枯井中找到工具，顺利脱困。

课后自习

一、心理测试

(一)逆境适应能力测试

以下有20道测试题,可以帮助你对自己作出判断,请认真回答。A表示"是",B表示"否",C表示"不全是""不一定"或"不确定"。请在相应题号后面作答。

题目	A	B	C
1.你童年时很受父母宠爱。			
2.你步入社会后经历坎坷、屡遭挫折。			
3.你初恋失败后几乎丧失了生活的勇气。			
4.你的收入不高,但手头并不缺钱花。			
5.你无法忍受和性格不同的人一起工作。			
6.你从不失眠。			
7.你的朋友突然带一个你非常讨厌的人来访,对此你感到恼火。			
8.原定你晋升职务,可公布名单时却换成了另一个人。即便如此,你也心情坦然,并向他祝贺。			
9.你看到那些穿着奇装异服的人,就感到讨厌。			
10.你认为一些新规定的颁布和实施,都是理所当然的。			
11.你接连遇到几件不愉快的事,苦恼不断加重。			
12.即使同工作上的竞争对手交谈,你也能友善和平。			
13.你结交新朋友相当容易。			
14.别人未经允许随便动用你的物品,你会长时间感到恼火。			
15.即便多次失败,你也不放弃再做一次尝试的机会。			
16.对没有完成重要事情,你会寝食难安。			
17.至少有一半的成功把握,你才会去冒险做一些事。			
18.你很容易染上传染病。			

题目	A	B	C
19.别人若对你不公正,你会怀恨在心,一定要找机会进行报复。			
20.有空闲时间,你就想读小说和娱乐性报纸。			

计分方法:

题目	得分		
	A	B	C
1	1	5	3
2	5	1	3
3	1	5	3
4	1	5	3
5	1	5	3
6	5	1	3
7	1	5	3
8	5	1	3
9	1	5	3
10	5	1	3
11	1	5	3
12	5	1	3
13	5	1	3
14	1	5	3
15	3	5	1
16	5	1	3
17	5	1	3
18	1	5	3
19	1	5	3
20	5	1	3

测试结果说明：

20~50分为A型；51~75分为B型；76~100分为C型。

A型：无法承受突如其来的变故——这可能和你一帆风顺的经历有关。你性格脆弱，经受不住刺激，更经不起意外打击，即使稍不遂意也使你寝食不安。这是你的主要弱点，建议你增强心理承受力，勇敢面对生活的挑战。同时也要少考虑个人得失，因为应付困难的能力说到底是对个人利益损失的承受力。

B型：心理承受力一般——在通常情况下不会有什么问题，至多有点儿烦恼。要注意的是在大的挫折面前更要坚强一些。

C型：敢于迎接命运的挑战——你有不平凡的经历，能正视现实，对来自生活的困难应付自如，随遇而安。

（二）挫折承受能力测试

请你仔细阅读每一道题，并根据自己的实际情况，回答下列题目。对这些问题的答案不要作过多的考虑，对每个问题立即作出回答比考虑后再回答更为正确。请在5分钟之内完成所有题目。每个题目只有一个正确答案，请选择最符合自己实际状况的答案，然后填写到下面的表格中。

答案选择标准如下：

A.非常符合　　B.有点符合　　C.无法确定　　D.不太符合　　E.很不符合

题号	1	2	3	4	5	6	7	8	9	10
答案										
题号	11	12	13	14	15	16	17	18	19	20
答案										

1.白天工作不顺利，会影响我整个晚上的心情。

2.如果某人擅自动用我的东西，我会气上一段时间。

3.汽车经过时溅了我一身泥水，我生气一会儿便算了。

4.如果不是因几次霉运，我一定比现在更有成绩。

5.落在最后，常叫人提不起竞争心。

6.我想，我一定受不了被解雇的羞辱。

7.如果向我所爱的人求婚被拒绝，我一定会精神崩溃。

8.我总忘不了过去的错误。

9.我的生活中，常常有些令人沮丧气馁的日子。

10.负债累累的光景叫我心寒。

11.如果周末不愉快，星期一便很难集中精力工作。

12.在我的生命中，我已有过失败的教训。

13.我对羞辱很在意。

14.遗失了钥匙会让我整个星期都感到不安。

15.我已经达到能够不介意大多数事情的地步。

16.想到可能无法按时完成某项重要的事情我会不寒而栗。

17.我很少为昨天发生的事情烦心。

18.我很少心灰意冷。

19.我对他人的恨会维持很久。

20.偶尔做个失败者,我也能坦然接受。

计分方法:

请分别计算在你的答案中,选择A的数目,B的数目,C的数目,D的数目,E的数目,接着请按照下面所列的公式计算出原始分数R。

R=E×5+D×4+C×3+B×2+A

最后,请根据挫折承受能力常模对照表所列的规则,根据你的原始分数R,找出相应排名P,比如你的原始分数R是73,那么对应的P值就是70。

挫折承受能力常模对照表

R	P/%	R	P/%	R	P/%	R	P/%	R	P/%	R	P/%
20	0	35	2	50	16	65	50	80	84	95	98
21	0	36	3	51	18	66	53	81	86	96	98
22	0	37	3	52	19	67	55	82	87	97	98
23	0	38	4	53	21	68	58	83	88	98	99
24	0	39	4	54	23	69	61	84	90	99	99
25	0	40	5	55	25	70	63	85	91	100	99
26	0	41	5	56	27	71	66	86	92		
27	1	42	6	57	30	72	68	87	93		
28	1	43	7	58	32	73	70	88	94		
29	1	44	8	59	34	74	73	89	95		
30	1	45	9	60	37	75	75	90	95		

测试结果说明:

排名值P是一个百分数,对于P值的理解是这样的:假如你得到的P值是88,那就表明你的挫折承受能力要比88%的人高,反过来也就是说,你的挫折承受能力要比12%的人低,也就是说你的挫折承受能力还不错。

（三）心理承受力自测问卷

请你仔细阅读每一道题，并根据自己的实际情况，对下列题目作出"是"或"否"的回答。对这些问题的答案不要作过多的考虑，对每个问题立即作出回答比考虑后再回答更为正确。

1. 你认为自己是个弱者吗？

2. 你是否喜欢冒险和刺激？

3. 你生活在使你感到快乐和温暖的班级里吗？

4. 如果现在就去睡，你会担心自己睡不着吗？

5. 生病时你依旧乐观吗？

6. 你是否认为家人需要你？

7. 晚睡两个小时会使你第二天明显感到精神不振吗？

8. 看完惊悚片很长一段时间内，你一直觉得心有余悸吗？

9. 你常常觉得生活很累吗？

10. 你是否有一些无话不谈的知心朋友？

11. 当考试成绩不理想时，你会感到非常沮丧吗？

12. 你认为自己健壮吗？

13. 当你与某个同学闹意见后，你一直无法消除与他相处时的尴尬吗？

14. 大部分时间你对未来充满信心吗？

15. 你有一个关心、爱护你的家吗？

16. 当你在课堂上回答不出问题时，你在课后还会久久地感到烦恼吗？

17. 每到一个新地方，你是否常常会出些问题，如吃不下饭、睡不着觉、拉肚子、头晕等？

18. 即使在困难时，你还是相信困难终将会过去吗？

19. 你明显偏食吗？

20. 当你与父母发生不愉快时，你是否曾想离家出走？

21. 你是否每周至少进行一次所喜欢的体育活动，如登山、打球、游戏等？

22. 你觉得自己有些神经衰弱吗？

23. 你认为你的老师喜欢你吗？

24. 心情不愉快时，你的饭量与平时差不多吗？

25. 看到苍蝇、蟑螂等讨厌的东西时，你感到害怕吗？

26. 你相信自己能够战胜任何挫折吗？

27. 你是否常常与同学们交流看法？

28. 你常常因为想心事而躺在床上久久不能入睡吗？

29. 在人多的场合或在陌生人面前说话时，你是否感到害怕？

30. 你是否认为你受到的挫折与其他人相比，根本算不了什么？

计分方法：

第2、3、5、6、10、13、14、15、18、21、23、24、26、27、30题答"是"记1分，答"否"记0分；其余各题答"是"记0分，答"否"记1分。各题得分相加，统计总分。

测试结果解释：

0~9分：你的心理承受能力差。你遇到困难易灰心，常有挫折感。

10~20分：你的心理承受能力一般。你能轻松地承受一些小的压力，但遇到大的打击时，还是容易产生心理危机。

21~30分：你的心理承受能力强。你能在各种艰难困苦面前保持旺盛的斗志。

二、案例阅读

案例一

1832年，林肯失业了，这显然使他很伤心，但他下定决心要当政治家，当州议员。糟糕的是，他竞选失败了。在一年里遭受两次打击，这对他来说无疑是痛苦的。接着，林肯着手自己开办企业，可一年不到，这家企业又倒闭了。在以后的17年间，他不得不为偿还企业倒闭时所欠的债务而到处奔波，历经磨难。随后，林肯再一次决定参加竞选州议员，这次他成功了。他内心萌发了一丝希望。认为自己的生活有了转机——"可能我可以成功了"！1835年，他订婚了。但离结婚的日子还差几个月的时候，未婚妻不幸去世。这对他精神上的打击实在太大了，他心力交瘁，数月卧床不起。1836年，他得了精神衰弱症。1838年，林肯觉得身体良好，于是决定竞选州议会议长，可他失败了。1843年，他又参加竞选美国国会议员，但这次仍然没有成功。林肯虽然一次次地尝试，却一次次地遭受失败：企业倒闭，未婚妻去世，竞选败北。要是你碰到这一切，你会不会放弃？放弃这些对你来说是重要的事情？林肯没有放弃，他也没有说："要是失败会怎样？"1846年，他又一次参加竞选国会议员，最后终于当选了。两年任期很快过去了，他决定要争取连任。他认为自己作为国会议员的表现是出色的，相信选民会继续选举他。但结果很遗憾，他落选了。因为这次竞选，他赔了一大笔钱，林肯申请当本州的土地官员。但州政府把他的申请退了回来，上面指出："做本州的土地官员要求有卓越的才能和超常的智力，你的申请未能满足这些要求。"接连又是两次失败。在这种情况下你会坚持继续努力吗？你会不会说"我失败了"？然而，林肯没有服输。1854年，他竞选参议员，但失败了；两年后，他竞选美国副总统提名，结果被对手击败；又过了两年，他再一次竞选参议员，还是失败了。林肯一直没有放弃自己的追求，他一直在做自己生活的主宰。1860年，他当选为美国总统。

案例二

南朝的祖冲之，在当时极其简陋的条件下，靠一片片小竹片进行大量繁杂的计算，一遍又一遍，历经无数次失败，终于在世界上第一个把圆周率精确到小数点后第七位。

伟大的科学家爱迪生，在研发电灯的过程中，做了无数次失败的测验，总共试用了6000多种纤维材料，最终才确定用钨丝来做灯丝，提高了电灯的使用寿命。

法国作家小仲马，不靠其父之名气，选择用自己的实力取得一番成就，他一次次地往报社寄稿，却都被报社退了回来，但他没有因此而消沉，仍持续创作，经过不懈的努力，最终著成了成名之作《茶花女》。

我国明代的谈迁用27年的时间编成了500万字的《国榷》初稿，而被贪婪之徒偷走，他忍受着沉重的打击，埋头书案又干10年，再次写成《国榷》的次稿。之后又经过三年的补充、修改，才结果定稿。可以说谈迁一生为写此书呕心沥血，九死而不悔。

法国画家约翰·法郎索亚·米勒，年轻时的作品一幅也卖不出去，他陷在困苦与绝望的深渊里。后来，他迁居乡间。虽然他依旧未能摆脱贫困的厄运，但是他并没有中断作画，此后他的画更多表达美观的大自然和淳朴的农人。其中《播种》《拾落穗》等作品，成为美术画廊中的不朽之作。若他没有那种不怕不弃、奋勇前进的精神，这些不朽之作是不会诞生的。

苏联著名作家高尔基从小就饱尝人间的辛酸，即使做活累得腰酸背痛，也不愿放弃一刻时间去看书，还往往在老板的皮鞭下偷学写作，终于成为出名的作家。

司马迁受宫刑，在狱中写出《史记》，鲁迅评价该书为"史家之绝唱，无韵之离骚"。

韩信受胯下之辱，当兵又屡屡不受重用，后来终成开国大将。

南后主李煜，亡国后不思东山再起，结果客死他乡。

挫折是什么？

失败说：挫折是成长路上永远翻不过去的山，即使翻过一座山，前方又会有另一座山。

怯懦说：挫折是成长路上的一片荆棘地，会把人扎得遍体鳞伤。

沮丧说：挫折是被击倒后的眩晕，让人丢弃了信仰，迷失了前进的方向。站在童年的尾巴上，望着前面未知的路，我畏缩了。

这时，但丁走过来说："走自己的路，让别人说去吧。不管别人说成长路上有多少挫折，你都要大胆走下去，只有挫折会让你成长。"

高位截肢的张海迪说："即使挫折使你倒下去一百次，你也要一百零一次地站起来，唯有挫折能让你坚强起来。"

双耳失聪的贝多芬说："要在挫折面前扼住命运的喉咙。挫折会使你自信起来。"

徐特立说："想不经受任何挫折而成长起来，那是神话。挫折是成长过程中的必需品。"

站在青春的林荫道上，望着前面的路。我们仿佛看到了全身多处患病的霍金用唯一能活动的两个手指敲击着键盘，做着学术报告，在挫折面前，他选择了坚持；我们仿佛看到了又盲又聋的海伦·凯勒在努力又吃力地学着语言，在挫折面前，她选择了坚持;我们又仿佛看到了被剜去膝盖骨的孙膑坐在战车上指挥着战斗,在挫折面前,他选择了忍辱负重;我们又仿佛看到了困苦的洪战辉带着小妹妹四处奔波,在挫折面前,他选择了奋斗。

伟人之所以能成为伟人,是由于他们大多经历了常人所没有体验过的挫折,并且战胜了它,才会取得比常人更突出的成就。温室里的花朵永远经受不了野外的暴风雪,只有高高屹立的松柏才能四季常青。站在青春的十字路口,不要逃避挫折!只有挫折才能让我们坚强,让我们自信,让我们奋斗,让我们有更多的体验,让我们成长。

挫折是什么?固执说:挫折是山,翻过它,就可以见到蔚蓝的大海;大胆说:挫折是荆棘,拿出胆子劈开它,面前就会出现更广阔的大道。

三、课后思考

1.什么是挫折心理?挫折的反应有哪些?

2.大学生的挫折主要表现在哪些方面?

3.大学生如何培养自己的意志品质以战胜挫折?

专题五　构筑和谐关系——人际交往心理

本专题引导大学生关注影响人际交往的心理因素,以及人际交往中存在的心理效应,对交往过程中常见的心理困惑进行具体分析并给出调适建议。重点掌握成功人际交往的艺术必须遵循成功人际交往的原则并在实践中不断尝试人际交往的技巧。

◎ 学习目标

1.了解影响人际交往的心理因素以及人际交往中存在的心理效应。
2.学会调适人际交往中的不良心理,掌握成功人际交往的艺术。
3.自信对人际交往有重要意义,坚定四个自信对时代新人成长有重要意义。

◀ 案例导航

17岁的小玫是英语本科专业一年级学生。她的学习成绩从小学到中学一直都名列前茅,经常受到老师表扬和父母夸奖,被同学们羡慕,是大家学习的榜样。经过努力,她考上了一所自己满意的大学。刚入大学时,由于第一次远离家乡,离开父母,孤身一人来到陌生的城市,面对的是来自祖国各地,性格、经历、家庭条件各不相同的同学,有时觉得自己很孤独、很想家,就经常与家人通电话,诉说自己在学校的感受和对家人的思念。经过一段时间的自我调节,小玫很快适应了大学生活,并意识到处理好人际关系、培养人际交往能力的重要性,学会了尊重人、关心人和理解人,珍惜同学之间的友谊与交往,坦诚相待,具有良好的群体意识和团队精神,结果和同学相处得很融洽。特别是宿舍的6名女生,学习上互相鼓励、互相帮助,生活上互相关心、互相支持,相处得就像亲姊妹一样。生病时,有人会帮她补课;遇到困难时,有人会帮她出谋划策;早上起床起晚时,早饭会在桌上静悄悄地等她。大家都感到宿舍就像自己的家,非常温馨、舒适。

建立和保持良好人际关系的前提是进行正确的人际交往。一个没有交际能力的人,犹如陆地上的船,永远不会漂泊到壮阔的大海中去。

任务一　人际交往概述

一、人际交往的内涵

(一)人际交往与人际关系

所谓人际交往,是指人们运用语言符号系统或非语言符号系统相互之间交流信息、沟通情感的过程。通常人际交往的形成都需要具备一定的条件,如交往双方对交往信息的一致理解,交往过程中有及时的信息反馈,适当的传播通道或传播网络,一定的交往技能和交往愿望等。

人际关系是指社会人群中因交往而构成的相互联系的社会关系,包括亲属关系、朋友关系、同学关系、师生关系、雇佣关系、战友关系、同事关系、上下级关系等。人都是处在各种各样的关系之中。

人与人之间相互交往从无到有,人际关系由疏到密一般要经历以下四个阶段,如图5-1所示。

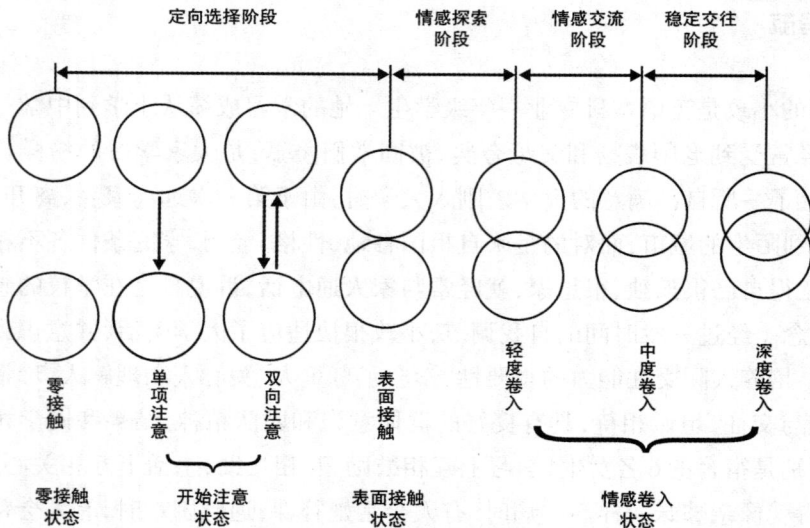

图5-1　人际关系的建立与发展阶段

第一阶段：定向选择阶段。交往定向阶段涉及交往对象的选择，包含着对交往对象的注意、抉择和初步沟通等多方面的心理活动。

人际交往的定向阶段，其时间跨度随不同的情况而不同。邂逅相遇而相见恨晚的人，定向阶段会在第一次见面时很快就完成。而对于可能有经常的接触机会而彼此又都有较强的自我防卫倾向的人，这一阶段要经过长时间的沟通才能完成。

第二阶段：情感探索阶段。情感探索是双方探索彼此在哪些方面可以建立信任和真实的情感联系，而不是仅仅停留在一般的正式交往模式上。随着双方共同情感领域的发现，双方的沟通也会越来越广泛，自我表露的深度与广度也逐渐增加。在这一阶段，人们的话题仍避免触及别人私密性的领域，自我表露也不涉及自己深层的方面。尽管，双方关系到这一阶段已开始有一定程度的情感卷入，但交往模式仍与定向阶段相类似，具有很大的正式交往特征，彼此仍然注意自己表现的规范性。

第三阶段：感情交流阶段。人际关系发展到感情交流阶段，双方关系的性质开始出现实质性变化。此时双方在通常生活领域中涉及的人际关系安全感和信任感已经得到确立，因而沟通和交往的内容也开始广泛涉及自我的许多方面，并有较深的情感卷入。如果关系在这一阶段破裂，将会给人带来相当大的心理压力。在这一阶段，正式交往模式的压力已经趋于消失，双方交往的行为表现可以超出正式交往的范围，显示出融合的自发交往关系。此时，人们会相互提供真实的评价性的反馈信息、提供建议，彼此进行真诚的赞赏和批评。

第四阶段：稳定交往阶段。在这一阶段，人们心理上的相容性会进一步增加，自我表露也更为广泛和深刻。此时，人们已经可以允许对方进入自己高度私密性的个人领域，分享自己的生活空间和财产。但在实际生活中，很少有达到这一情感层次的友谊关系。许多人同别人的关系并没有在第三阶段的基础上进一步发展，而是仅仅在第三阶段的同一水平上简单重复。

知识拓展

六度空间理论

六度空间理论(Six Degrees of Separation)是一个数学领域的猜想，又称六度分割理论、六度理论、小世界理论等，简单地说，就是你和任何一个陌生人之间所间隔的人不会超过6个，或者说最多通过6个人你就能够认识任何一个陌生人。

1967年，哈佛大学的社会心理学家斯坦利·米尔格拉姆(Stanley Milgram)设计了一个连锁信件实验。他将一套连锁信件随机发送给居住在内布拉斯加州奥马哈的160个人，信中放了一个波士顿股票经纪人的名字，并要求每个收信人将这套信寄给自己认为是比较接近这个股票经纪人的朋友,朋友收信后继续照此办理。最终,大部分信在经过五六次周转后都抵达了该股票经纪人手中,六度空间的概念也由此而来。

微软进行的一项调查研究也显示,这个星球上任意两个人互相联系的桥梁平均需要通过6.6个人,再次验证了六度空间理论的正确性。微软研究员表示:"这一结果非常震撼,它表明人与人之间始终都存在社会性互连。人们曾经猜想我们彼此之间距离并不远,但我们在很大程度上证明这并非只是臆测。"

(二)人际交往的心理源动因

1954年,美国做了一个实验,该实验以每天20美元的报酬雇佣一批学生当被试,实验制造出极端的孤独状态,将学生关在有防音装置的小房间里,让他们戴上半透明的保护镜,以尽量减少视觉刺激,又让他们戴上木棉手套,并在袖口处套了一个长长的圆筒。为了限制各种触觉刺激,在头部垫上气泡胶枕,除进餐和解手的时间以外,实验要求学生24小时躺在床上。结果尽管报酬很高,却几乎没有人能在这项孤独实验中忍耐3天以上。终止实验后,学生通常要用3天以上时间才能回到原来状态。

对于人来说,任何一个个体都必须或多或少地和其他个体通过交往而形成各种各样的人类群体,并由此组成了一个复杂的人类社会。那么,是什么因素在加强或减少人们要和其他人在一起的社会性欲望呢?美国心理学家斯坦利·沙赫特(Stanley Schachter)在1959年发表了被认为是心理学历史上经典性实验研究的报告,他通过实验研究,提出恐惧是引起并影响人们社会性欲望的一个重要因素。沙赫特在研究中还发现,出生排行是影响一个人社会性欲望强烈与否的重要因素,具体表现在长子、长女和独生子女在害怕时比非长子、长女有着更强烈的要和其他人待在一起的愿望。

知识拓展　　心理实验——影响社会性欲求的因素

为了研究人类社会性欲求的影响因素,沙赫特观察和走访了那些因某种意外的原因而不幸被抛在荒岛上独自生活了一段时间的人们,以及那些曾经孤独修行过的异教徒们,发现这些曾经一个人生活过的人们,都报告说在孤独的时候,他们时时体验到阵阵袭上心头的恐惧感。针对这样的观察,沙赫特产生了一个大胆的假设:孤独会使人体验到恐惧,那么人在恐惧的状况下是不是就会产生要和他人生活在一起的社会性倾向呢?而且,是否恐惧感越大,要和其他人待在一起的欲望就越强烈呢?为了检验自己的假设,沙赫特请了一些女性做被试进行了经典性的实验研究。

对第一组被试,沙赫特想唤起她们强烈的恐惧感,他用可怕的词语描述电击后果,"这种电击会使你遭受伤害,使你感受到痛苦,但我向你保证不会是永久的伤害。在这种研究中,如果我们要了解所有内容真能有助于人生,电击强烈些是必要的"。通过这样的指导语,使这组感到自己将要接受的是一次很吓人和痛苦的体验。

对第二组被试,沙赫特只想唤起她们较小的恐惧,因此他把电击的严重性说得很小,尽可能地使她们感觉轻松和安逸。沙赫特这样告诉她们:"我向您保证,您将受到的电击无论如何也不会使您觉得不舒服,它不过是有些像发痒或震颤那样有一点点不适感。"这样,尽管两组都被告诉在实验中自己将要遭受电击,但第一组等待的是一种痛苦而恐惧的体验,第二组则期待着一种温和、无威胁的体验。沙赫特通过测量发现,不同的指导语的确引发了被试不同程度的恐惧感:第一组被唤起了高恐惧感,第二组被唤起了低恐惧感。

在测量了恐惧唤起的程度后,沙赫特假装调制设备,并告诉被试说,由于仪器还没有调好,实验要推迟10分钟,请参加实验的被试在实验室外面等一会儿。同时,沙赫特很自然地问,她是要一个人在外面等一会儿,还是想到隔壁的房间和先到的其他人一起等待,或者无所谓。在作出选择后,沙赫特又问她们的选择是否强烈。实验的结果见表5-1。

表5-1 恐惧对社会性欲望的影响

条件	选择的百分比(%)			
	集中	不关心	单独	社会性欲望的强度
高度恐惧	62.5	28.1	9.4	0.88
低度恐惧	33.0	60.0	7.0	0.35

从表中的数据可见,果然如沙赫特所预料的那样,被唤起了高度恐惧的人比低度恐惧感的人更多、也更强烈地希望和其他人在一起等待实验的开始。由此证明,恐惧是引起并影响人们社会性欲望的一个重要因素。

二、人际交往的功能

(一)人际交往加速社会化进程

社会化就是由自然人到社会人的转变过程,每个人必须经过社会化才能使外在于自己的社会行为规范、准则内化为自己的行为标准。人际交往范围越广泛,获得的社会规范越多,反之越少。离开社会的交往环境,离开与他人的合作,个体是无法成为一个合格的社会人的。每个人的社会化进程都是在人际交往中进行的,人际交往是社会化的起点,随着人的成长,交往范围不断扩大,交往内容逐渐深化,交往形式也日趋多样化。积极的人际交往有助于大学生获得更丰富的信息,保持与社会的联系,明确社会责任,促进自我成熟。高校是个小社会,宿舍是个更小的社会。要想适应大社会,就要先适应寝室生活;要想和社会人打交道,就要先学会处理和寝室人的关系。

(二)人际交往有助于深化自我认识

大学生的年龄一般在17~23岁之间,正处于青年期的初、中期,这是一个自我意识迅速发展的时期。但是,人的自我意识的发展并不是一个自然成熟的过程,而是通过交往,不断地以他人为镜,在与他人的对照中不断地调整自己,从他人对自己的态度和评价中正确地认识自己的形象及在社会中所处的位置,从而充当正确的社会角色。在与他人交往的过程中,他人会对自己有一定的态度反馈,如肯定、尊重、乐于交往,或者否定、厌恶、疏远,通过这样的态度反馈,大学生可以更真实地了解自己,不断地寻找恰当的社会位置,选择更为恰当的行为方式。这个过程是一个自我认识不断发展成熟的过程,也是一个人自我完善的过程。

(三)人际交往有助于成才

人际环境和谐与否与人的才智发挥是成正比的。生活在一个和谐、融洽的人际环境中,会使一个人的智力得到超常发挥,使人有安全感并且永葆旺盛的精力。如果生活在一个互相猜疑、冷漠、排斥、矛盾、冲突的人际环境中,不仅会使人分散精力、浪费时间,还会造成毫无价值的心力消耗,势必会影响学习、影响智力的发挥。

人际交往可以沟通信息,增加知识。大学生思想活跃、成就动机强,但是,由于社会经验的不足、知识的局限,他们在看问题时难免会出现偏差。而大学生彼此间的畅所欲言、互通有无,将会使他们在思想碰撞中产生新的火花。如今,大学生的人际交往能力已经成为社会适应能力的重要标志之一。美国学者戴尔·卡耐基在研究影响人的事业成功因素时认为:在现代社会,一个人事业的成功=85%良好的人际关系+15%专业技能。可见具备交往的能力是时代对每个人提出的客观要求,也是大学生能够充分发挥才智,取得成功的法则。

(四)人际交往有益于身心健康

良好的人际交往能满足大学生交往、友谊、归属、安全等需要,提高自信和自尊,增强自我价值感和力量感,有助于降低大学生的挫折感,缓解内心的冲突和苦闷,宣泄愤怒、压抑和痛苦,减少孤独、寂寞、空虚、恐惧等。长期生活在友好和睦的人际关系中,人的个性就会变得乐观、开朗、积极、主动。相反,长期生活在不和谐的氛围中,就会表现得孤僻、郁闷、悲观,甚至敌意、愤怒,久而久之就会出现人格异常和障碍,如偏执型人格、抑郁型人格等。在同宿舍里,同伴之间的心理交往状况,往往决定了一个大学生是否对大学生活感到满意。宿舍关系缺乏友好、合作、融洽,宿舍成员常常显示出压抑、敏感、自我防卫、难于合作的特点,情绪的满意程度低。而在关系融洽的宿舍里生活的大学生,则以欢乐、注重学习与成就、乐于与人交往和帮助别人为主流。

三、影响人际交往的心理因素

在通常情况下,英俊、漂亮的外表,富有魅力的身材,往往更容易讨人喜欢。交往双方的空间距离近,接触时间多,也是密切人际关系的一个必要条件。兴趣、爱好、态度等个人特征方面越相似就越能相互吸引,当然,如果双方的需要和期待正好互补时也能产生强烈的吸引力。这些都是影响人际交往的一般因素。而影响人际交往的心理因素主要有以下几点。

(一)认知因素

对自己、他人、交往本身持自信、积极、乐观的看法会促进人际交往,对人际交往的不良认知是引起大学生人际关系困惑、障碍的重要原因之一。有的人认为人都是自私自利的,人与人之间是钩心斗角、尔虞我诈的,那么交往中就会表现出凡事从个人利益出发,斤斤计较,对人常怀防范之心,缺少朋友,常与周围的人闹矛盾,甚至怀有敌意。有的人自卑,对自己的能力品质等评价过低,轻视自己,这样的人对自己的不足和别人对自己的评价很敏感,所以在交往中往往缺乏勇气、畏首畏尾。过于自卑的人,别人同他们打交道常感到负担、沉闷。

(二)情绪因素

在人际交往中健康情绪表现应当适度,即应当与引起情绪的原因及情境相称,并随着客观情况的变化而变化。不分场合、不分情境、不分轻重的恣意纵情,会给人轻浮不实的感觉;情绪反应过于冷漠,对本可引起喜怒哀乐或与大家共鸣感情的事情无动于衷,会被认为是冷漠、无情、麻木的人;人家悲伤落泪,你却幸灾乐祸,这种故意的逆向情绪给人以一种缺乏人性的感觉,这些不良情绪反应都会影响正常交往。

(三)人格因素

心理学家曾从不同角度做过大量研究,结果表明:健康的个性总是与健康的人际交往相伴随的。心理健康水平越高,与别人的交往就越积极,越符合社会的期望,与别人的关系也越深刻。心理学家奥尔波特发现个性成熟的人,都同别人有良好的交往与融洽的关系,他们可以很好地理解别人,容忍别人的不足和缺陷,能够对别人表示同情,具有给人以温暖、关怀、亲密和爱的能力。美国人本主义心理学家亚伯拉罕·马斯洛发现高水平的"自我实现者"对别人有更强烈、更深刻的友谊与更崇高的爱。

交往者的能力、特长、气质、性格、涵养、价值观及人际关系模式等往往制约着彼此心理相容的性质与内容。在大学生集体中,有助于人际关系发展的人格特征是:尊重关心他人,善于理解,乐于助人,富于同情心;热心集体活动,工作认真负责;稳重、耐心、宽容、真诚、热情、开朗等。不利于人际关系发展的人格特征是:以自我为中心,只关心自己,不为他人的处境和利益着想,有极强的嫉妒心;对集体工作缺乏责任感、敷衍了事、华而不实,或完全置身于集体之外;对人冷淡、虚伪、固执、爱吹毛求疵,苛求他人,不尊重人,支配欲过强;过度自卑、内向、缺乏自信,过于服从或取悦他人,依赖性太强等。

知识拓展

心理实验——人际交往中的中心性品质:热情

美国心理学家索罗门·阿希在1946年作过这样的经典实验,他给被试有关某个人的描述,其中包括7种品质:聪明、熟练、勤奋、热情、坚决、实干和谨慎。同时,也给了另外一组被试一张描述某人品质的罗列表,这张罗列表中只是把上述的7个品质中的热情换成冷酷,而其他6个品质词则同上面一模一样。然后,阿希请两组被试对表格所描述的人给出一个较详细的人格评定,并要详细地说明最希望这个人具备哪些品质。结果阿希从两组被试那里得到了完全不同的答案:第一张表格的人,仅仅因为他有热情的品质,就受到了被试的喜爱,被试毫不吝啬地把一些表格中根本没有,也根本与表格中所列品质无关的好品质,统统地"送给"了他,对他的品质期待更是锦上添花;而第二张表格的人,仅仅因为用冷酷代替了热情,结果就受到了被试的厌恶,被试在评价这个人时,把一些在表格中根本没有,也根本与表格中所列品质无关的坏品质,统统地"送给"了他,对他的品质期待也是很消极的。这一实验结果表明,热情还是冷酷,可使一个人对他人的吸引力发生实质性的变化。

心理学家认为,热情之所以可以左右着我们在社会交往中的喜欢与吸引,是因为热情—冷酷这一对品质和许多其他人格特性紧密相关。在人类的品质描述中,热情—冷酷这对词就好像是居于人类品质词的中心,它们左右着其他品质是有还是无,因此,在心理学上通常就把热情—冷酷这对品质叫作中心性品质。

任务二　人际交往的心理效应

一、首因效应

首因效应又称第一印象,是指与陌生人交往时所留下的最初印象。首因效应对人的知觉所形成的印象往往是深刻牢固的,并对以后的人际知觉起指导性作用。首因效应在人的认知中占有优势地位,因为这个印象是在对某个人原先没有接触、缺乏认知的基础上获得的,所以在大脑中嵌入的程度比较深刻,因而出现了一定的心理定势。第一次交往的印象好,才有可能出现双方继续交往的兴趣,也才有成为朋友的可能。首因效应一经形成,往往不易改变。要改变必须通过更深入的交往实践。

首因效应是关于对方年龄、相貌、谈吐、服饰、举止、神态、气质、性格等外部特征的认知,由于交往对象疏忽、伪装或由于自己本身经验的缺乏、限制,在取得首因效应的判断时经常出现偏差。因此,对待首因效应,我们只能视为交往中的参考和线索,而不能作为依据,更不能以貌取人或偏听偏信。对于大学生来说,要取得社交的真正成功,就必须努力加强自身的修养,陶冶自己的思想境界和举止行为。这样才不会因自己的不在意而给他人造成不良的首因效应,也不会因一时侥幸创造的良好首因效应被今后更深入的交往所打破。

知识拓展

打造良好的第一印象

第一印象是交往的开始,在以后的交往中起到心理定势的作用。如果给人留下的是诚恳、热情、大方的印象,自然受人喜爱,别人也愿意与之交往。相反,如果留下的是虚伪、冷漠、呆板的印象,别人也不会愿意接近。

打造良好的第一印象需要四步。

第一步:穿着得体。并不是穿戴昂贵、有派头,而是知道穿什么最合适,并自信地穿戴。第二步:表现自信。这样不仅会使自己对自己感觉更好,还会给别人留下良好的印象。第三步:说话时,看着别人的眼睛。这不光让人觉得你专注而自信,也能更容易吸引对方的注意力。第四步:清楚、自信地表达你的意思。

二、近因效应

近因效应是最后的印象对人的认知具有强烈的影响。在日常生活中我们不难发现,有些朋友之间只是闹了一点小别扭便不欢而散,数年的交情就此断送。我们在交往中要充分利用近因效应来维持良好的人际关系。在与熟人打交道时,应该特别重视告别时的动作和话语,表现出应有的热情。

近因效应与首因效应看起来似乎有些矛盾,其实这是一个问题的两个方面,二者都发挥着各自的作用。人们在相互交往和认识过程中第一印象很重要,而最后的或最近的印象也很重要。所以大学生在人际交往中有好的开头也要有好的结尾。一般来说,在对陌生人的知觉中,首应效应比较明显,在对熟人或分别已久的人的认知中,近因效应所起的作用更为突出,而且经常还能达到对首因效应进行修改的作用。例如,同学之间彼此发现原来的相互看法有偏差或根本上是错误的时候,近因效应能帮助他们纠正以前的错觉和偏见,从而促进相互之间的关系向健康的方向发展。

知识拓展

心理实验——第一印象的余波

美国心理学家洛钦斯(A.S.Lochins)是第一个对首因效应进行研究的学者,1957年,他杜撰了两段文字作为实验材料,内容主要是写一个名叫吉姆的学生的生活片段,这两段文字的情况是相反的。一段内容把吉姆描写成一个热情而外向的人,另一段内容则把吉姆描写成一个冷淡而内向的人,两段文字的描写分别如下:

"吉姆走出家门去买文具,路上碰到了两个朋友,就一起顺路走在铺满阳光的马路上,他们一边走一边聊天。到了文具店,吉姆一个人走了进去。店里挤满了人,他一面排队等待,一面和一个熟人聊天。这时他看到前天晚上刚认识的一个女孩儿也走进了文具店,吉姆主动和那个女孩儿打了招呼。"

"放学后,吉姆独自离开教室出了校门。他走在回家的马路上,阳光明媚,吉姆走在马路有树荫的一边。路过一家文具店时,吉姆走了进去。店里挤满了学生,他注意到那儿有几张熟悉的面孔,但吉姆没有打扰他们,一个人安静地排队等待。这时他看到前天晚上刚认识的一个女孩儿也走进了文具店,吉姆好像没有看到一样,没和那个女孩儿打招呼。"

洛钦斯把这两段描写相反的材料进行四种顺序不同的组合,又把被试分为4个组,让他们分别阅读其中一种组合,然后要求各组被试回答"吉姆是怎样一个人",结果见表5-2。

表5-2　洛钦斯实验结果

组别	实验条件	友好评价(%)
1	先阅读热情、外向材料,后阅读冷淡、内向材料	78
2	先阅读冷淡、内向材料,后阅读热情、外向材料	18
3	只阅读热情、外向材料	95
4	只阅读冷淡、内向材料	3

由第3组和第4组的结果可看出,首因效应确实对我们认识他人并形成对他人的印象有强烈影响。第1组先阅读热情、外向材料得出的友好评价比例远远高出第2组先阅读冷淡、内向材料的友好评价比例,也证明了首因效应的存在。

由洛钦斯的实验结果,我们还可以看:到第1组和第3组相比,友好评价比例下降了17%,原因在于后阅读了冷淡、内向的材料;第2组和第4组相比,友好评价上升了15%,原因在于后阅读了热情、外向的材料。这就是近因效应的作用。

三、晕轮效应

晕轮效应是指在人际交往过程中,人对人的认知和判断往往是从交往对象的某些主要而突出的局部特征出发,通过不自觉的扩大和强化整体形象,这就是心理学上的泛化作用。形象得到好的强化就是"光环效应",反之,如果某人存在某些不良的特征,那么他就会被认为所有的一切都是坏的,这一现象又被称为"坏光环作用",还被形象地叫作"扫帚星效应"。

有哪些特征可以产生晕轮效应呢？最常见的莫过于外貌。在人际交往中,对容貌出众的人总是特别有好感,而且愿意把他们与有教养、品德优良等好品质联系起来。在学校里,对一个数学成绩好的学生,数学老师会认为这个学生学习努力、认真,天资聪慧,将来必有出息。相反,若考试不及格,就推断出他贪玩,平时学习不努力,听课不专心,做作业不认真,天资不聪颖,将来也不会有大的作为。晕轮效应的产生大都是在掌握知觉对象很少的情况下作出的总体判断的结果,容易造成认知偏差。所以大学生在交往中应多方面了解别人,在掌握了大量的真实信息的情况下,就不会产生错误的人际认知。

对美丽的偏见：美的即是好的

　　1974年，德国心理学家兰德和赛格尔做了一个实验，他们让一些男人看几篇有关电视对社会生活影响的论文，要求他们看完后对论文作出"好"或"差"的评价。心理学家同时还告诉这些人，所有论文都是某些女人写的（其实并非如此），每篇论文上都相应地贴着女性"作者"的照片，照片既有漂亮的，也有不漂亮的。结果发现，无论文章在客观上的质量如何，漂亮、有魅力的女人所"写"的文章往往被认为是一篇好文章。

　　无独有偶，美国心理学家阿伦森组织大学生进行关于教育改革问题的讨论，他把参加实验的大学生分为两组，请两组被试都听取一个女大学生的发言。这个女大学生在一个组发言时刻意打扮了一番，显得很漂亮；而在另一组发言时却换下了时髦的服装，改变了发式，不再具有在第一组发言时的吸引力。实验结果是，尽管发言内容相同，但第一组认为她的发言更能说服人，使人改变态度。

四、刻板效应

　　刻板效应是指人们对社会上某一群体或某一种人形成的一种比较固定、概括而笼统的看法。刻板印象的形成，主要是由于社会生活、地理环境、经济条件、政治地位、文化道德等原因造成的，这一部分人往往具有某些相近或相类似的特征，因此就具有了一些共同的心理特征。所以社会上就逐步对这部分人产生了比较固定的看法。刻板效应所形成的某些固定的印象未必都有事实根据，一旦形成某种固定的印象后，就很难改变，并且沿袭传播。

　　刻板印象有两种作用，积极的作用是使认识他人的过程简化，有利于对某一个人、某一群人作出概括性的反映。借助某一类人的共性，我们可以想象出某一个人可能会有的典型特征。消极的作用是刻板效应也容易产生偏差。这是因为刻板效应的产生往往是根据个人经验、他人经验以及社会宣传得出的，往往缺乏充分的客观的科学分析。如果我们将已形成的对某一类人的固定看法套用在属于这类人的某个个体身上，往往是不恰当的。例如，认为南方同学小心眼儿，北方同学鲁莽；城市学生认为农村来的同学小农意识强、自私、孤僻、不善交往；农村学生认为城市同学自负、虚伪、不值得交。这种偏见有可能妨碍人际关系的正常进行。

任务三　人际交往能力提升

一、人际交往不良心理表现与调适

大学生因为人际交往引发的心理困惑在高校心理咨询中占较大比重。有同学在咨询中说："我天天独来独往，在教室—宿舍—食堂三点一线往返。看到别人三五成群，谈笑风生，我真是羡慕，我多么渴望能够走出孤独，摆脱寂寞呀！"有的同学困惑："我对别人热情、坦率、真诚，却得不到相应的回报，我该怎么办？""我非常想与同宿舍、同班的同学们能够自然、亲切地聊天、说笑，可是一见到他们就觉得无话可说，我该怎么办？""我非常想与异性同学正常交往，可是一见到异性同学我就紧张、脸红，不知如何是好。"诸如此类的问题，经常萦绕在大学生的心头。调查显示，大学生人际交往过程中，常见的不良社交心理有自卑心理、嫉妒心理、恐惧心理、孤独心理等。

（一）自卑心理与调适

1.自卑心理的主要特征

自卑心理一般指个人由于生理缺陷或某些心理缺陷而产生的轻视自己的心理，认为自己在某方面或某些方面不如他人。其表现是忧郁、悲观、孤僻、不敢与人交往，从而人为地把自己孤独起来。但当某种缺陷受到别人嘲笑、侮辱时，这种自卑心理则会以畸形的形式如暴怒、自欺欺人等方式表现出来。

自卑感重的人，大多是内向性格，感情脆弱，体验深刻，多愁善感，觉得自己处处不如人，总感觉到别人瞧不起自己。这类人比一般人明显敏感而且感受特别强烈，经不起刺激，所以事事回避，处处退缩，害怕当众出丑。其实，自卑的人在生理方面或能力方面并不一定很差，也许比那种狂妄自大、自鸣得意的人要强得多。

2.自卑心理的调适

（1）正确评价自己。自卑心理的形成主要来源于社交中不能正确认识自己和对待自己。要改变自卑，必须改变原有的对自己的认识，寻找自己的长处，肯定自己的成绩。只有客观地评价他人和自己，正确对待自己的缺点和不足，才能克服自卑，积极地参加各种社交活动。

（2）积极与他人交往。自卑者多数孤僻、不合群，自己把自己孤立起来。而积极地与他人交往，就会感受到他人的喜怒哀乐，心胸就会变得开阔。通过与人交往可以向他人倾吐心声，并了解他人的长处和不足，在比较中正确认识自己。尤其是有意识地加强同性格开朗、乐观、豁达、尊重人、关心人的人交往,对于克服自卑心理更有益处。

(二)嫉妒心理与调适

1.嫉妒心理的主要特征

嫉妒是人际交往中,因与他人比较,发现自己在才能、名誉、地位或境遇等方面不如别人而产生的一种由羞愧、愤怒、怨恨等组成的复杂情感。嫉妒一经产生便成了纷扰的源泉,不仅妨碍了他人的生活,同时也给自己带来极大的心理痛苦。嫉妒的特征表现在以下几点。

潜隐性。嫉妒潜隐在许多事件中的许多个体身上。这一潜隐性在表面上不承认自己在某件事中存在嫉妒感,总是下意识地掩盖这种嫉妒。对此,心理动力学的解释是:嫉妒的根源与潜意识的情绪有关,不是意识的自我所能完全控制的。

行为性。在交往中,嫉妒心理往往导致嫉妒行为。例如,中伤、怨恨、诋毁,而更强烈的嫉妒心理还有报复性。人的嫉妒心理出现以后,如果不能直接用某种嫉妒行为达到目的时,就可能会等着看嫉妒对象的"好戏",稍有一点挫折或失败出现在嫉妒对象身上时,他们便幸灾乐祸,鼓倒掌、喝倒彩,以此挖苦对方,满足自己日益膨胀的嫉妒心理需要。

对等性。所谓对等性,即是说嫉妒总是产生在与自己性别、年龄、文化、地位、职务相类似的人群身上。可以说,嫉妒更多的是在对等的圈子里由于差异产生的。

嫉妒是一种非常有害的心理,在大学生中所占的比例不大,但严重阻碍人际关系的发展,而且对嫉妒者的人格发展也带来一定程度的影响。巴尔扎克说过:"嫉妒者比任何不幸的人更为痛苦,因为别人的幸福和他自己的不幸,都将使他痛苦万分。"

2.嫉妒心理的调适

(1)纠正认知偏差。嫉妒者在别人成功时,总以为别人的成功是对自己的威胁,是对自己利益的侵占。实际上,别人的成功完全在于自己的努力,他有权获得这份荣誉。嫉妒者不应当把别人的成功等同于自己的失败,而应当学会比较的方法,善于学习别人的长处来补足自己的短处,而不是以己之短比人之长。

(2)积极地升华。嫉妒者在别人比自己强时,应当把不服气的心理引导到积极的一面,化嫉妒为求上进的力量,赶上甚至超过对方。如果一个人看到与他条件相仿的人有突出的成就,强烈的嫉妒心使得他十分不快,但是理智又不允许他表露这种心情,于是他可以奋发努力,试图超过对手。有时不能通过努力很快超过对方时,还可以扬长避短,以自己之优胜对方之劣,以获取总的平衡。

(3)注意的转移。嫉妒的产生总是在闲暇时间,如果我们积极参加有益的活动,努力学习勤奋工作,使自己的生活充实起来,也许就没有那个工夫去嫉妒别人。这种注意的转移还包括对优点和缺点的注意问题。一个人在嫉妒别人时,总是注意到别人的优点和自己的缺点,而没有注意到自己在某方面优于对方。如果在嫉妒心理似出非出时,我们有意识地进行一次注意的转移,看看自己的优点,这样便会使原先失衡的心理获得一种新的平衡,嫉妒心理也就无从产生了。

(三)恐惧心理与调适

1.恐惧心理的主要特征

社交恐惧心理是在社交时出现的一种带有恐惧色彩的情感反应。表现为见生人害羞、脸红、说话紧张、怯于与人交往等。

社交恐惧心理有的属于气质性恐惧,即抑郁质气质类型的人,生性孤僻,害怕与人交往,常常怀有一种胆怯的心理。有的则属于挫折性恐惧,如在某一次较大场合的交往中受过刺激,产生一种恐惧心理,随之形成条件反射,从而构成了一遇交往就恐惧的不正常心理状态。也有的人是害怕别人发现自己的弱点,于是形成了一种心理上的自我保护,这种自我保护就是不愿和比自己优秀的人交往。在大学生中还有一种属于异性恐惧,就是在与异性交往中感到不自在,置身于异性面前便心情紧张,手足无措,以至于不敢与异性接触,逃避与异性的正常交往。这是由于这些大学生不理解自己生理和心理上的变化,强化了对异性的神秘感,以至于对自己心中萌发的希望接近异性、与异性交往的念头感到内疚和自责,或对别人希望与自己交往的表示存有戒心,似乎异性交往就等于谈情说爱,甚至视为不正当行为。这种对异性交往上的错误理解,常使一些大学生产生无法摆脱的烦恼。

案例分析

一位女大学生有着比较严重的社交恐惧。她平时从不敢正视人,与人说话时总是躲闪别人的目光。与异性交流时,更是看也不敢看对方。为此,她很苦恼。她觉得与别人进行目光交流尤其看异性是品行败坏的表现。后来,她找到心理咨询师,经过心理咨询师的开导和询问,她回忆起了小时候发生的事情。原来,在小学四年级时,有一次她和自己要好的女同学一起回家,后面跟着很多男生。这些男生不时地说出一些笑话。当她回头看时,这些男生开始起哄。她就问女同学,他们为什么起哄。那个女同学说:"谁像你的眼睛啊,那么含情脉脉。"对于一个四年级的女孩子来说,还不能完全懂得"含情脉脉"的意思。她以为对方认为自己是一个不检点的女孩子,也许别人也是一直这么看待自己的吧。从此以后,她就再也不敢看男孩子了。慢慢地,她与人交流就变成了现在这个样子。

2.恐惧心理的调适

(1)端正对交往的认识。害怕交往主要是对交往有不正确的认识,没有掌握基本的社会交往的技能和技巧,总有一种处于失败边缘的感觉,似乎只要参加交往就会以失败告终。但是交往能力的提高只有实践才是唯一的途径。那些在交往中能够应付自如的成功者,无一不是经历过各种场合与各种人打交道的,是实践和经验才使得他们有很强的交往能力。只有经常参加交往活动,处理各种复杂问题,掌握摆脱窘境的方法和技巧才能对"危险"或"威胁"不感到害怕。此外,还可以有意识地设置一些不利的交往情境,培养和锻炼交往中所需的应激能力和解决复杂问题的能力,增强适应环境的能力。

(2)改善自己的个性。不良个性是社交恐惧的重要原因,也是社交恐惧得以存在和蔓延的前提条件。个性得不到改善,交往恐惧就难以根除。有社交恐惧症的人都有轻重不一的自卑心理,他们在参加交往前首先低估了自己的能力,觉得自己无力与人竞争,只有随之而来的失败,为了避免这些结局,也就不愿与人交往了。其实交往中的失败、窘境、喝倒彩并不对某一特定的人构成威胁,这只是那些人的主观想象和自我暗示而已,所以在并没有威胁存在的情况下,他们一到交往时就想到"一定会"出现的情形,随即陷入恐慌之中。如果我们能认识到自己的个性特点,并以此为突破口进行克服,就能很快地克服各种影响交往的心理障碍。

(四)孤独心理与调适

1.孤独心理的特征

孤独是人的一种精神状态,是一种主观感受。它与个人社交能力、情感体验和归属感有关。孤独是指个人在当前社交和人际互动上的不足和缺失感。当一个人无法找到自己的归属感、对自己没有理解和支持的时候,就会产生孤独感。孤独可以表现为情感上的孤独。这种孤独通常是由于个人在生活、工作中缺少支持和理解,与周围的人难以建立亲密关系,无法分享内心的感受和情感体验。孤独可以表现为社交上的孤独。这种孤独表现为个人在社交场合中缺乏归属感,交流困难或社交能力低下,无法建立亲密关系和友谊,无法获得社交支持和认同感。孤独可以表现为时间上的孤独。这种孤独表现为在日常生活中缺乏伴侣和组织的支持,感受到无聊和乏味;这种孤独还可能表现为对过去的缅怀和思索,对未来的担忧和焦虑。可见孤独是一种常见的精神问题。

2.孤独心理的调适

(1)区分孤独与独处。独处是大学生成长发展中必备的能力,学会独处有利于整合思考、加深人生体验。而孤独是逃避社交、缺少归属感。有的人为自己能在"孤独天空"中漫游感到莫大幸福,因此,他们孤芳自赏,独来独往。马克思说过:"只有在集体中,个人才能有获得全面发展其才能的手段。"所以具有孤独心理的大学生,要充分认识到自己也是集体中的一员,不能脱离集体而成长,要把个人融入集体中。

(2)积极参与交往活动。具有孤独心理的人往往在心理上给自己筑起一道屏障,把自己封闭起来,所以克服孤独的关键就是拆除自己心灵的屏障,在和同学的交往中找到知音。当一个人真正感到与他人心理相容,为他人所理解和接受,就容易走出狭小的自我天地,走出封闭的孤独误区。

二、掌握人际交往的艺术

（一）大学生成功交往的原则

1. 平等原则

生活中的每一个人，无论职务高低、知识多寡、身体强弱、年龄长幼等，在人格上都是平等的。交往中的平等原则表现为交往的各个方面都要平等对待、相互尊重、相互爱护。如果在交际中出现以大欺小、以权压人、以强凌弱，把自己看得高人一等，把别人看得一钱不值，那就根本不可能有人人平等、和谐相处的人际关系。

2. 尊重原则

渴望受到尊重是每个人的基本心理需求。当尊重的需要得到满足时，个体才会体验到生活的价值。尊重他人，时时让他人感到重要，无疑是我们交往成功的重要法则。有关专家调查发现，尊重他人，关心他人，对人一视同仁，富于同情心，是大学生交往成功的首要个性品质。因此，大学生在人际交往中尤其要注意尊重他人。有的人要求别人尊重自己，自己却不懂得尊重别人，这是造成人际冲突的一个重要原因。

3. 诚信原则

是指诚实信用，即在人际交往中双方诚实、遵守承诺讲信用。孔子说："人而无信，不知其可也。"诚信是无形的名片，关乎一个人的形象和品质。要培养诚信，需要我们从自身做起，从身边的一件件小事做起，如不要失信于人，对别人有求于我们的事，我们一旦答应了就要尽全力去办。如果确实因客观原因无法完成，就应向人家解释清楚，求得对方的谅解，要尽可能诚信地做人。

4. 宽容原则

指在人际交往中，能够宽宏大量、宽以待人，能容人之短。人的性格、特长各有差异，在处理人际关系中不能强求一致。人与人之间和谐相处，就要有求同存异、相互谅解、不求全责备的宽广胸怀。"尺有所短，寸有所长"，我们自身不会是完美的，我们也不能苛求他人完美。人非圣贤，孰能无过？一旦对方犯了错误，我们也不要嫌弃，应给他提供改过的宽松条件，原谅别人的过失，帮助别人改正错误。"海纳百川，有容乃大"，学会换位思考，能让人时且让人，能容人处且容人。

5. 相互性原则

人际交往中，良好人际关系的建立有时可以简单到只是因为他很喜欢我，所以我就很喜欢他；只是因为他关心我了，我也要关心他；因为对方帮助了自己，所以我也要找机会帮助对方。这种互利互惠就是人际交往的相互性原则。人际关系要达到和谐，必须保持一定的平衡，任何一个好的关系都是双方受益，如果一方长期受损，这种关系是长久不了的。在交际中，只要我们肯让自己先退一步，肯给足对方面子，肯在自己的底线上留有一定的弹性,肯与对方利益共享、共谋发展,那么,就一定能取得沟通的最佳效果,也一定能使人际关系变得更加和谐。喜欢别人的人也会得到别人的喜欢。

| 知识拓展 | 心理实验——相互性原则的实验研究 |

美国心理学家阿龙森(E.Aronson)和林德(R.Linton)曾经以实验证明人际吸引中的相互性原则:在实验中他们让被试分别体验与两个实验助手的相互交往,而被试不知道与自己交往的是实验助手,他们把实验助手也当成了是与自己一样来参加实验的被试,这也是实验者有意安排的,被试和实验助手的交往是通过一起合作完成某项实验者安排的工作而实现的。在第一次合作后,实验者给他们一段休息的时间,在休息时,实验者设法使被试很"偶然"地听到了两个实验助手对实验者的谈话,在谈话中,两个实验助手都谈到了对被试的印象,其中第一个实验助手用相当奉承的语气,一开始就说他喜欢被试,而第二个实验助手则对被试持批评的态度,说他不能肯定自己是否喜欢被试,并对被试作出了否定的描述。休息时间过后,两个实验助手又回到实验室和被试一起继续合作。等第二次的合作结束后,实验者请被试对与自己合作的两个实验助手进行评价,并回答自己在多大程度上喜欢与自己合作的两个伙伴,即两个实验助手。实验的结果正如实验者所预料的那样,被试的评价与两个实验助手对他的评价是相互的:第一个实验助手喜欢被试,因而被试也喜欢第一个实验助手;第二个实验助手表示不喜欢被试,因而被试也不喜欢第二个实验助手。由此证实了人际交往中的相互性原则,即如果关于某人的全部信息资料说明他喜欢我们,我们就可以预先确定我们也喜欢他;而如果关于某人的全部信息资料都说明他不喜欢我们,那我们也可以预先确定我们也不会喜欢他。

(二)实践人际交往的技巧

1.掌握交谈艺术

交谈是交往的主要形式,在交往中,人们主要通过交谈传递信息、交流思想、表达情感。良好的交谈是走向成功交往的桥梁,而不善交谈也是不善交往的重要标志。因此,有效地进行交往,把握交谈艺术十分必要。交谈艺术主要包括听和说两个方面。

学会听话,应做到以下两点:一是要耐心、虚心地倾听别人的意见,不要只顾自己说话。当别人正在讲话时,不要去打断。打断别人的讲话,是缺乏教养、不够虚心、不尊重别人的表现。二是要细心、专心听别人说话,常言道,听话听音,锣鼓听声。别人说话往往比较含蓄、婉转,因此,要解弦外之音,就必须仔细听。

同别人谈话,不仅要会听,还要善于说话,会表达自己的意见。在表达自己的意见时要注意以下几点:一是说话态度要诚恳,切莫油腔滑调。二是选用简明词汇,语调从容,通俗易懂。三是谈吐谦逊,不过分显露自己的才学,不使对方产生畏惧感和戒备心理。四是注意对方的反应。当发现对方对谈话内容失去兴趣时,要注意转换话题,谈论对方感兴趣的事情,并抓住适当时机结束谈话。

2.关注肢体语言

人们的行动往往是人们心理的反映,一个人心里的喜怒哀乐常常通过他们的神态、小动作体现出来,并且这些肢体语言通常是下意识的举动,因此,很少具有欺骗性。与人交往时,自己在听与说的过程中留心观察对方的肢体语言,会得到更加丰富和准确的信息,有意识地利用有效肢体语言为自己的人际交流和沟通服务,会使对方在不知不觉之中增加对自己的良好印象。

人的面部表情很丰富,眼睛、眉毛、鼻子等器官都会"说话"。眼神沉静,表明他对要处理的问题胸有成竹;眼神阴沉,表明戒备心很重;眼神不敢对视,表明不自信,撒谎。眉头紧缩表明犹豫不决;眉心舒展表明心情坦然。鼻子稍微张大表示一种得意或不满情绪;鼻头出汗表示紧张、焦躁。不同打招呼的姿势、吸烟姿势、站姿等都是一种语言,表明内心活动的语言。如背脊挺直、胸部挺起、双目平视的站立,说明有充分的自信;两手抠腰而立是具有自信心和精神上优势的表现;别腿交叉而立表示一种保留态度或轻微拒绝的意思,也是感到拘束和缺乏自信心的表示;将双手插入口袋而立,表明具有不坦露心思、暗中策划、盘算的倾向;若同时配合有弯腰曲背的姿势,则是心情沮丧或苦恼的反映。

知识拓展　　　　　　　　　　　　**人际距离**

人际距离是指一种个人空间,即交往时个体身体周围存在着的既不可见又不可分的空间范围。个人空间不是人们的共享空间,而是个体心理上所需要的最小空间,也叫身体缓冲区。心理学家认为个人空间在一般情况下是不容侵犯的,否则会使人感到心理空间的侵入危机,引起个体的焦虑和不安。假如有一天,你在一个大教室里看书,这时突然有一个陌生人坐在了紧靠你身边的位子,你会觉得这个人有点奇怪,明明有那么多的空位子,为什么非要坐在自己的身边呢?你一下子觉得别扭起来,如果是异性,你会怎么想?总之,不能再像刚才那样专心看书了,甚至你干脆换了一个位子。你的不舒服来自对方侵犯了你的个人空间。

美国心理学家霍尔(E.Hall)最早对人际沟通中的个人空间距离进行了

研究,通过研究,他把人际沟通与个人空间距离划分为四种常见的关系:(1)亲密距离:指有亲密接触的人在交往时的空间距离,如恋人间的情爱与抚摸等,双方一般的空间距离是0~50厘米;(2)个人距离:指有亲密友谊关系的人或日常生活中同事间在交往时的空间距离,彼此之间的一般距离为50~130厘米;(3)社交距离:指非个人化的或公务性的社会交往时的空间距离,相互间的距离一般是1.3~4米;(4)公共距离:指政治家、演职人员等公众性人物与公众的正规交往时的空间距离,一般为4米以上。

知识拓展

刺猬法则

所谓"刺猬法则"是说为了研究刺猬在寒冷冬天的生活习性,生物学家做了一个实验:把十几只刺猬放到户外的空地上,这些刺猬被冻得浑身发抖,为了取暖,它们只好紧紧地靠在一起,而相互靠拢后,又因为忍受不了彼此身上的长刺,很快就各自分开。可天气实在太冷了,它们又靠在一起取暖。然而,靠在一起时的刺痛使它们不得不再度分开。挨得太近,身上会被刺痛;离得太远,又冻得难受。就这样反反复复地分了又聚,聚了又分,不断地在受冻与受刺之间挣扎。最后,刺猬们终于找到了一个适中的距离,既可以相互取暖,又不至于被彼此刺伤。刺猬法则强调的就是人际交往中的心理距离。这个法则提醒我们,社会生活中的每个人都需要有个人空间,交往过程中,要保持适当的人际距离;运用到管理实践中,提醒管理者与下属保持亲密有间、不远不近的合作关系。

课后自习

一、心理测试

测测自己的交往修养

请在符合自己行为的选项上画圈。

1.在街上或其他场合,遇到认识的人_____。

  A.我总是热情打招呼　　　　　　　　　　　　B.有时打招呼,有时则不

  C.从来不打招呼

2.当你的朋友作出你极不赞成的事时_____。

A.与他断绝来往

B.会把你的感受告诉他,但仍然也与他保持友谊

C.告诫自己,此事与自己无关,同他的关系依然如故

3.如果别人严重伤害了你_____。

A.把此事牢牢记在心里,永不原谅他

B.原谅了他

C.原谅了他,但不会忘记此事

4.你乘坐公共汽车时,只要有座位_____。

A.你就抢占,无论有没有老弱病残　　　　　B.根据情绪好坏来定

C.总是让别人坐

5.你对待商店、饭店、咖啡店的售货员、服务员总跟对待朋友那样有礼貌_____。

A.是的　　　　　　　　B.偶尔这样　　　　　C.从来不

6.你买东西回家以后,发现售货员多找了5元钱,你立即去退还_____。

A.是的　　　　　　　　B.不一定　　　　　　C.不退还

7.旁边有人开心聊天使你不能集中精力学习时_____。

A.你会因为他们开心而高兴　　　　　　　　B.对他们发脾气

C.感到心烦

8.你在别人面前经常批评性地议论你的朋友吗_____。

A.经常　　　　　　　　B.很少,几乎没有　　C.有时

9.如果你讨厌的人交了好运_____。

A.你嫉妒　　　　　　　B.不太在乎,但觉得自己交到这种好运该多好

C.先认为此事对他确实是件好事

10.你属于哪种情况_____。

A.尽量使别人按你的观点看待或对待事物

B.对事物提出自己的观点和意见,不会为此与别人争论或尽量去说服他人

C.别人不直接问你,你不会主动说出自己的观点

11.你订的外卖不知被哪个缺德的人拿走了。趁没人看见,我也拿走一份别人的,反正我也没占便宜_____。

A.你总是这样认为　　　B.你从不这样想　　　C.偶尔这样

12.你看到有人面临危难时,尽管不认识,你也能挺身相救_____。

A.是的　　　　　　　　B.不一定　　　　　　C.不会

13.排队买东西时,你总想加塞,因为对你来说,时间就是金钱_____。

A.是的　　　　　　　　B.不一定　　　　　　C.不会

14.你做一件好事,别人误解了你,但你仍能坚持做到底_____。

    A.是的   B.不一定   C.不会

15.你在公共场合注意服装整洁大方_____。

    A.是的   B.不确定   C.不会

16.你认为_____。

    A.制定一些准则,对社会中人们的行为加以控制是必要的

    B.人必须有规可循,因为人需要控制

    C.对人加以限制是令人厌恶,而且是残酷的

17.如果你有信仰_____。

    A.你认为你的信仰是唯一正确的   B.尊重信仰自由

    C.没有信仰的人是愚昧的人

18.如果你是汉族,你会同一个少数民族的人结婚吗_____。

    A.会的   B.不会

    C.在没有仔细考虑某些具体问题之前,是不会的

19.如果你暂住在与你的家庭生活习惯完全不同的人家_____。

    A.你很高兴地去适应   B.你会感到恼火和无法忍受

    C.你觉得在短时间内还可以忍受,但时间一长就难以维持了

20.你最赞成下面哪种说法_____。

    A.我们不应当对别人的行为妄加评论,因为没有人能够完全理解别人的行为动机

    B.我们可以对别人的行为做些评论

    C.我们必须对别人的行为作出评价

修养水平计分表

选择项	A	B	C
试题号	得分		
1	1	2	3
2	3	1	2
3	3	1	2
4	3	2	1
5	1	2	3
6	1	2	3
7	1	3	2

选择项	A	B	C
试题号	得分		
8	3	1	2
9	3	2	1
10	3	1	2
11	3	1	2
12	1	2	3
13	3	2	1
14	1	2	3
15	1	2	3
16	1	2	3
17	2	1	3
18	1	3	2
19	1	3	2
20	1	2	3

计分方法：

按照自己的选项，查找到上表中对应的分值；再将所有题的得分累加在一起。总分划分为三个等级：20~30分为修养甚好；31~45分为修养尚可；46~60分为修养较差。

测试结果说明：

修养甚好：你是个倍受尊敬的人，你心胸开阔，能够充分意识到别人面临的困难，理解他们的难处，甚至当他们冒犯或伤害了你的感情时，你也能给予谅解，此外还严以律己，遵守社会的公德，因而你很受别人的欢迎，并会成为大家的好朋友。这种良好的心理状态及外部环境，定能使你人际关系融洽。

修养尚可：总体上说你还是属于有修养之人。但是你的为人处事的态度、想法，使得你同朋友的友谊不会持续很久。在许多没有价值的小事上，你也浪费了许多感情。如果你能把自己的生活经历再丰富一些，同人们交往再多一些，心胸再开阔一点，相信你就会是一个很受大家欢迎的人。

修养较差：你有些专横霸道，固执己见，且易于冒犯别人。希望你从现在开始，就注意自己的一言一行。

二、案例阅读

某学院本科二年级学生小A，来自南方的山村，父母均是农民。他排行最小，全家人都很疼爱他。小A自幼性格十分内向，孤僻，不善言谈，不会处事，很少与人交往。他聪明，踏实用功，成绩一向很好，从小学到高中毕业期间的十几年成长还算顺利。然而自上大学之后，小A开始感到许多事情总不顺心，尤其是如何与人交往、怎样处理人际关系的问题使他伤透了脑筋，吃尽了苦头。一年多来，小A与班上同学很不融洽，与同宿舍人曾发生过几次不小的冲突，关系相当紧张。后来他竟擅自搬出宿舍，与外班的同学住到一起。从此，小A基本上不和班上同学来往，集体活动也很少参加，与同学的感情淡漠，隔阂加重。他觉得自己没有一个能相互了解、相互信任、谈得来的知心朋友，常常感到特别的孤独和自卑，情绪烦躁，痛苦至极，而且无处倾诉。长期的苦恼和焦虑使小A患上了神经衰弱症。经常的失眠和头痛使他精神疲惫，体质下降。他曾想尽力克制自己，强打精神，力图用埋头学习的方法来减轻痛苦，冲淡烦恼。然而，事与愿违，由于他精力很难集中，学习效果很差，成绩急剧下降，后来竟出现考试不及格的现象。这让小A感到震惊和恐慌，心境和体质也越来越坏，深感自己已陷入病困叠加的境地而无力自拔，失去了坚持学习的信心。他开始厌倦学习，厌恶同学和班级，一天也不愿再在学校待下去了。于是，他听不进老师的劝告，也不顾家长的来信劝阻，坚持要求休学。

你是不是也在为小A惋惜，替他以后的命运担心？学习了本专题之后，你能不能给小A提供一些帮助呢？

三、课后思考

1. 影响人际交往的因素有哪些？在你的交往实践中，哪些因素发挥出了重要作用？

2. 大学生人际交往中有哪些不良心理？谈谈你经历过的交往困惑以及应对的办法。

3. 结合自身实际，谈一谈如何改善和提高自己的人际交往？

专题六 学会改变自己——人格心理

专题导读

本专题主要内容包括人格的概述、大学生人格心理发展的特点以及大学生塑造健全人格的方法。重点掌握培养健全人格的方法。

学习目标

1.知晓人格的概述和大学生的人格特点。
2.掌握大学生健全人格的方法,寻找通向健全人格之路,塑造健全的人格。
3.培养和完善公民人格、民族人格。

案例导航

一个名叫麦克的人失业后,心情极为糟糕。为了排解心中的苦闷,他找到了小镇上的牧师。牧师听完了麦克的诉说,把他带进一间古旧的小屋,小屋里唯一的一张桌上放着一杯水。牧师微笑着说:"你看这只杯子,它已经放在这儿很久了,几乎每天都有灰尘落在里面,但它依然澄清透明。你知道,这是为什么吗?"麦克认真思索,像是要看穿这杯子。他忽然说:"我懂了,所有的灰尘都沉淀在杯底了。"牧师赞同地点点头:"年轻人,生活中烦心的事很多,有些你越想忘掉越不易忘掉,那就记住它们好了。就像这杯水,如果你厌恶地振荡自己,会使整杯水都不得安宁,混浊一片,这是多么愚蠢的行为。如果你愿意慢慢地、静静地让它们沉淀下来,用宽广的胸怀去容纳它们,这样,心灵并未因此受到污染,反而更加纯净了。"

沉淀心灵,是一种人格砥砺、一种美丽、一种形而上的境界、一种厚积薄发的能量蓄势。外部环境固然对个体人格的养成有着很大的影响,但通过自我调适,个体的不良人格将得以改善并健康成长。

任务一　人格概述

一、人格的含义与特征

(一)人格的含义

从字源上看,我国古代汉语中没有"人格"这个词,只有"人性""人品""品格"等词。中文中的"人格"这个术语是从日文中引入的,而日文中的"人格"一词则来自对英文"personality"一词的意译。英语中的"personality"一词最早来源于拉丁文的"persona",本义是指面具。

随着西方古代语言学的发展,"人格"这一具体的专指面具的词被加以扩展和引申,以至于渐渐演变成一个抽象而又多义的名词,其使用范围非常广泛,在生理、心理、宗教、社会、伦理、法律和美学等不同领域被赋予不同的意义。这里所说的人格,是相对于认知、情绪、意志等而言的一种心理现象,亦称个性,它反映了一个人总的心理面貌,是指一个人在一生发展的漫长历程中,逐渐形成的表现为稳定的和持续的心理特点,以及行为方式的总和。这些心理特点主要包括以下几方面的内容:气质、性格、能力、兴趣、爱好、需要、理想、信念等,其中气质、性格是人格的重要组成部分。

(二)人格的特征

按照心理学的描述,人格具有以下几个基本特征。

1.人格具有整体性的特点

人格的整体性是指人格虽有多种成分和特性,但在一个现实的个体身上是错综复杂的,相互联系、相互作用组成一个有机的整体。正常人的活动并不是某一个特定成分(如性格或能力)运作的结果,而是各个成分密切联系、协调一致所进行的活动。人格的整体性表现在人格内在统一性上,一个失去了人格内在统一性的人,他的行为就会经常由几种相互抵触的动机支配,或者思想和行动相互抵触,导致心理冲突,导致人格分裂,形成"双重人格"或"多重人格"。

2.人格具有稳定性的特点

人格的稳定性并不意味着人格是一成不变的,而是指较为持久的一再出现的定型的东西。主要表现为两个方面:一是人格的跨时间的持续性;二是人格的跨情境的一致性。人格具有稳定性的同时也具有可塑性,它随着现实环境的变化也会发生某些变化。正在形成中的儿童的人格还不稳定,易受环境影响而发生变化。成年人的人格比较稳定,但对个人具有决定性影响的环境因素和机体因素,也有可能改变个人的人格,如移民异地、严重疾病、严重挫折等。

3.人格具有独特性的特点

人格的独特性是指人与人之间的心理和行为是各不相同的。也就是说,一个人的人格是由某些与别人共同的或相似的特征以及完全不同的特征错综复杂地交织在一起构成的独特的人格。由于人格结构组合的多样性,使每个人的人格都有自己的特点。当然,强调人格的独特性,并不排除人们在心理和行为上的共同性,人格是共同性和差异性的统一。同一民族、同一阶级、同一群体的人们具有相似的人格特征,文化人类学家把同一种文化陶冶出的共同的人格特征称为群体人格。

4.人格具有社会性的特点

人格受个体的生物性的制约。人格是在个体的遗传和生物性的基础上形成的。人的自然的生物特性不能预定人格的发展方向,然而,它却构成人格形成的基础,影响着人格发展方向和方式,影响着某些人格特征形成的难易。在充分看到人格的生物性的同时,绝不能把人格归结为是先天固定下来的;也不能把人格发展看成是由遗传所决定的特征的成熟过程。人格是个体的自然性和社会性的综合。人格是社会的人所特有的,是在社会化的过程中形成的。

二、影响人格发展的因素

(一)先天遗传因素

人的心理能否遗传?历史上历来有遗传决定论和环境决定论之争。但根据对刚出生的婴儿的观察发现,有的婴儿哭声洪亮,好动,是兴奋型;有的婴儿哭声细微,安静,是抑制型。这样的神经类型的特点显然是遗传的。寄养研究也表明,通过寄养的精神病人的子女患精神病的概率比正常人的子女高得多。说明血缘关系越近,病态人格的发生率越高,表明遗传对人格的影响确实存在。

(二)后天环境因素

1.文化环境的影响

所谓社会文化环境因素,包括社会制度、经济状况、阶级差别、民族传统、风俗习惯、伦理道德观念和教育方式等。人从诞生之日起,就无时无刻不在受社会文化环境的影响,在特定的社会文化关系中不断地成长成熟。从这个意义而言,人不仅仅是一个生物个体,更多地体现为一个社会成员,生物的人在成长过程中,会随时随地地对社会要求作出各种独特的反应,调节个体生物需要与社会文化环境的关系,主动或被动地实现个体社会化的过程。

2.家庭影响

家庭是儿童最早接受社会化的地方,而父母就是社会化的最初媒介。家庭对孩子人格的塑造起着重要作用。家庭对人格的影响包括:家庭的组成状况、家庭的社会地位、父母的人格特征及夫妻关系、父母的教养态度及教养方式等。例如,父母性格比较温和,经常表扬子女的良好表现,并且以身作则,其子女往往具有较强的独立性和自信心,人际关系和谐;溺爱型家庭成长的孩子在人格上表现为依赖性强,遇事退缩,缺乏同情,情绪不稳定,自制能力和自信心差,易受别人意见左右;民主型家庭的孩子常常表现出自立、自信,能主动解决自己的困难,情绪稳定,易理解他人。

知识拓展

心理实验

美国比较心理学家哈利·哈洛,在一群猴子宝宝身上实施了残忍的"母爱剥夺实验",让人们看到了缺少温情长大的小猴子,是如何一步步走向绝望的深渊。这一系列实验,影响了后来的"安全依恋研究",也改变了无数人类婴儿的命运。尽管实验十分残酷,却扭转了人们对母婴关系的看法,造福了后人。

哈洛实验也最终证明了:曾经被细心呵护、温柔拥抱、及时回应的孩子,才会成长为更独立、更能适应社会的大人。

实验1:小猴子刚出生就从猴妈妈身边被带走。哈洛做了两种"假妈妈":一种是铁线绕成的"铁线妈妈",但有奶水和提供温暖的灯泡。另一种是软布做的"柔软妈妈",这个妈妈只有触觉抚慰,没有奶水。哈洛写道:"一个是柔软、温暖的母亲,一个是有着无限耐心、可以24小时提供奶水的母亲……"

小猴子们在饥饿驱使下,它们会找到"铁线妈妈"吮吸,但只要一填饱肚子,它们就会尽快回到"柔软妈妈"那里。绝大部分时间里,小猴子们都紧紧抱着没有乳汁的"柔软妈妈"。

实验2:小猴子从出生开始,经历了8个月"无母亲无同伴"生活后,它们被放进有两个假妈妈的笼子里。当可怕的机器人出现时,它们不会奔向任何一个假妈妈,因为它们从来没有跟假妈妈相处的经验。它们绝望地抱着自己、摇摆身子、瘫倒在地、尖叫不已,这是它们安抚自己的办法。

这些小猴子长大后也几乎无法融入猴群,它们更胆小,或敌意过重。当其他猴子欺负它们时,它们就开始自残,撕扯自己的毛、胳膊和腿。这些小猴子里的雌猴后来即使当了母亲,也无法照顾好自己的幼猴。

哈洛的后续研究发现,一旦小猴子出生后跟母猴分离超过90天(估计人类的等效时间为6个月），这种伤害之后就难以或不可能补偿初始情绪安全的丧失。即使此后再跟母亲或伙伴相处，它也永远无法成长为正常猴子，某个"关键期"被错过后，情感纽带很难再次建立。

3.学校影响

学校对学生人格的影响主要是校园文化的影响以及教师和同伴的影响。

校园文化是大学生人格健康发展的重要影响因素。校园文化构成了高校的育人环境，具有导向、调适、辐射和凝聚的作用，对大学生的人格发展起着潜移默化的影响。例如，学校是否关心学生人格的培养和非智力因素的发展，是否鼓励学生自由发展。学校如果一味强调智育，忽视体育和德育，会对学生产生不良影响。目前，我国教育模式正在从应试教育向素质教育转变，更加关注学生的人格发展和健康，这对提高全民族的素质至关重要。

人格在实践过程中形成，在人与人交往的过程中形成。教师的言行举止、情绪反应方式都可能成为学生模仿的对象，从而潜移默化地影响学生待人处事的方式、学习的态度和对自己的看法等。这种影响在中小学生中尤其明显。到了大学，教师仍然是影响大学生人格成长的重要人文环境因素。

同伴的影响在大学生中更为显著，因为这个年龄阶段的青少年更倾向于赢得同龄人的赞许和认可，同辈群体之间的共同语言、共同情感体验、共同需要使他们相互认同、相互模仿、相互接纳，获得心理上的满足，提供了一个适合他们心理适应和发展的小环境。

知识拓展　　　　　　　　　　**人格特征对大学生交友的影响**

心理学研究发现，大学生交朋友非常重视人格特征，比较有人缘的学生一般具有以下人格特点：一视同仁、有同情心、待人热情开朗、有责任感、忠厚诚实、谦逊、独立思考、兴趣爱好广泛等。而在学生中不受欢迎的人具有的人格表现为：自我为中心、不为他人着想、缺乏责任感、把自己置身于集体之外、不尊重他人、操纵欲支配欲强、对他人冷漠、孤僻、不合群、情绪不稳、喜怒无常、狂妄自大、自命不凡、气量小、人际关系过于敏感、嫉妒心强、有敌意、不求上进、生活懒散、兴趣贫乏等。同伴对人格的影响主要取决于群体内的价值取向。比如，成绩好的小群体内，话题多是学习、成绩、升学等，这种价值上的认同可以使在学习上相互竞争，相互启发，坚定信念，获得支持。相反，则会产生消极的影响。

4.大众传媒

大众传媒是指报刊、图书、影视、广播等工具,面向大众的信息沟通方式。大众传播迅速地向人们提供社会事件、社会变革的消息,还向人们提供各种不同的角色模式、角色评价、价值标准、行为规范等,对个体的发展起着潜移默化的影响。特别是,随着网络时代的到来,网络已经成为大学生活中必不可少的成分,网络正在改变着大学生的生活方式、学习方式、交往方式,网络对大学生人格的影响也越来越大。网络的方便快捷满足了大学生求知的愿望,拓宽了大学生的视野;网络的人格化特征与大学生张扬人格的特点不谋而合,学生在网上可以自由表达自己的思想、观点,展现自己独特的人格,满足好奇心。大多数学生上网的动机主要源于获取更多更新的知识、交朋友、发布信息、通信、玩游戏等。但也有一部分学生沉溺于网络,脱离现实生活,患上网络综合征,影响了正常的生活,影响了人格的健康发展。

知识拓展

24种人格力量

1.好奇心	2.爱学习	3.头脑开明
4.创造	5.社会智商	6.洞察力
7.勇敢(勇气)	8.持久	9.正直
10.善良	11.爱	12.公民权
13.公正	14.领导能力	15.自律
16.谨慎	17.欣赏美丽和卓越	18.感恩
19.希望	20.精神信仰	21.谦虚和谦逊
22.幽默	23.有活力	24.宽恕和仁慈

三、人格的主要结构

(一)气质

1.气质概念及类型

气质是人格结构中比较稳定的并与遗传素质联系密切的成分。气质反映的是人们心理活动动力方面的特征,指心理过程的强度、速度、稳定性、灵活性等方面的特点。心理过程的强度指的是情绪和意志力的强度。如有的人性子急,脾气大,火气壮;有的人慢性子,遇事不慌不忙,不紧不慢;有人意志力强,愈挫愈奋;有人意志薄弱。心理过程的速度指反应的快慢。心理过程的稳定性指注意力时间的长短,有人能持久关注一件事,有人兴趣不稳,经常转移。心理过程的灵活性指思维的灵活性,有人能举一反三,变通思维,有人僵化保守。

气质分类与名称的由来

气质是个古老的概念，早在公元前5世纪，古希腊医生希波克拉特假设人体内有四种体液：血液、黄胆汁、黏液和黑胆汁，人体的体液就是这四种体液按照一定比例组合而成的混合液。他将这种混合液称为克拉西斯(cra - sis)，译成现代汉语就是气质。这四种体液在人体内的比例是不同的，人体的血液占优势属于多血质；人体内黄胆汁占优势属于胆汁质；人体内黏液占优势属于黏液质；人体内黑胆汁占优势属于抑郁质。用体液来解释气质，虽然缺乏科学根据，但希波克拉特对气质类型的划分，与日常观察中概括出来的四种气质类型比较符合，所以关于气质的这种分类一直沿用至今。

人们把气质分为多血质、胆汁质、黏液质和抑郁质四种类型，每种不同的气质类型都具有不同的心理和行为特征。

多血质：属于敏捷而好动类型，神经过程强而平衡且灵活性强。感受性低；耐受性高；反应快而灵活；情绪兴奋性高；外部表露明显；外倾性明显；行为可塑性大。行为特征是：活泼好动，敏感，反应迅速，喜欢与人交往，注意力容易转移，兴趣容易变换，情绪易表现和变换，对行为的改造比较容易等。属于这种气质类型的人更容易适应环境的变化，性情开朗热情，善于交际，在群体中精神愉快，相处自然；在工作和学习上肯动脑筋，办事效率高；对外界事物有广泛的兴趣。但是他们往往不安于现状，情绪不够稳定，容易浮躁，缺乏耐心和坚持性。

胆汁质：属于兴奋而热烈的类型，神经过程强而不平衡。感受性低；有一定耐受性；反应快而灵活；情绪兴奋性高；抑制能力差；外倾性明显，行为有一定可塑性。行为特征是：直率热情，精力旺盛，情绪易于冲动，心境变换剧烈，脾气急躁，对兴奋性行为的改造较不容易等。这种气质类型的人一般表现为有理想抱负，有独立见解；行为果断，表里如一；有魄力敢于负责，喜欢指挥别人。但是，他们往往比较粗心，缺乏自制力，容易感情用事，刚愎自用。

黏液质：属于沉默而安静类型，神经过程强而平衡且灵活性低。感受性低；耐受性高；反应速度缓慢，具有稳定性；情绪兴奋性低；内倾性明显；行为有一定可塑性。行为特征表现为：安静，稳重，反应缓慢，沉默寡言，情绪不易外露，注意力稳定又难于转移，善于忍耐，对兴奋性行为的改造容易等。属于这种气质类型的人无论环境如何变化，都能基本保持心理平衡，凡事力求稳妥、深思熟虑,一般不做无把握的事,具有很强的自我克制能力,很少流露内心真实情感;与人交往时,态度稳重适度,不爱抛头露面;行动缓慢而沉着,能够恪守既定的生活秩序和工作制度。但是他们往往过于拘谨,不善于随机应变,墨守成规,常常沉稳有余,灵活性不足。

抑郁质:属于呆板而羞涩的类型,神经过程呈弱型。感受性高;耐受性低;反应速度慢,刻板而不灵活;情绪兴奋性高而体验深;内倾性特别明显;行为可塑性小。行为特征表现为:孤僻胆小,行动迟缓,不易动情,体验深刻细心,感受性很强,敏感多疑,缺乏果断和自信,精力较不足,忍耐力较差,对行为的改造较难等。这种气质类型的人喜欢独处,交往拘束;常医微不足道的小事引起神经紧张,情绪波动;极少对外表露自己的情感,但内心体验却相当深刻;他们遇事三思而后行,求稳不求快,因而显得迟缓刻板;性情怯弱自卑,优柔寡断。

四种气质类型的表现见图6-1。

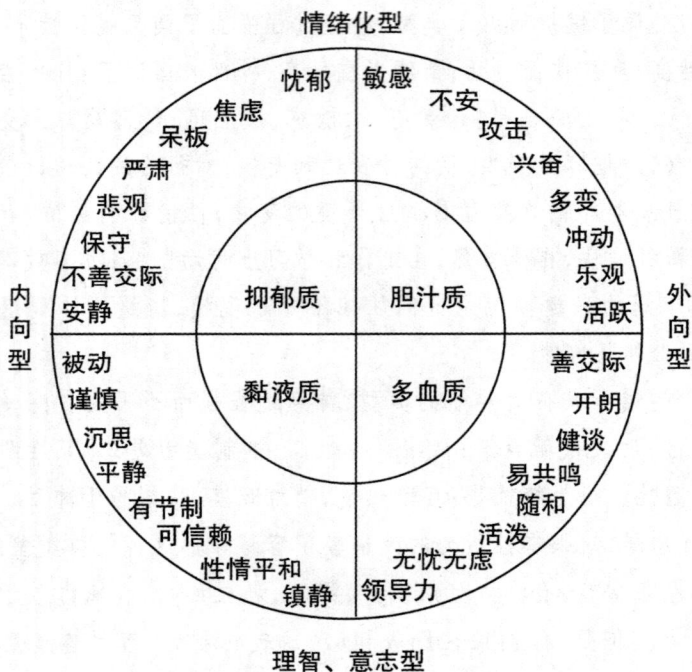

图6-1 四种气质类型

气质主要是由人先天的高级神经活动类型决定的。仅使人的行为带有某种动力的特征,没有好坏之分。每一种气质类型都有其积极的方面,也都有其消极的方面。气质也有一定的可塑性,大学生可以通过环境、学校教育和自我教育等途径,自觉地发扬自己气质中的积极方面,努力克服气质中的消极方面。气质不决定一个人性格的倾向性和能力的发展水平,也不决定一个人活动的社会价值和成就的高低。俄国的4位著名作家就是四种气质的代表,普希金具有明显的胆汁质特征,赫尔岑具有多血质的特征,克雷洛夫属于黏液质,而果戈理属于抑郁质。气质相同的人可以成为对社会作出重大贡献、品德高尚的人,也可以成为一事无成、品德低劣的人。

伊万·彼德罗维奇·巴甫洛夫是高级神经活动学说的创始人,高级神经活动生理学的奠基人,条件反射理论的建构者。俄国生理学家、心理学家、医师。1904年,获得了诺贝尔生理学或医学奖。

巴甫洛夫认为人的气质是由人的高级神经活动类型决定的。大脑皮层的基本神经过程有强度、均衡性和灵活性三种基本特性。根据这三种特性可以将个体的神经活动分为不同的神经活动类型:兴奋型、活泼型、安静型和抑制型。详见表6-1。

表6-1 高级神经活动类型与气质类型的关系

高级神经活动类型		气质类型
强、不平衡	兴奋型	胆汁质
强、平衡、灵活	活泼型	多血质
强、平衡、不灵活	安静型	黏液质
弱	抑制型	抑郁质

2.气质的现实意义

(1)气质对学习活动的影响。气质类型不决定一个人智力水平,但影响智力活动的特点。胆汁质学生思维敏捷,学习热情高,刚强,但粗心、急躁;多血质学生机智灵敏,适应性好,兴趣广泛,但烦躁、不踏实;黏液质学生刻苦认真,但迟缓、不灵活;抑郁质学生思维深刻,谨慎细心,但迟缓、精力不足。

(2)气质对职业的影响。某些气质特征往往能为个人从事某种职业活动提供有利条件。胆汁质者可以成为出色的导游、推销员、节目主持人、演讲者、外事接待人员、演员、监督员等,他们适应于喧闹、嘈杂的工作环境,而对于需要长期安坐、细心检查的工作则难以胜任。多血质者适宜的工作有外交工作、管理工作、公关人员、驾驶员、医生、律师、运动员、新闻记者、演员、军人、警察等,他们不适宜做过细的工作,单调机械的工作也难以胜任。外科医生、法官、管理人员、会计、保育员、话务员、播音员等是黏液质者比较能适应的工作,变化、灵活的工作使他们感到压力。对于抑郁质者来说,胆汁质无法胜任的工作他们倒恰到好处,如校对、打字、检查员、化验员、保管员、机要秘书、艺术工作等都是他们理想的工作。

(3)气质对人际交往的影响。人际交往上,胆汁质易怒,容易产生人际冲突,但直率、心眼好,比较义气;多血质新朋友多,老朋友少,交际广泛,主动热情;黏液质新朋友少,老朋友关系持久,交往缺乏主动性;抑郁质通常找同频率的人。因此,如果向黏液质者提出要求,应让他有时间考虑;对抑郁质者应多给予关心和鼓励;与胆汁质者打交道应避免发生冲突等。

(4)气质对环境适应能力的影响。环境是在不断变化的,遇到变化的环境,一个人怎样应付,能否自如,这是对一个人适应环境能力的检验。一般来说,多血质的人机智灵敏,容易用很巧妙的办法应付环境的变化;黏液质的人常用克己忍耐的方法应付环境,也能达到目的;胆汁质的人脾气暴躁,在不顺心的时候容易产生攻击行为,造成不良后果;抑郁质的人过于敏感,比较脆弱,容易受到伤害,感受到挫折。后两种类型的人适应环境的能力都不强。

(5)气质对人身心健康的影响。心身医学告诉我们,心理和身体是相互联系、相互影响、相互制约、相互转化的。一般来说,积极愉快的情绪能够提高人的大脑和神经系统的活动能力,增强人对生活和工作的兴趣和信心;消极不良的情绪会使人的心理活动失去平衡,甚至会造成身体器官及其生理生化过程的异常。不同气质类型的人情绪兴奋性的强度不同,情绪兴奋性或太强或太弱,适应环境的能力都比较差,容易影响到身体的健康。现代医学证明人的气质特性与人的身心健康有关系。美国两位医生曾对某大学的毕业生进行了30年的追踪研究,发现易发怒的学生中有77.3%患了癌症、高血压、心血管病、良性瘤等疾病,而安静与开朗的学生中患各种疾病的只有25%和26.7%。

(二)性格

1.性格的概念

性格是一个人比较稳定的对现实的态度和习惯化了的行为方式,是人格结构中表现最明显,也是最重要的心理特征。

2.性格的结构

表6-2　性格的结构及其表现形成

性格结构	性格表现
态度特征	自私或无私;合群或孤僻;认真或粗心;谦虚或骄傲
理智特征	感知、记忆、想象、思维特征
情绪特征	平静易控制或大起大落不易自控
意志特征	自制或冲动;坚毅或动摇;勇敢或胆怯;果断或迟疑

性格的这些结构当中,态度特征和意志特征最为主要,它们直接表现了人对事物

的倾向和影响方式。而所有这四方面特征是相互联系、彼此制约的,在它们共同作用下个体才形成了不同于他人的独特性格。并且性格会随个人的角色转变、环境和情境的变化以及自我要求的不同而呈现出不同的特征,从而使人的性格表现具有丰富性和复杂性。

(三)性格与气质的关系

性格和气质都是描写个体典型行为的概念,这两个概念既有区别又有联系。

1.性格和气质的区别

(1)从起源方面看:气质是先天形成的,一般产生于个体发育的早期阶段,主要体现为神经类型的自然表现。性格是后天形成的,在个体生命的早期,并没有性格的表现。性格是行为主体与社会环境相互作用的产物,反映了人的社会属性。

(2)从可塑性方面看:气质变化较慢,可塑性较小,即使可能改变,也很困难。性格的可塑性较大,环境对性格的塑造作用是明显的,即使已经形成的性格是较稳定的,改变起来也要比气质容易。

(3)从社会评价方面看:气质无好坏善恶之分,不能作社会评价;性格有好坏善恶之分,可以作社会评价。因为气质所指的典型行为特征,如胆汁质的暴烈,多血质的活泼、灵巧,指的是一个人心理活动动力方面的特征,与个人行为的内容无关。而性格特征主要是指一个人行为的内容,反映了行为主体与社会环境的关系,如一个人对集体、对他人、对工作的态度,有好坏善恶之分。

2.性格和气质的联系

性格和气质既有区别,又有联系;既相互依赖,又相互制约。

(1)气质对性格能够产生影响和作用。一个人性格特征的形成,主要依赖于其接受教育的方式和其与社会相互作用的性质和方法。而气质会影响一个人接受教育的环境和与社会相互作用的方式,这种影响在儿童的早期即可表现出来。如有的婴儿喜欢哭或笑,有的婴儿安静或好动。这些不同的气质特征必然会对家庭环境产生不同的影响和作用,引起父母或其他哺育者不同的行为反应,这些不同的行为反应,反过来也就必然会影响一个人性格的形成。气质还影响性格特征形成和改造的速度。例如,要形成严谨自律的性格,胆汁质类型的人往往需要极大的努力和克制;而抑郁质类型的人,则比较容易形成,不用特别的控制和努力。

(2)性格也能对气质产生影响和作用。性格对气质有掩蔽作用,可以在一定程度上掩盖或改变气质,使气质服从于生活实践的要求。例如,领导者必须具备冷静、沉着、稳重等性格特征,在长期从事领导实践活动的锻炼中,这种性格特征的形成,有可能掩盖或改造胆汁质类型的人易冲动和不可遏制的气质特征,使其更像是黏液质的气质类型。

任务二　人格特质表现

大学生正处于青年中期,在这一时期,大学生的身体和心理迅速发展成熟,情感体验日益深化,并随着对社会的了解逐渐深入。他们开始关注自我,渴望发现自我的价值,产生强烈的归属感,渴望友谊但又崇尚孤独,表现出情绪上的动荡和思想行为的不确定性。

一、大学生人格心理的特点

(一)不稳定性

根据德裔美国心理学家库尔特·勒温的观点,青年期是由儿童的"心理场"向成人的"心理场"的过渡时期,由于"生活空间"扩大、社会的变迁以及自身社会角色的过渡,造成大学生在未知的环境中难以确定自己的行为方式。因此,在这一时期,大学生表现出的一些人格特征带有显著的不稳定性。如有时表现出空前的自信,认为自己无所不能,而有时又极度地自卑,认为自己一无是处。而且两者可反复出现,使大学生情绪不稳、易于激动、烦躁、不安,常处于情绪的动荡状态。这是由于大学生在走向社会的过程中正在建立新的适应社会的人格模式,因此,表现出的一些人格品质是过渡性的,随着年龄的增长和社会化的加深,即成人期的到来,才会形成相对稳定的人格。

(二)冲突性

进入青年期的大学生,开始摆脱儿童期的对自我和外界的肤浅的认识,将注意力集中到重新发现自我上来。尤其是对于新生,环境的变化、学习压力的加大、同学间的竞争常使他们失去既往的心理平衡,在内心掀起巨大的波澜。自我的重新认知也使其思想行为陷入自我矛盾的尴尬境地,表现在与人交往中,虽然内心渴望得到友谊和关怀,却因怕被拒绝而作出冷漠、高傲的姿态;在对父母的感情上,有时会产生感激父母的爱但不满其教育方式的两种矛盾的情感。

(三)可塑性

人格的发展和变化并不是在童年就停止了,而是整个一生都在继续着。人格的发展经历幼儿期、少年期、青年期、中年期和老年期几个阶段。而青年期是人格走向成熟、由量变到质变的重要时期,在这一时期,受学校、社会等后天环境以及自身知识的积累,生活经历的影响,其人格常会有较大的改变,美国认知教育心理学家奥苏贝尔(D. P. Ausubel)甚至提出青年期是人格再构成的时期。这说明,处于青年期的大学生,其人格还未真正定型,具有较强的可塑性,因此,大学阶段是大学生人格发展的重要时期。大学生人格发展可塑性的特点,也正是我们加强大学生人格教育的理论依据。

二、大学生常见的人格缺陷

人格发展缺陷指介于正常人与人格障碍之间的一种人格状态,也可以说是一种人格发展的不良倾向。大学生常见的人格发展缺陷有自卑、懒散、拖拉、粗心、鲁莽、急躁、悲观、孤僻、多疑、抑郁、狭隘、冷漠、被动、骄傲、虚荣、焦虑、嫉妒、自我中心、敌对、冲动、脆弱、浪费等。这里我们主要分析自卑、懒散、嫉妒、自我中心等几种缺陷。

(一)自卑

自卑感是对自己不满意、鄙视、否定自己的情感。主要表现为缺乏自信,自惭形秽,行动上退缩不前,不敢抛头露面,不敢展示和表现自己的长处。自卑的实质是自我评价过低。

案例分析

进入大学后,姗姗产生了"相对平庸化"的感觉,感到自己不再像以前那样出类拔萃和优秀,进而开始怀疑自己、否定自己,拿自己的劣势与别人的优势相比较,觉得自己一无是处,于是产生自卑心理。姗姗表现得过于敏感,自尊心很强,经不起批评和失败。在人际交往中也表现出过强的自我防御能力,以防止自己受到打击伤害。

姗姗要摆脱自卑的阴影,首先要正确评价自己,多找自己的长处,悦纳自己,相信"天生我材必有用",努力寻找成功的体验。其次,要付诸行动。正确分析自己的优势和劣势以后,应通过积极的行动使优势发扬光大,增强取胜的信心;同时也要通过加倍的努力,不断缩小与别人的差距。大学里,诸如学习、人际交往等能力,是大学生将来安身立命的基础,是事业成功的根本;其他的如个人才艺等方面,可以视情况而定,能够赶上的那是锦上添花的好事,不能赶上,也要允许自己有"不如别人的权利"。对此,应有"阿Q"式的自我宽慰、自我原谅的平和心态。

(二)懒散

懒散是一种不好的行为习惯,是一种不能按自己意愿行事的精神状态,是大学生中常见的人格缺陷。懒散影响大学生的学习效率,影响大学生的进取精神,使大学生陷入颓废、混沌状态,不满现状又不去改变,常怀羞愧、后悔之心,每日生活在无奈、自责、内疚之中。但是，谁都知道惰性的危害，它就像腐蚀剂，侵蚀青年学生的身体和心灵，消耗人的能量，阻碍人的发展。正如《明日歌》中所说那样："明日复明日，明日何其多。我生待明日，万事成蹉跎。"蹉跎岁月，虚掷光阴，对于大学生而言无异于葬送生命。因此，必须克服懒惰这个行为习惯。

首先，要培养坚强的意志品质。在校学习是一件艰苦而持之以恒的事情，也是大学生每天必须面对的事情。既然无法回避又逃脱不了，不如凭借意志的力量，来不断战胜惰性，催促自己不断向前，用渴望成功的喜悦感来战胜由于惰性而带来的失败感。越是躲避拖拉，心理压力就越大，失败感就越强。

其次，养成"立即动手"的习惯。许多事情之所以拖延下来，往往在于该做的时候没有去做，后来就很难再找到合适的机会去做了。惰性虽然使人暂时摆脱了艰苦的学习工作，但却积压了过多的负担和压力，长此以往，必定陷入"惰性—拖延—低效能—情绪困扰—失败下自我否定"的恶性循环中，给大学生的身心健康带来极大影响。因此，必须要从小事做起，一旦计划制订和任务明确，就要立即着手，不要在心理上给自己的懒惰拖拉找任何借口，否则，就进行自我惩罚。久而久之，良好的"立即动手"的习惯就养成了。

最后，要做到今日事今日毕。每天可以按照保加利亚共产党领袖季米特洛夫的方法进行一次认真的清理，检查一下自己该做的事是否做完，如果没有做完，按照"事不过夜"的原则，想办法及早完成。长此下去，就能养成"今日事今日毕"的好习惯了。一名大学生叙述了自己懒散的问题。季米特洛夫曾经说过："青年人谁在睡下时不想想一天中学会了什么东西，他就没前进。虽然日常工作很多，你们必须好好组织自己的工作，要找出时间来考虑一下一天中做了些什么，是正号还是负号？假如是正号——很好；假如是负号，那就要采取措施。"

案例分析

某大二学生在高中阶段学习成绩在年级里名列前茅。进入大学后，认为高中阶段活得太累，在大学里要活得潇洒一点，因而长期没有奋斗的目标。英语四级考试不通过，不着急；不参加学校里的任何社团，班级活动也没有兴趣；白天逃课睡觉，晚上通宵达旦地打游戏。偶有自责心理，但又找了不同的借口不了了之。目前，学习成绩一落千丈，已经挂了几门"红灯"。

很多人认为考上了大学就完全轻松了，不需要学习了，而且离开家了，诱惑也多了，所以尽情地放松自己、放纵自己，从一个十分努力的人变成了毫无自制力又懒散的大学生，完全荒废了大学生活。

大学生活的确轻松了，但在这轻松的背后还是不要忘了学生的本职工作，毕竟，今天的努力是为了明天完美的自己。

（三）嫉妒

古往今来，嫉妒就像一股祸水，不知害了多少人，尤其是被称作"尖子"的人才。跨世纪的大学生是祖国的未来，民族的希望，大学校园里游荡着嫉妒之魂，于己于国都是有百害而无一益。大学生必须要克服消除嫉妒心理。

首先，要充分认识嫉妒之害。嫉妒不能增加个人才干。哲学家罗素认为，嫉妒者"不是从自己拥有的一切里汲取快乐，而是从他人拥有的东西中汲取痛苦。只要他能够，就设法去剥夺他人的优点长处"。嫉妒者由于经常生活在憎恨当中，憎恨自己无法剥夺他人的优点长处，憎恨他人比自己更优越，因而得到的是无尽的痛苦。它损伤自己的健康，严重的可导致精神疾病；它使人失去知心朋友，葬送自己前程，不仅如此，嫉妒还会对整个社会产生负面作用，构成某种伤害，其害无穷。

其次，要加强和发挥自我意识的正确导向作用。嫉妒缘于深层自卑。嫉妒者由于对自己的能力、品质等评价过低，遇到挫折后转向外部攻击，即以嫉妒来进行心理补偿。生活中每个人都会遭遇挫折，因此，嫉妒可能是极易存活在人类生命深处的某种共性。有人以歪曲的形式爆发出来，形成嫉妒，而有人却把它压抑下去，甚至将其改造、转化、升华为前进的动力，主要原因是自我意识的正确导向作用。因此，大学生平时要不断提高自我认识能力、心理承受能力、道德修养能力和自我实现能力，一旦嫉妒情绪出现，就能发挥强大的自我意识对嫉妒的导向作用，调整个人的认识结构，增强自信，增强对他人和社会的认识与理解，重建和谐而没有或少有嫉妒的良好人际关系。

最后，要宁静致远，勇于进取。面对强手如林、竞争激烈的学校和社会，大学生要经常保持自然恬淡、宁静平和的心境，胸怀宽阔，坦然面对别人的成就和荣誉，这样就不会贬人抬己；要有自知之明，正视自己的缺点短处，重视别人的优点长处，这样就不会以己之长比人之短；要勇于进取，奋发有为，以自己的聪明才智和能力堂堂正正地与对手比高低。这是克服嫉妒的根本方法。

案例分析

小A与小B是某艺术院校大三的学生，同在一个宿舍生活。入学不久，两个人成了形影不离的好朋友。小A活泼开朗，小B性格内向，沉默寡言，小B逐渐觉得自己像一只丑小鸭，而小A却像一位美丽的公主，心里很不是滋味，她认为小A处处都比自己强，把风头占尽，时常以冷眼对小A。大学三年级，小A参加了学院组织的服装设计大赛，并得了一等奖，小B得知这一消息先是痛不欲生，而后妒火中烧，趁小A不在宿舍之机将小A的参赛作品都撕成了碎片，扔在小A的床上。小A发现后，不知道怎样对待小B，更想不通为什么她要遭受这样的对待？小A与小B从形影不离到反目为仇的变化令人十分惋惜。

引起这场悲剧的根源，关键在于嫉妒。嫉妒心理是一种损人损己的病态心理，严重影响自己的身心健康。大学生要认清嫉妒的危害,嫉妒别人的人一方面影响了自己的身心健康,另一方面由于整日沉溺于对别人的嫉妒之中,没有充沛的精力去思考如何提高自己,恰恰又继续延误了自己的前途。除此之外,还必须建立正确的竞争意识,对手之间互相取之所长,共同进步。

(四)自我中心

自我中心就是以自己意志为主导,过分关注自我,不顾及他人利益和思想,从而在行动上和观念上表现出自私自利、我行我素的特征和处世态度。当代大学生基本上都是独生子女,在一片"呵护声"和"满足感"中长大,或许缺乏利益分享、相互关心、礼仪谦让、公平兼顾的家庭教育环境和环节,在自我意识的形成中逐渐养成了"唯我独尊、妄自尊大"的心理和行为习惯。要改变这种缺陷,可以从以下几个方面入手。

一要积极有意识地关注自我意识的表现。从心理卫生角度看,自我中心是自我意识过强的表现,通过不良行为习惯表现出来。只要大学生能积极主动地关注这些不良习惯,从心理上引起高度警觉和重视,一旦出现,马上予以纠正,并用心理的力量有意识地加以控制和引导,应该说是可以改变的。

二要加强自我修养,逐渐培养宽容豁达之心。社会本是群体共生的领地,千人千面,既要允许自己生存,也要允许别人以既定的自身个性存在,而不管这种个性是什么。有一句格言叫"生活,也让别人生活",说的就是互相包容、以求共存的道理。

三要培养乐于助人的精神。友善和乐于助人的人是从给予和奉献中体验一种超然于个人利益之上的崇高的人生感悟,这是持久的和受人尊敬的。大学生应该在集体生活中学会如何体谅他人直到帮助他人,重新获得他人的认同,重建和谐的人际关系,从而获得一种崭新的人生体验。

任务三　健全人格的培养

健全人格是生物进化所赋予人的本性在充分发挥时所能达到的境界,是人类应该追求的价值目标。具有健全人格的人是心理健康者,他们能有意识地控制自己的生活,掌握自己的命运;他们能意识到自己的优点和弱点、善与恶,并且容忍和认可它们,他们不是生活在往事之中,而是坚定地立足于现在,并注意到未来的目标和任务。

一、健康人格的标准

自20世纪50年代以来,西方心理学领域受潜能研究的影响,越来越重视对健康人格等方面的研究。很多心理学家根据他们的临床经验,运用心理测验等方法,对高健康水平的人进行了研究,总结出了不少健康人格的模式。

(一)马斯洛"自我实现者"模型

美国人本主义心理学家马斯洛(A.H.Maslow,1908—1970)强调人的自我实现。他研究那些能够充分发挥自己才能,全力以赴地工作,并把工作做得最出色的人,如贝多芬、斯宾诺莎、歌德、爱因斯坦、詹姆斯、弗洛伊德、杰弗逊、罗斯福和林肯等。马斯洛根据自己的长期观察概括出自我实现者具有以下特征:良好的现实知觉;对自己、他人和现实表现出高度的接纳;有自发性和率真性;以问题为中心;有独处的需要;高度的自主性,不受环境和文化的支配;高品位的鉴赏力,对普通生活的新鲜感;常常有高峰体验;关心社会;能与他人建立友谊;具有民主的性格结构;强烈的道德感和独立的善恶判断能力;善意的幽默感;富有创造性;不受现实文化规范的束缚。

马斯洛理论把需求分成生理的需要、安全的需要、归属与爱的需要、尊重的需要和自我实现的需要五类,依次由较低层次到较高层次(如图6-2所示)。

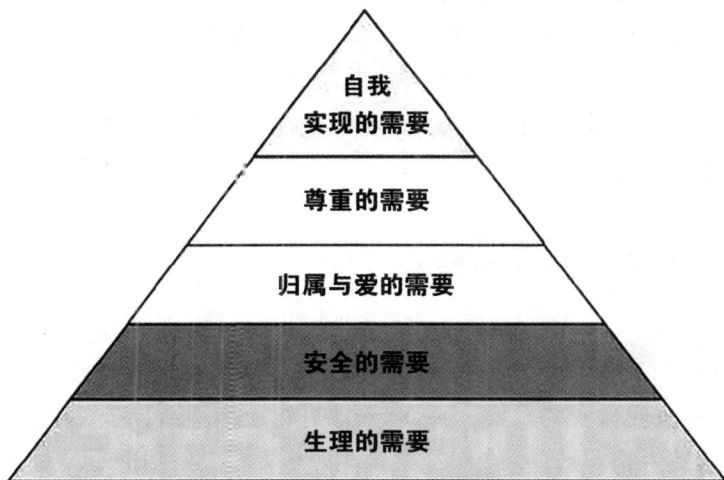

图6-2　马斯洛需求层次理论

(二)奥尔波特的"成熟者"模型

美国心理学家、人格特质论的倡导者奥尔波特认为,健康人是在理性和有意识的水平上活动,对刺激他们活动的力量完全是能够意识到的,是可以控制的。他认为健康人的视线应该指向当前和未来的事件,而不是指向童年的事件。他把心理健康水平高的人称为"成熟者",根据多年在哈佛大学的研究,他从"成熟者"身上归纳出七个特色:有自我扩展的能力;人际关系融洽;情绪上有安全感;具有现实性知觉;专注地投入自己的工作;客观地看待自己;着眼未来,有定向一致的人生观。

(三)罗杰斯的"功能充分发挥者"模型

美国人本主义心理学家、人本疗法的创始人罗杰斯(C.R.Rogers,1902—1987)认为,健全人格不应该理解为人的状态,而是过程或趋势。罗杰斯把"功能充分发挥者"的优秀特征概括为五个方面:他们的社会经验都能进入意识领域,具有经验的开放性;协调的自我;以自己的内在评价机制来评价经验;自我关注;乐意给他人以无条件的关怀,能与其他人高度协调。

(四)弗洛姆的"创发者"模型

弗洛姆(E.Fromm,1900—1980)是一位从社会哲学方面探讨人格的理论心理学家。他既批判地接受弗洛伊德的学说,又受到精神分析社会文化学派新理论的影响。他认为每个人都有充分利用自己潜能成长和发展的固有倾向,由于社会本身的压抑和不合理,很多人未能达到心理健康的状态,病态的社会产生了病态的人格。他强调社会变革在产生大量健康者或"创发者"方面的重要性。他认为"创发者"有四个方面的特征:创发性爱情,这是一种自由平等的关系,相爱的双方都可以保持他们的人格,创发性的爱会使人意识到与被爱者有密切关系,意识到关怀被爱者;创发性思维,它会使人真正意识到与思维对象的关系,意识到对思维对象的关心;有真正的幸福体验,即身心健康,个体各种潜能得到实现的状态;以良心为定向系统,"创发者"有一种特殊的良心,弗洛姆称其为"人本主义良心",它引导人们实现人格的充分发展和表现,并使人获得幸福感。

二、大学生健康人格的培养方法

(一)认识自我,优化人格整合

认识自我是改变自我的开始,为了有效地进行人格塑造,应该首先充分了解自己的人格状况,明确人格塑造的目标、内容、途径、方法。人格塑造也就是为了实现优化人格整合,以达到人格的健全。整合是要使人格的各个方面逐渐由最初的互不相关,发展到和谐一致状态的过程。优化的过程即选择某些优良的人格特征作为自己努力的目标,同时针对自己人格上的缺点、弱点予以纠正。

(二)接纳自我

(1)停止与自己对立。不论自认为做了多少不合适的事,这些事有多少不足,从现在起,停止对自己的挑剔和责备,要学习站在自己这一边,维护自己生命的尊严和价值。

（2）停止苛求自己。具体就是，允许自己犯错误，但在犯错后要作出补偿以弥补自己的错误所造成的损失，同时要尽量避免再犯同样的错误。

（3）停止否认或逃避自己的负性情绪。如果产生了负性情绪，不要去抑制否认或掩饰它，更不要责备自己、对自己生气。要学会坦然地承认并且接纳自己的负性情绪，不论它是沮丧、愤怒、焦虑还是敌意。如果一个人不为自己的成绩差而沮丧，他就不会努力学习；如果一个人不为和别人的矛盾而苦恼，他就不知道自己的人际交往方式需要调整。所以，不要怕产生负性情绪，也不要否认或逃避，要学会接纳它，之后再想办法解决引起负性情绪的问题。

（4）无条件地接纳自己。绝大多数大学生从小就受到种种关注或者严格的管束，致使很多人以为只有具备某种条件，如漂亮的外表、优秀的学习成绩、过人的专长等，才能获得被自己和他人接纳的资格，于是背上了自卑的包袱。由于他们曾经被挑剔，也就逐渐习惯于用挑剔的目光看待自己，从而更加无法接纳自己。所以，大学生要学习做自己的朋友，接受并且关心自己的身体和心理状况，无条件地接纳自己的一切。

（5）以建设性的态度和方法对待自己的弱点和错误。如果一个人能够正视并且接纳自己的弱点，那么弱点也是有意义的。它让我们懂得自己的局限性，使我们不至于狂妄自大，并且使我们懂得尊重有相应长处的人。

（三）努力学习科学文化知识

不少人格发展缺陷源于无知，无知容易使人自卑、粗鲁，丰富的知识则使人自信、坚强、理智。各学科的全面发展是人格健全发展的智力基础，因为各学科的知识同处于一个庞大的系统中，彼此之间既相互联系，又能在各自的发展中相互迁移、相互促进。可以说，有了智力基础，人格发展的速度与质量才有保证。

（四）积极参加实践活动，从小事做起

实践是人格发展的必由之路。无论是知识的获取、能力的形成，还是意志的磨练都离不开实践。优化人格整合要从眼前的小事做起，无数良好的小事可最终构建成优良的人格大厦。

（五）发展良好的人际关系，融入集体

人格发展、塑造的过程是个体实现社会化的过程，是个体与他人、集体、社会相互作用的过程。人格是在行为中表现的，健全的人格也只有在与人交往中才能体现出来。塑造健全人格，必须发展良好的人际关系：尊重社会习俗、关心他人的需要、真诚地赞美、多与他人沟通意见、保持自尊和独立等。

（六）锻炼身体，强健体魄

人格发展的过程是体质、心理因素与智力因素协同作用、相互促进的过程，健康

的体质是人格健全发展的物质基础。一个体弱多病的人是难以发展健全人格的,拖拉、懒惰、急躁、怯懦等人格发展缺陷与不坚持体育锻炼明显有关。

(七)防止"过犹不及"

凡事都有度,人格发展和表现的度是十分重要的,人格塑造过程中应把握辩证法,掌握好度,否则就会过犹不及,适得其反。具体说来,应该是:自信而不自负,自谦而不自卑,勇敢而不鲁莽,果断而不冒失,稳重而不犹豫,谨慎而不怯懦,豪放而不粗俗,好强而不逞强,活泼而不轻浮,机敏而不多疑,忠厚而不愚昧,干练而不世故,等等。度的把握还表现在不同的人格特质要协调发展,做到"刚柔"兼济,对于"刚"者应多发展些"柔",对于"柔"者应多发展些"刚",这样才能形成合理、和谐的人格结构。

课后自习

一、心理测试

(一)人格简易测验(自我实现)

对下面的陈述,按以下标准选择与你最符合的选项。1=不同意;2=比较不同意;3=比较同意;4=同意。

1.我不为自己的情绪特征感到丢脸。

2.我觉得我必须做别人期望我做的事。

3.我相信人的本质是善良的、可信的。

4.我觉得可以对我爱的人发脾气。

5.别人应该赞赏我做的事情。

6.我不能接受自己的弱点。

7.我能够赞许、喜欢他人。

8.我害怕失败。

9.我不愿意分析那些复杂问题并把它们简化。

10.做一个你想做的人比做一个随大流的人更好。

11.在生活中,我没有明确的要为之献身的目标。

12.我由着性子表达我的情绪,不管后果如何。

13.我没有帮助别人的责任。

14.我总是害怕自己不够完美。

15.我被别人爱是因为我对别人付出了爱。

计分方式：

计分时,对以下各题反向计分:2、5、6、8、11、13、14(1=4、2=3、3=2、4=1)。然后把15题的得分相加。

测试结果说明：

这项测验是琼斯和克兰戴尔编制的一项关于自我实现的简短测试。可以把你的得分和下面大学生的常模进行比较。

男生:平均分:45.02;标准差:4.95。

女生:平均分:46.07;标准差:4.79。

分数越高,说明在你人生的某个阶段,越有可能达到自我实现。

（二）气质类型测试

下面60道题,可以帮助我们大致确定自己的气质类型。在回答这些问题时,你认为:很符合自己情况2分;比较符合1分;介于符合与不符合之间0分;比较不符合-1分;完全不符合-2分。

1.做事力求稳妥,一般不做无把握的事。

2.遇到可气的事情就怒不可遏,想把心里话全说出来才痛快。

3.宁可一个人做事,也不愿很多人一起。

4.到一个新环境很快就能适应。

5.厌恶那些强烈的刺激,如尖叫、噪音、危险情境等。

6.和人争吵时,总是先发制人,喜欢挑衅。

7.喜欢安静的环境。

8.善于和人交往。

9.羡慕那种善于克制自己感情的人。

10.生活有规律,很少违反作息制度。

11.在多数情况下情绪是乐观的。

12.碰到陌生人觉得很拘束。

13.遇到令人气愤的事,能很好地自我克制。

14.做事总是有旺盛的精力。

15.遇到问题总是举棋不定,优柔寡断。

16.在人群中从不觉得过分拘束。

17.情绪高昂时,觉得干什么都有趣;情绪低落时,又觉得什么都没意思。

18.当注意力集中于一事物时,别的事很难使我分心。

19.理解问题总比别人快。

20.碰到危险情境,常有一种极度恐惧感。

21.对学习、工作、事业怀有很高的热情。

22. 能够长时间做枯燥、单调的工作。

23. 符合兴趣的事情干起来劲头十足,否则就不想干。

24. 一点小事就能引起情绪波动。

25. 讨厌做那种需要耐心、细致的工作。

26. 与人交往不卑不亢。

27. 喜欢参加热烈的活动。

28. 爱看感情细腻、描写人物内心活动的文学作品。

29. 工作学习时间长了,常感到厌倦。

30. 不喜欢长时间谈论一个问题,愿意实际动手干。

31. 宁愿侃侃而谈,也不愿窃窃私语。

32. 别人总是说我闷闷不乐。

33. 理解问题常比别人慢些。

34. 疲倦时只要短暂的休息就能精神抖擞,重新投入工作。

35. 心里有话宁愿自己想,也不愿说出来。

36. 认准一个目标就希望尽快实现,不达目的,誓不罢休。

37. 学习、工作同样一段时间后,常比别人更疲倦。

38. 做事有些莽撞,常常不考虑后果。

39. 老师讲授新知识时,总希望他讲得慢些,多重复几遍。

40. 能够很快地忘记那些不愉快的事情。

41. 做作业或完成一件工作总比别人花的时间多。

42. 喜欢运动量大的剧烈体育运动或参加各种文艺活动。

43. 不能很快地把注意力从一件事转移到另一件事上去。

44. 接受一个任务后,就希望能把它迅速解决。

45. 认为墨守成规比冒风险强些。

46. 能够同时注意几件事物。

47. 当我烦闷的时候,别人很难使我高兴起来。

48. 爱看情节起伏跌宕、激动人心的小说。

49. 对工作抱认真严谨、始终一贯的态度。

50. 和周围人的关系总是相处不好。

51. 喜欢复习学过的知识,重复做能熟练做的工作。

52. 希望做变化大、花样多的工作。

53. 小时候会背的诗歌,我似乎比别人记得清楚。

54. 别人说我"出语伤人",可我并不觉得这样。

55. 在体育活动中,常因反应慢而落后。

56. 反应敏捷、头脑机智。

57.喜欢有条理而不甚麻烦的工作。

58.兴奋的事常使我失眠。

59.老师讲新概念,常常听不懂,但是弄懂了以后很难忘记。

60.假如工作枯燥无味,马上就会情绪低落。

计分方式:

计算每种气质类型的总得分数。

多血质:4、8、11、16、19、23、25、29、34、40、44、46、52、56、60题

胆汁质:2、6、9、14、17、21、27、31、36、38、42、48、50、54、58题

黏液质:1、7、10、13、18、22、26、30、33、39、43、45、49、55、57题

抑郁质:3、5、12、15、20、24、28、32、35、37、41、47、51、53、59题

测试结果说明:

如果某类气质得分均高出其他三种4分以上,则可定为该类气质。如果该类气质得分超过20分,则为典型;如果该类得分在10~20分,则为一般型。

两种气质类型得分接近,其差异低于3分,而且又明显高于其他两种,高出4分以上,则可定为这两种气质的混合型。三种气质得分均高于第四种,而且接近,则为三种气质的混合型。

一般来说,正分值越高,表明该项气质特征越明显,反之,正分值越低或得负分值,表明越不具备该项气质特征。

需要强调的是,运用短时的观察和实验法来确定气质类型时,有一定的局限性。全面而准确的测定需要通过长时间和多方面的观察,并结合对被试整个生活历程的了解和分析,才能真正看出一个人高级神经活动类型的最稳定的特征。因此,气质的问卷调查对被试气质类型的确定只是一种"大致的确定"。

(三)性格倾向性自测量表

在性格类型的划分中,以性格倾向性的分类最为常用。下面是内曼和科尔施特设计的性格倾向性自测量表。共50个题目,25个属于外向,25个属于内向。如果提问的内容符合自己的情况。就在"是"上面划"√";如果不符合就在"否"上面划"√";如果你不能确定"是"或"否"可以不回答。回答时不要想怎样回答好或怎样回答不好,你实际上是怎样的,就实事求是地回答。

1.独断独行。　　　　　　　　　　　　　　　　是(否)

2.快乐的人生观。　　　　　　　　　　　　　　(是)否

3.喜欢安闲。　　　　　　　　　　　　　　　　是(否)

4.对人十分信任。　　　　　　　　　　　　　　(是)否

5.考虑5年以后的事。　　　　　　　　　　　　是(否)

6.不愿参加集体活动。　　　　　　　　　　　　是(否)

7.能在大庭广众下工作。　　　　　　　　　　　(是)否

8.常做同样的工作　　　　　　　　　　　　　　是(否)

9. 觉得集会乐趣与个别交际无异。　　　　　　　　　　（是）否

10. 三思而后决定。　　　　　　　　　　　　　　　　是（否）

11. 不愿别人提示，而愿自己出主意。　　　　　　　　是（否）

12. 喜欢热闹的娱乐活动。　　　　　　　　　　　　　是（否）

13. 工作时不愿人在旁边观看。　　　　　　　　　　　是（否）

14. 厌弃呆板的工作。　　　　　　　　　　　　　　　（是）否

15. 宁愿节省而不愿耗费。　　　　　　　　　　　　　是（否）

16. 不常分析自己的思想动机。　　　　　　　　　　　（是）否

17. 好作冥思苦想。　　　　　　　　　　　　　　　　是（否）

18. 做自己擅长的工作时愿意有人在旁观看。　　　　　（是）否

19. 发怒时不加抑制。　　　　　　　　　　　　　　　（是）否

20. 工作因受人赞赏而改进。　　　　　　　　　　　　（是）否

21. 喜欢兴奋紧张的劳动。　　　　　　　　　　　　　（是）否

22. 常回想自己的过去。　　　　　　　　　　　　　　是（否）

23. 愿做群众运动的领袖。　　　　　　　　　　　　　（是）否

24. 公开演说。　　　　　　　　　　　　　　　　　　（是）否

25. 想使梦想成为事实。　　　　　　　　　　　　　　是（否）

26. 很讲究写应酬信。　　　　　　　　　　　　　　　是（否）

27. 做事粗糙。　　　　　　　　　　　　　　　　　　（是）否

28. 深思熟虑。　　　　　　　　　　　　　　　　　　是（否）

29. 能将强烈的情绪（喜、怒、悲等）表现出来。　　　（是）否

30. 不拘小节。　　　　　　　　　　　　　　　　　　（是）否

31. 对人十分关心。　　　　　　　　　　　　　　　　是（否）

32. 与观点不同的人自由联络。　　　　　　　　　　　（是）否

33. 喜欢猜疑。　　　　　　　　　　　　　　　　　　是（否）

34. 轻信人言，不假思索。　　　　　　　　　　　　　（是）否

35. 愿意读书，不愿做实际工作。　　　　　　　　　　是（否）

36. 好读书不求甚解。　　　　　　　　　　　　　　　（是）否

37. 常写日记。　　　　　　　　　　　　　　　　　　是（否）

38. 在公共场合中肃静无声。　　　　　　　　　　　　（是）否

39. 不得已而动作。　　　　　　　　　　　　　　　　（是）否

40. 不愿回想自己的以往。　　　　　　　　　　　　　（是）否

41. 工作有计划。　　　　　　　　　　　　　　　　　是（否）

42. 常变换工作。　　　　　　　　　　　　　　　　　（是）否

43. 对麻烦事情愿避免而不愿承担。　　　　　　　　　是（否）

44. 重视谣言。　　　　　　　　　　　　　　　　　　是（否）

45. 信任别人。 （是）否

46. 除非极熟悉的人，否则不轻易信任。 是（否）

47. 愿意研究别人而不研究自己。 （是）否

48. 放假期间愿找安静的地方休假而不喜热闹场所。 是（否）

49. 意见常变化而不固定。 （是）否

50. 愿参加任何场合的演说。 （是）否

分数统计和解释：

先统计被划"√"的带括号的（是）和（否）的总数，即外向性反映总数。然后计算向性指数。

$$向性指数 = \frac{外向性反映总数 + \frac{1}{2}（没有回答题总数）}{25} \times 100$$

一般来说，向性指数为70分以上者为外向性格，分值越大越外向。向性指数在70分以下为内向，分值越小越典型。

二、案例阅读

洪战辉是湖南怀化学院的一名大学生。从高中起，他一边勤工俭学，一边照顾患病的父亲和捡来的小妹妹。

他心地善良。在他12岁那年，父亲由于精神病发作摔死了年仅1岁的妹妹，之后离家出走。几个月后，当他父亲回家时，带回了一个被遗弃的女婴。这个"小不点"的到来，虽然给家里带来了久违的欢乐。但十分贫寒的家境，使他母亲不得不作出将"小不点"再次丢出去，让别人拣走的决定，当洪战辉看到"小不点"那依恋哥哥的可爱神情时，毅然决定留下了这个可爱的妹妹。可见他那善良的心地是多么的坚定和顽强。

他热爱学习。留下妹妹以后，父亲依然病魔缠身，母亲不堪忍受家境的艰难弃家出走。从此，照顾家人的重担落在了年仅13岁的洪战辉的肩膀上。但他从未想过辍学。1997年，洪战辉考上了省重点高中。由于学校离家太远，洪战辉决定带着3岁的妹妹上高中。这是他最艰难的时期。每天打工挣钱成了他繁重学业之后最大的任务。这期间，洪战辉虽然曾因为父亲再次犯病一度辍学，但他还是坚持下来了。2003年，他考上了湖南怀化学院经济管理系。

他意志坚强。记者在洪战辉的家里看到他13岁抄录的贴在墙壁上"超越自我"的座右铭，在那样艰苦的生活环境里，他不但要自己坚持学习，还要照顾好那个拣来的妹妹、重病在身的父亲的生活，还一点儿也没有耽搁那个拣来的妹妹的学习。上小学时，一天往返从学校到家来回奔波；尽管连自己都生活十分艰难，上高中上大学也把妹妹带在身边，找个学校让她读书，打工、做小买卖，吃尽了苦头也从没有退缩过，从没有动摇过生活、上进和抚养那个与自己没有一点儿血缘关系的妹妹成人的信念。不难想象，洪战辉忍受了多少艰难痛苦，他所表现出来的顽强意志是常人不能做到的。

他有豁达乐观的人生态度。尽管洪战辉在小小的年纪里，就历尽艰辛、受尽磨

难,但他从没有向别人道过苦,也没有向别人乞求过,更没有怨天尤人,始终表现出了豁达乐观的人生态度。他如此动人的故事从没有张扬过,只有要带着妹妹上大学这个特殊事件才惊动了学校、惊动了老师和同学,学校破例同意他带妹妹上学的请求,并给他们单独安排了一间宿舍。广大师生还自发为他捐款,可都被他婉言谢绝。他甚至还用打工挣来的钱资助了另外一名贫困生。

三、课后思考

1.如何培养当代大学生健康的个性特征?

2.结合自身特点说一说你属于哪种气质类型?

3.思考我们的个性倾向为什么能影响心理健康?

专题七　别被情绪左右——情绪心理

专题导读

本专题主要内容包括情绪和情商的基本内容、情绪心理的多种类别和主要作用；了解大学生情绪心理的主要特点和主要问题，掌握管理和调节情绪的有效方法和技巧，努力提高自己的情商水平。

学习目标

1.把握情绪心理的内涵和本质特点，熟悉情绪心理的种类。

2.了解大学生的情绪心理特点以及存在的情绪问题。

3.掌握管理情绪的有效方法和技巧；培养热爱伟大中华民族和伟大国家的高尚情绪情感。

案例导航

在发达国家企业界，人事主管们普遍认为，"智商使人得以录用，而情商使人得以晋升"。一个著名的案例是，被誉为新泽西聪明工程师思想库的贝尔实验室一位经理受命列出他手下工作绩效最佳的人。从他所列出的名单看，那些被认为工作绩效最好的人不是具有最高智商的人，而是那些情绪传递得到回应的人。与在社会交往方面不灵、性格孤僻的天才相比，那些良好的合作者和善于与同事相处的员工更可能得到为达到自己的目标所需的合作。另一个案例是，美国创造性领导研究中心的大卫·坎普尔及同事在研究"出轨的主管人中"（指昙花一现的主管人员）时发现，这些人之所以失败不是因为技术上的无能，而是因为人际关系方面的缺陷。

任务一　读懂情绪情商

情绪是我们对外面世界正常的心理反应,我们必须做的是不能让自己成为情绪的奴隶,不能让那些消极因素的心境左右我们的生活。学会控制情绪是我们成功和快乐的要诀。

一、什么是情绪

情绪指的是客观事物是否满足人的需要而产生的态度体验。情绪与需要紧密相关,它是基于人的各种需要而产生的。需要得到满足了,人们一般会产生积极的情绪,反之,则产生消极的情绪。在情绪产生的过程中,人们会有以下几方面的反应。

首先,情绪是一种主观体验。由于喜、怒、哀、乐、惧等主观感受不同,不同的人对不同的事物或者不同时间、地点和条件下的同样事物,感受可能是不同的。任何一种情绪都有情绪体验。

其次,任何一种情绪都伴随着一定程度的生理唤醒。当我们产生某种情绪体验时,身体内部也会发生相应的变化。例如,当我们害怕时,会有心跳和呼吸加快、四肢发抖、肌肉紧张等生理反应。

最后,情绪总是或隐或现地表现为外在行为。例如,当自己所希望的球队获胜时,会不由自主地喜笑颜开;当遇到困难和挫折时,会愁容满面。一个人悲伤时,会语调低沉、语速缓慢、语言断断续续;而当人兴奋时,则会语调高昂,语速加快,声音抑扬顿挫、清晰有力。

主观体验、生理唤醒和外在行为作为情绪的三个组成部分,在评定情绪时缺一不可。只有三者同时活动,同时存在,才能构成一个完整的情绪体验过程。而只有其中一种成分或两种成分时,不会产生一个真正的情绪过程。

二、情绪的种类

情绪是人的本能的反应,是低级的,是原始的。根据情绪的表现以及表现的程度、所处的环境的影响、情绪的性质等因素,从不同的角度对情绪进行了科学的划分。

（一）根据情绪体验划分

1.快乐

快乐是一种在追求并达到所盼望的目的时、需要得到满足时所产生的情绪体验。比如，人们工作顺利，在工作中得到了同事的认可和领导的表扬，自然会产生快乐和愉快的情绪体验。人们在节假日外出旅游，在欣赏优美的自然风光的时候，身心自然会感到非常愉悦。人们家庭幸福，孩子顺利成长，老人身体强健，夫妻工作称心、感情和睦，自然也会产生快乐的情绪体验。一般来讲，只要人的需要得到轻微的满足，就会引起快乐的情绪。

2.愤怒

愤怒是由于人的需要没有得到满足、产生紧张并且紧张的情绪得到积累而产生的情绪体验。我们所熟悉的那句话"冲动是魔鬼"，往往就是愤怒情绪产生所导致的。愤怒的程度取决于对妨碍达到目标对象的意识程度。愤怒从弱到强的变化是：轻微不满—愠怒—怒—愤怒—暴怒。

3.悲哀

悲哀是指失去自己心爱的对象或自己所追求的愿望破灭时所产生的情绪体验。悲哀的程度取决于所失去的对象和破灭的愿望对个人或社会的价值的大小。悲哀按程度的差异表现为失望—遗憾—难过—悲伤—哀痛。个人家庭的变故、亲人的丧失、恋人的拒绝、考试成绩不理想等，都会使人们感受到这种情绪给人带来的痛楚。

4.喜爱

喜爱是指对象满足需要而产生的情绪体验。喜爱表现为接近、参与、欣赏或获得。事物、活动、艺术品和人，都可以是人们所喜爱的对象，引起人们喜爱的情绪体验。喜爱往往与人的兴趣相关，人们倾向对符合自己兴趣的事物产生喜爱。

5.恐惧

由于自身的能力有限，或者是当遇到突发事件时缺乏理智，产生了一种对于情境的无能为力的感觉，进而产生极度的害怕，这种情绪就是恐惧。例如，小孩怕打针、人们怕走夜道、害怕暴力等都是恐惧的表现，这些只是强度上的差异。恐惧作为一种强烈的情绪，比其他的情绪更具有感染性，它能够导致知觉范围变窄、思维缓慢和动作刻板，对人的认知和行为活动产生抑制作用，出现情绪战胜理智的情况。

（二）基于情绪表现程度划分

1.情调

情调是一种伴随感觉而产生的情绪。这种伴随着感觉的情绪，似乎感受物本身就带有特殊的情绪负荷。当我们说到"美妙的嗓音""浪漫的夜晚""怒吼的波涛""难闻的气味"等的时候，这里人所感知到的"嗓音""夜晚""波涛""气味"都带有一种特殊的情绪色调。

案例分析

美国一家铁路公司,有一位调车员叫尼克,他工作认真负责,不过有一个缺点,就是他对自己的人生很悲观,常以否定的眼光去看世界。有一天,同事们为了赶着去给老板过生日,都提早急急忙忙地走了。不巧的是,尼克不小心被关在了一辆冰柜车里,无法把门打开。于是他在冰柜里拼命地敲打着、叫喊着,可由于除他之外全公司的人都走了,没有一个人来给他开门。尼克的手敲得红肿,喉咙喊得沙哑,也没有人理睬,最后他只得绝望地坐在地上喘息。他想,冰柜里的温度在零下20摄氏度以下,如果再不出去肯定会被冻死的。他愈想愈可怕,最后只好用发抖的手,找来纸和笔,写下了遗书。在遗书里,他写道:"我知道在这么冷的冰柜里,我肯定会被冻死的,所以……"当第二天公司职员打开冰柜时,发现了尼克的尸体。同事们感到十分惊讶,因为冰柜里的冷冻开关并没有启动,而这巨大的冰柜里也有足够的氧气,尼克竟然被"冻"死了!

2.心境

心境是一种比较微弱、平静而持久的情绪体验。它平静而微弱,持续而弥散。心境由于具有弥散的特点,某种心境在某一段时间内影响着一个人的全部生活,使人的语言、行动及全部情绪,都染上了这种心境的色彩。一个人在快乐、愉悦的心境中,自然会感染上"高兴的色彩",这时人们的心情是愉悦的,觉得干什么都高兴,看谁都顺眼,对一切感到满意,做事的效率也高。相反,如果一个人处在悲伤、难过、哀愁的心境中,就会染上"悲伤的色彩"。在这样的心境中,仿佛觉得做什么都没有意思,没有心情,没有干劲,看什么都是"灰色"的,做起事情来当然没有效果。

案例分析

有位秀才第三次进京赶考,住在以前住的店里。考试前两天他做了两个梦:第一个梦是梦到自己在墙上种白菜;第二个梦是下雨天,他戴了斗笠还打伞。这两个梦似乎有些深意,秀才第二天就赶紧去找算命的解梦。算命的一听,连拍大腿说:"你还是回家吧,你想想,高墙上种菜不是白费劲吗?戴斗笠还打雨伞不是多此一举吗?"秀才一听,心灰意冷,回店收拾包袱准备回家。店老板非常奇怪,问:"不是明天才考试吗,今天你怎么就回乡了?"秀才如此这般说了一番,店老板乐了:"哟,我也会解梦的。我倒觉得,你这次一定要留下来。你想想,墙上种菜不是高种吗?戴斗笠打伞不是说明你这次有备无患吗?"秀才一听,更有道理,于是精神振奋地参加考试,居然中了个探花。

3.热情

热情是一种强有力的、稳定而深厚的情绪体验。热情有两个基本特征:第一,热情非常强有力,它是鼓舞人行为的巨大的力量和动力;第二,热情是深厚的,稳定而且持久,它能鼓舞人长期坚持不懈地做某些事情。最重要的是,在热情的情绪状态下,人的内心是愉快的、满足的,会产生积极的情绪体验。

4.激情

激情是一种猛烈的、迅速爆发而短暂的情绪表现,例如狂喜、恐惧、绝望、愤怒等,都属于这种情绪状态。人们在激情状态下,会激发出极大的潜力和动力,会克服困难努力完成工作。当然,在这种情绪下,人们容易产生过激的行为,有时可能会造成无法挽回的后果。激情持续的时间不宜过长,否则会对人的身心造成非常不良的影响。

5.应激

应激是指出乎意料的危险情景突然发生时人所表现出来的情绪高度紧张状态。在两种情况下,会产生应激的情绪。一种是遇到突发的、紧急的、难以控制的突发事件,如火灾、爆炸、地震、车辆制动失灵、飞机失事等事故的突然发生,人们在这种情况下,往往惊慌失措,思维混乱,行为异常;一种是由于长期的工作和生活压力所导致的精神紧张状态,也就是人们通常所说的"亚健康"。在这种情况下,会引发一系列生理和心理反应,如肌肉紧张、心率加快、呼吸变快、血压升高、血糖增高等生理反应以及焦虑、急躁、抑郁、心神不安等心理反应。

自我测验 ✓

通过表现各种情绪来探究自己的情绪,提高情绪的自我觉察能力。

(1)表现出高兴、愤怒、害怕、悲伤、惊奇、厌恶等情绪的表情。

(2)写出代表喜、怒、哀、惧四种基本情绪的词汇,写得越多越好。

喜:＿＿＿＿＿＿＿＿＿＿＿＿＿＿＿＿＿＿＿＿＿＿＿＿＿＿

怒:＿＿＿＿＿＿＿＿＿＿＿＿＿＿＿＿＿＿＿＿＿＿＿＿＿＿

哀:＿＿＿＿＿＿＿＿＿＿＿＿＿＿＿＿＿＿＿＿＿＿＿＿＿＿

惧:＿＿＿＿＿＿＿＿＿＿＿＿＿＿＿＿＿＿＿＿＿＿＿＿＿＿

三、情商

情绪智力,简称"情商",由两位美国心理学家约翰·梅耶和彼得·萨洛维于1990年首先提出。它是指个体监控自己及他人的情绪和情感,并识别、利用这些信息指导自己的思想和行为的能力。

美国著名的心理学家、情商研究的专家丹尼尔·戈尔曼说过:"真正决定一个人成功与否的关键是情商 EQ 而非智商 IQ。"那么，什么是情商呢？简单地说，情商就是调节和控制自己情绪的能力。情商不仅与情绪有关，而且与性格、意志力、调适能力、自信心、人际交往能力等综合素质有关。一般认为，人的情商主要包括：①了解自己的情绪。能立刻察觉自己的情绪，了解产生情绪的原因，了解别人的情绪。②理解别人的感觉。察觉别人的真正需要，具有同情心，控制自己的情绪。③能够安抚自己，摆脱强烈的焦虑忧郁以及控制刺激情绪的根源，激励自己。④能够整顿情绪，让自己朝着一定的目标努力，增强注意力与创造力，维系融洽的人际关系。⑤能够理解并适应别人的情绪。

案例分析

有一次，周恩来总理招待外宾，上来一道汤菜，里面的冬笋片是按照民族图案刻的，在汤里一翻身恰巧变成了法西斯的标志。外客见此，不禁大惊失色。周恩来总理对此也感到突然，但他随即泰然自若地解释道："这不是法西斯的标志！这是我们中国传统文化中的一种图案，念'万'，象征'福寿绵长'的意思，是对客人的良好祝愿！"接着他又风趣地说："就算是法西斯标志也没有关系嘛！我们大家一起来消灭法西斯，把它吃掉！"话音未落，宾主双方哈哈大笑，气氛更加热烈，这道汤也被客人们喝得精光。

任务二　情绪心理分析

大学生的生活离不开情绪。它与大学生的生活、学习、人际交往、个人发展密切相关，是大学生对外面世界正常的心理反应。把握大学生的情绪特点，了解他们的情绪困扰，帮助他们学会调控自己情绪的方法与技巧，会有助于他们心理健康发展。

一、大学生情绪的特点

（一）情绪的起伏性

他们的情绪体验表现为强烈地对生活和活动充满热情和激情，高兴时欢呼雀跃，不满时愤怒至极，义愤填膺。他们有时朝气蓬勃，对未来生活充满了美好的遐想和憧憬，对现实生活有强烈的情绪体验。当事情符合他们的主观意愿时，他们往往是心花怒放，容易产生积极的情绪体验；当事情没有符合他们的主观要求时，他们往往是心灰意冷，消沉失望，容易产生消极的情绪体验。大学生的这种情绪情感特点在其心理发展过程中是由于个体需求与现实社会生活的矛盾引发的,不管过分高兴还是过于烦恼,都与大学生的思维发展水平和发展特点分不开。

(二)情绪的冲动性

大学生群体兴趣广泛,对外界事物较为敏感,加之年轻气盛和从众心理,因而在许多情况下,其情绪易被激发,犹如急风暴雨不计后果,带有很大的激情性和冲动性。同样刺激情境,对成年人来说,可能不会引起明显的情绪反应,但却能引起大学生较强烈的情绪体验。他们对各种事物比较敏感,反应迅速,遇事容易冲动。例如,在大学校园中的打架、斗殴事件就是因为对一些小事的处理不够冷静,进而发展到激怒,导致意外的事情发生。

(三)情绪的多样性

大学生的情绪体验更加丰富多彩,并随着自我意识的不断发展和各种需要、兴趣的扩展而表现为更加丰富、敏感、细腻和深刻,并更加带有社会内容的情感体验。在自我情感方面,不仅限于对个人禀赋、体魄的自我认识,还发展为对个人地位、名望,以及自己的个性特征、智能因素、道德水准等方面的自我认识。在社会情感方面,旺盛的物质需求和精神需求使大学生的视野更开阔,各种志趣也由此产生。随着知识经验的增多,大学生在实践中加深了对自我和社会关系的认识,这种丰富的情感体验还会促进高层次的社会情感,如理智感、道德感、美感、爱国主义情操的产生。

(四)情绪的复杂性

大学阶段正是大学生面临着许多重大选择的时期,常常会呈现出一种矛盾和复杂的情绪状态。例如,希望自己具有独立性和希望依赖于他人的需要同时存在,对自己既不满,又不想承担责任;既希望得到他人的理解,又不愿意接受他人的关心;等等复杂矛盾的心态。大学生的情绪领域不断拓宽,情绪内容日趋复杂。大学生作为特殊群体,生理基本成熟而心理尚未完全成熟,处于心理断乳期,易受到外界的干扰。

(五)情绪的内在性

有些大学生,对于自己内心的真实想法或真情实感,是说还是不说,多说还是少说,甚至是说真话还是说假话,都要依时间、对象、场合而改变,尤其是当内心的真实想法和真情实感涉及个人的隐私、彼此利益冲突与个人的公众形象等具体问题的时候。有时候,一件事情明明引起了大学生的某种情绪反应,当觉得不便表露时,便会压抑自己的情绪,表现出无所谓或无动于衷的态度。

自我测验 ✓

写出自己出现各种情绪时习惯性的反应。

当我生气时,我会_____。

当我愤怒时,我会_____。

当我高兴时,我会_____。

当我紧张时,我会_____。

当我害怕时,我会_____。

当我嫉妒时,我会_____。

当我郁闷时,我会_____。

二、大学生的情绪问题

大学生由于身心特点所表现出的复杂多样的情绪特点,以及社会、家庭、校园等多方面因素的影响,在整个大学阶段,会表现出诸多的情绪问题。这些情绪问题主要包括抑郁、焦虑、愤怒、恐惧、冷漠等方面。

(一)抑郁

抑郁是一种持续时间较长的低落消沉的情绪体验。处于抑郁状态中的大学生看到的一切仿佛都笼罩着一层暗淡的灰色,对什么事情都提不起兴趣,常常感到精力不足、注意力难以集中、思维迟钝,同时伴有痛苦、羞愧、自怨自责、悲伤忧郁的情绪体验,自我评价较偏低,对前途悲观失望。长期处于抑郁情绪状态,会使大学生的学习、工作和生活受到极大影响。

抑郁的具体表现有:睡眠不良、身体不适,周身不舒服、乏力、软弱,食欲不振,对周围表现冷漠,感到自己孤独寂寞,丧失正常的自尊心、自信心。他们对周围人、事表现出异常的敏感,内心被持久的精神压力困扰;但在表面上,又表现出以自我为中心的极其自尊的一面,生怕被别人冷落,在与人相处时稍有一点异常便被主观夸大,丧失了正确辨别是非的能力;遇事爱钻牛角尖,一点小事便会引起情绪的极大波动,且久久不能缓解。

案例分析

成都某大学21岁女生,家庭经济情况一般,有一弟弟读初中。从小父母对她的希望就是好好读书,长大能离开农村。应届考上某大学,她几乎没参加过其他劳动或活动,没有出过远门。她从小是个乖女孩,听老师的话,听父母的话,听大人的话,与同龄人相处得较好。父母不愿她到陌生城市读书,出于经济原因考虑,她主动向父亲提出,填报相同专业中收费最底的成都某大学。入学两个月时,她的3000多元存款在校园内被骗,事后出现失眠,无食欲,焦虑,反应力减慢,不能集中注意力思考、判断问题,情绪低落、愤怒、自责和羞耻。

(二)焦虑

焦虑是一种非特定的、不知所以然的提心吊胆与紧张不安的情绪状态,它常常与焦急、忧虑、恐惧等感受交织,成为一种复合性的负情绪。焦虑的症状是焦虑者无缘无故地紧张、不安,总是担心什么事情要发生,心情沉重,似乎压着一块石头。其外显行为常常表现为烦躁不安、心事重重,无法放松自己,经常处于警觉状态,并情不自禁地感到要保卫自己,同时又感到无能为力。被焦虑所困扰的大学生内心感到紧张、着急、惶恐、害怕、心烦意乱,注意力难以集中,思维迟钝,记忆力减弱,同时常常伴有头痛、心律不齐、失眠、食欲不振及胃肠不适等身体反应。研究表明,具有谨小慎微、优柔寡断、依赖性强、对困难过分估计、常自怨自责等个性特征的大学生更易产生焦虑感。

大学生常见的焦虑有:考试焦虑、社交焦虑、性焦虑、择业焦虑。

案例分析

某综合大学哲学系二年级一名19岁女生,原在某市的中学读书,自幼有良好的学习习惯,深受老师的器重。但她对数理化无兴趣,通过自己努力才勉强使数理化成绩保持在80分上下。因为老师器重她,所以只要有竞赛活动,老师就要选派她去参加。

为了对得起老师,她把各科的学习都抓得很紧。为此,她的学习负担十分沉重,精神压力也很大。每逢竞考,"战前"的几天她都要死记硬背、苦练苦算到深夜。由于总是焦虑、紧张,她高考也宣告失利。但到了大学,她仍学习数学和物理,而且很有难度和深度,学起来很吃力。每逢考试来临之际,她的神经就绷得更紧了,越紧张越难以入睡。

(三)愤怒

当代大学生正处在身心急剧发展、情感丰富强烈、情绪波动起伏大的青年期,精力充沛、血气方刚,与其他同龄人相比,显得更为自尊、敏感和好强好胜,容易在外界刺激下激起愤怒情绪。如有的大学生因一句刺耳的话或一件不顺心的小事而暴跳如雷;有的因人际交往受阻,而怒不可遏、恶语伤人;有的因别人的观点或意见与自己相左而恼羞成怒;有的因一时的成功、得意而忘乎所以;有的因暂时的挫折或失败而悲观失望,痛不欲生。

案例分析

张某是某大学三年级的学生,平时少言寡语,周围的同学能从他冷漠和充满敌意的目光中,感到此人难以接近。一天,张某因一点小事与外班一学生发生冲突,大打出手,还动用了凶器,使对方致残,被开除学籍。事后了解到,该生在中学期间曾受到过校园暴力的伤害,从那之后,他对任何人都抱有敌意。凡是他认为有意伤害他的人,他马上会产生报复的愤怒情绪,以致最终酿成恶果。

(四)恐惧

恐惧心理也是当代大学生中常见的一种情绪障碍,它表现为个体对某一特定事物或情境产生超乎寻常的强烈害怕或紧张不实的内心体验,并出现回避反应。

常见的大学生恐惧症主要表现为社交恐惧。这是一种在大学生人际交往,特别是与异性交往过程中产生的极度紧张、畏惧的情绪反应,主要症状可表现为赤面恐惧,即在别人(尤其是异性)面前害怕脸红;面部表情异样恐惧,即害怕自己的表情不自然、两眼发呆或有其他令人厌恶的表情;视线恐惧,即不敢与别人的视线对视,害怕别人会从自己的视线中看出其内心的一些认为是不健康、不道德的想法或自己的"毛病"。除上述这些症状外,患有社交恐惧症的大学生也往往表现出明显的焦虑和回避行为。当他们意识到将要接触到其所恐惧的交往情境时,先产生紧张不安、心慌、胸闷等焦虑症状。为了避免产生进一步的恐惧情绪,他们便主动避免与这类情境接触,如尽量不在公共场合出现,不敢去学校食堂吃饭,甚至不敢去教室上课。

案例分析

某大学女生,学习成绩在班上为第一名。但是她自卑,看不起自己。在大众场合不敢发言,跟别人交流时总不能恰当地表达自己,尤其是跟老师或陌生人谈话,总觉得十分局促,举手投足不知如何是好,并且脸红得很厉害。她很羡慕别的同学在公共场合能够从容不迫、侃侃而谈,于是强烈希望改变自己,虽然作过很大的努力,但一直得不到明显改观,内心非常苦恼。从高中到大学,她很少与异性同学交往,别人评价她是个冷漠、孤傲的人。在成长和交往的过程中,她的朋友越来越少,慢慢地脱离了群体,把自己封闭起来。后来,她开始反省自己,觉得都是自己的错。

(五)冷漠

冷漠是个体受到挫折后的一种消极情绪反应,它通常在个体不堪承受挫折压力,攻击行为无效或无法实施,又看不到改变境遇的情况下产生。在冷漠情绪影响下,当代大学生表现出一种麻木不仁、漠然的态度,对学习应付了事、缺乏兴趣,对成绩好坏也不在乎,对集体和同学态度冷淡,整天昏昏欲睡,对一切都抱无所谓的态度。

冷漠状态对大学生的身心危害极大,它往往是个体压抑、内心愤懑情绪的一种表现,他们表现冷漠,内心却倍受痛苦、孤独、寂寞、不满、愤恨的煎熬,有强烈的压抑感。由于没有宣泄途径,巨大的心理能量无法释放,便会破坏心理平衡,导致各种疾病和心理障碍。

辨别消极情绪

你知道下面这10个词句的含义吗？知道这些成语或诗词的典故吗？请将下列词句归类。

1. 问君能有几多愁,恰似一江春水向东流

2. 怒发冲冠

3. 四面楚歌

4. 风声鹤唳,草木皆兵

5. 杯弓蛇影

6. 哀民生之多艰

7. 邯郸学步

8. 垂头丧气

9. 杞人忧天

10. 本是同根生,相煎何太急

哀愁:＿＿＿＿＿＿＿＿＿＿＿＿＿＿＿＿＿＿＿＿＿＿＿

自卑:＿＿＿＿＿＿＿＿＿＿＿＿＿＿＿＿＿＿＿＿＿＿＿

嫉妒:＿＿＿＿＿＿＿＿＿＿＿＿＿＿＿＿＿＿＿＿＿＿＿

愤怒:＿＿＿＿＿＿＿＿＿＿＿＿＿＿＿＿＿＿＿＿＿＿＿

忧郁:＿＿＿＿＿＿＿＿＿＿＿＿＿＿＿＿＿＿＿＿＿＿＿

恐惧:＿＿＿＿＿＿＿＿＿＿＿＿＿＿＿＿＿＿＿＿＿＿＿

结合这些词句的含义与典故,谈谈你对这些消极情绪的理解。

任务三　高效管理情绪

一个高情商的人不仅自己每天过得开心,充满朝气与活力,同时也能给他人带来积极健康的影响。提高情商的前提是必须管理好自己的情绪。

一、情绪管理的策略:艾利斯的合理情绪理论

美国临床心理学家阿尔伯特·艾利斯于20世纪50年代创立了一种心理治疗理论

和方法,即合理情绪理论(也叫情绪的 ABC 理论)。他认为人的先天倾向中有积极的取向,也有消极的本性,同时也具有非理性的不利于生存发展的生活态度倾向,他认为正是这种非理性的生活态度,导致心理失调。

艾利斯将人类常见的非理性信念归纳为以下几种:

(1)倾向于进行畸形的思维(如强迫思维)。

(2)倾向于易受暗示影响。

(3)倾向于过度概括化,以偏概全。

(4)倾向于要求尽善尽美,认为不是完美的就是无用的。

(5)倾向于对他人的过分要求。

(6)倾向于追求绝对化、肯定化,不能忍受不确定性。

(7)倾向于夸大负性事件的危害性。

(8)倾向于自暴自弃。

(9)倾向于自我贬低。

(10)倾向于过分关注自身的机体的变化。

艾利斯认为人的情绪来自人对所遭遇的事情的信念、评价、解释或哲学观点,而非来自事情本身。情绪和行为受制于认知,人们的认知如果是正确的,情绪和行为的困扰就会在很大程度上得到改善。

艾利斯将以上观点概括称之为 ABC 理论,A 代表诱发事件(Activating events),B 代表信念(Beliefs)是指人对 A 的信念、认知、评价或看法,C 代表结果(Consequences)即具体的情绪表现。艾利斯认为并非诱发事件 A 直接引起情绪 C,A 与 C 之间还有中介因素在起作用,这个中介因素是人对 A 的信念、认知、评价或看法,即是信念 B,艾利斯认为人极少能够纯粹客观地知觉经验 A,总是带着或根据大量的已有信念、期待、价值观、意愿、欲求、动机、偏好等来经验 A。因此,对 A 的经验总是主观的,因人而异的,同样的 A 在不同的人中会引起不同的 C,主要是因为他们的信念有差别即 B 不同。换言之,事件本身的刺激情境并不是引起情绪反应的直接原因。个人对刺激情境的认知解释和评价才是引起情绪反应的直接原因。

案例分析

一个大学生叙述了一件被朋友伤害的经历:"在我的朋友遇到困难时,我主动帮助了他,而当我遇到困难时,他却视而不见,为此我感到被欺骗了,很愤怒。"这里的 A 是这个大学生遇到困难时,他的朋友没有帮助他;B 是他感到被欺骗了;C 是他很愤怒。根据艾利斯的合理情绪理论,不是事件本身——朋友没有帮助他这件事引起了情绪,而是这个大学生对这件事的看法。所以,要改变情绪,必须首先要改变想法和观念。

一件事情会有这么多想法!你怎么想就怎么感受,你怎么感受就会怎么行为。每个人看到的世界是不完全一样的。

二、情绪管理的方法

(一)宣泄疏导法

宣泄疏导法是一种效果十分显著的解除不良情绪的方法,它具有简捷、易操作、收效迅速的特点。对情绪变化剧烈、心理反应敏感的青年朋友来说,宣泄疏导法是一种容易接受,短、平、快的方法。

对不良情绪的宣泄有很多方法,如语言倾诉,找人交谈,写作、看电影、画画、旅游等。但还有一些方法,如愤怒时砸东西、攻击别人,烦闷时酗酒解"愁"等,这些方法虽然能够将不良情绪发泄出去,但都是暂时的,反而会为以后带来新的更大的烦恼,甚至引起更严重的逆境。因此,在运用宣泄疏导法时,要根据实际情况,通过正常的途径和渠道,采用适当的宣泄形式,控制宣泄的程度,这样才能取得良好的宣泄效果。心理学家发现,运动是有效解决愤怒的方法,尤其是多参加户外活动,主动做一些消耗体力的运动,如登山、游泳、武术、拳击等,使不快得以宣泄。当感觉自己的情绪无法控制时,可以主动做一些运动,让冲动的情绪随着汗水一起流淌掉。

(二)矛盾意向法

矛盾意向法的理论前提是:在许多情况下,焦虑情绪和失调行为的产生是由于人们过分害怕某些令人恐惧的事物。也就是说,一个人老是担心某些可能使他感到焦虑的逆境处境发生,因而会变得万分恐惧,以至于不由自主地被引入这一境地。现实生活中,有的学生患的"考试恐惧症"常常就是由于这个原因造成的。

矛盾意向法的使用,就是努力去做他最害怕发生逆境的那些事情,或期盼逆境的发生。当然,这是与其真正的愿望相反的。这样,焦虑感或恐惧感就会为相反的愿望所取代。这一方法使人以先发制人的方式,克服对逆境的预期焦虑,使人松弛,以便从容镇静地对付各种复杂的逆境情境。

案例分析

有这样一则故事。一天,渔夫躺在河边,懒洋洋地将鱼线投入水中,时不时钓起一条金银色的鲫鱼,打发这漫长而充满阳光的时光,鲫鱼加上一点啤酒和一份三明治,就足以过舒心宜人的一天了。他正将一条鱼钓上岸,身边走来一位穿着讲究的商人。

"你难道不知道,"他问渔夫,"要是一次多放几条线,就可以多钓很多鱼?"

"要这么多干吗?"渔夫问。

"瞧,要是鱼很多,就能拿去卖,赚很多钱,"商人答道,"有了钱,就能买一艘大渔船,然后开家渔行。开了一个店,还可以开第二个,第三个,雇佣很多人,还可以开鲜鱼批发市场,将鲜鱼运往全国。"水面上一点点金色渐渐隐没了,商人继续编织着成功之梦。"你可以成为富豪。"他以胜利者的姿态作了总结。

渔夫喝了一口啤酒,脸上露出了不解的神气。"然后怎么样呢?"他问商人。

"咳,那时候,你就支配世上所有的时间,想干什么就干什么。你可以躺着,无忧无虑。也可以去钓鱼!"

渔夫抬头望着他,笑着说:"可我现在就在这么干。"

这个故事说明了有时候你必须有目的地去做某件事,但有的时候你却可以无意中却达到你原来的目标,正如你难过的时候,你别去想它,或去把它朝相反的方向去想,问题自然而然就解开了。

(三)合理认知法

通过认知纠正,以理性治疗非理性,以合理的思维方式代替不合理的思维方式,就可以最大程度地减少不合理的信念给人们的情绪所带来的不良影响和逆境心理。日常生活中,人们常表现出下列非理性信念:人应该得到生活中所有对自己是重要的人的喜爱和赞许;有价值的人应在各方面都比别人强;任何事都应按自己的意愿发展,否则会很糟糕;一个人应该担心随时可能发生的灾祸;已经定下的事是无法改变的;一个人碰到的种种问题,总应该都有一个正确、完整的答案,如果一个人无法找到它,便是不能容忍的事;对不好的人应该给予严厉的惩罚和制裁;逃避困难、挑战与责任比正视它们容易得多;情绪由外界控制,自己无能为力;要有一个比自己强的人做后盾才行;等等。正是由于上述不合理信念,才会使人出现压抑、敌对、焦虑、忧郁等不良情绪。因此,对上述不合理信念的端正,就是合理认知法的关键所在。

案例分析

有个年轻人为贫所困,便向一位老者请教。老者问:"你为什么失意呢?"年轻人说:"我总是这样穷。""你怎么能说自己穷呢?你还这么年轻。""年轻又不能当饭吃。"年轻人说。老者一笑:"那么,给你1万元,让你瘫痪在床,你干吗?""不干。""把全世界的财富都给你,但你必须现在死去,你愿意吗?""我都死了,要全世界的财富干什么?"老者说:"这就对了,你现在这么年轻,生命力旺盛,就等于拥有全世界最宝贵的财富,又怎能说自己穷呢?"

年轻人一听,又找回了对生活的信心。

影响他们情绪的不是事件本身,而是他们对事情的看法。不同的想法引起不同的情绪。产生什么样的情绪完全由自己控制。

(四)幽默调节法

幽默的特点是温和、含蓄和机智。哲学家把幽默视为"浪漫的滑稽";医学家认为幽默是人的一种健康机制，是美容心理的良方；社会学家和心理学家把幽默看成是有助于一个人适应社会的工具。幽默是生活的调味品，它可以使人在欢声笑语中忘却烦恼，化忧愁为欢畅；能让痛苦变为愉快，将尴尬转为从容自如；化干戈为玉帛；使沉痛的心情变得开朗、豁达和轻松，具有维持心理平衡的功能。19世纪德国著名作家拉布说："幽默是生活波涛中的救生圈。"身处逆境的人，能够通过幽默来化解心中的郁结，排解逆境产生的苦闷，从幽默中找到心理平衡，所以，幽默是人类一种积极的心理防御机制。幽默感对任何一个国家、民族，对任何环境和条件下的人们来说都是必要的。

案例分析

在公共汽车上，因拥挤而争吵之事屡有发生，任凭售票员"不要挤"的喊声扯破嗓子，仍无济于事。忽然，人群中一个小伙子嚷道："别挤了，再挤我就变成相片啦。"听到这句话，车厢里立刻爆发出一车欢乐的笑声，人们马上便把烦恼抛到了九霄云外。此时，是幽默润滑调解了紧张的人际关系。

（五）适度紧张法

逆境后产生过度紧张的情绪固然不好，而且对身体也有害。但是，逆境后灰心丧气，意志衰退、消沉，心理和行为都懈怠了，对身体更有害。只有适度紧张才有利于健康。

案例分析

挪威人爱吃沙丁鱼，尤其是活鱼。挪威人在海上捕得沙丁鱼后，如果能让它活着抵港，卖价就会比死鱼高好几倍。但是，由于沙丁鱼生性懒惰，不爱运动，返航的路途又很长，因此捕捞到的沙丁鱼往往一回到码头就死了，即使有些活的，也是奄奄一息。只有一位渔民的沙丁鱼总是活的，而且很生猛，所以他赚的钱也比别人的多。该渔民严守成功秘密，直到他死后，人们才打开他的鱼槽，发现只不过是多了一条鲇鱼。原来鲇鱼以鱼为主要食物，装入鱼槽后，由于环境陌生，就会四处游动，而沙丁鱼发现这一异己分子后，也会紧张起来，加速游动，如此一来，沙丁鱼便活着回到港口。这就是所谓的"鲇鱼效应"。运用这一效应，通过个体的"中途介入"，对群体起到竞争作用，它符合人才管理的运行机制。

一些机关单位实行的公开招考和竞争上岗，就是很好的例子。这种方法能够使人产生危机感从而更好地工作。同样的，大部分失败的公司，事先都有一些征兆显示已经出了问题，然而即使有少数管理者已略微察觉这些现象，也不太留意。如：企业的气氛沉闷，缺乏压力，管理层安闲舒适，员工充满惰性，一些真正具有能力和潜力的人员则得不到充分发挥才能的机会,他们或者离开公司,或者被无谓地浪费掉,企业就会慢慢地失去生机。

自我测验 ✓ ── **建立积极情绪的档案袋** ────────────────────

把那些带给你积极情绪的事物放到一起,装进一个档案袋。把每种情绪做成一个任务,投入时间完成任务,一周关于喜悦,一周关于感激,依此类推,直到完成关于爱的档案袋的建立。档案袋中可以包含照片、信件、卡片或者带有深刻个人意义的物品。

例如,为了建立喜悦的档案袋,想一想:

当你觉得安全、轻松和喜悦,那一刻发生的事情让你感到绝对的高兴,是在什么时候?

当事情完全按照你的心意发展,甚至比预期还要好,是在什么时候?

当你感到脚步轻快、止不住地微笑,是在什么时候?

当你觉得好玩,想要一跃而入并参与其中,是在什么时候?

我们可以把积极情绪档案袋看作是生活的记录,要不断更新它们。另一个关键是带着感知力和它们互动,认准一个目标,即唤醒你的心去面对你所寻求的积极情绪。

创建和使用积极情绪档案袋的十大窍门:

(1)保持真诚。让你的积极情绪是由衷的,而不是被迫的。

(2)拓展你的积极情绪档案袋的深度,收纳多种物品。

(3)制作多个档案袋。不要单独地依赖于特定的一种积极情绪。

(4)让你的档案袋随着时间的推移而不断发展,不断地对它们进行添加。

(5)始终把你的档案袋放在手边。

(6)当你感到被一种恶性循环情绪拖累时,拿出你的档案袋。

(7)带着觉知力和开放的心态来对待你的档案袋。

(8)保持一种轻松的、心理上的接触。不要特意分析它。

(9)当一个档案袋失去功效的时候,换另一个。

(10)问自己:"为了培养这种感觉,我现在可以怎么做?"

课后自习

一、心理测试

(一)情绪稳定性自我测验量表

1. 看到自己最近一次拍摄的照片,你有何想法?

    A. 觉得不称心   B. 觉得很好   C. 觉得可以

2. 你是否想到若干年后会有什么使自己极为不安的事?

    A. 经常想到   B 从来没有想过   C. 偶尔想到过

3. 你是否被朋友、同事、同学起过绰号、挖苦过?

    A. 这是常有的事   B. 从来没有   C. 偶尔有过

4. 你上床以后是否经常再起来一次,看看门窗是否关好?

    A. 经常如此   B. 从不如此   C. 偶尔如此

5. 你对与你关系最密切的人是否满意?

    A. 不满意   E. 非常满意   C. 基本满意

6. 在半夜的时候,你是否经常觉得有什么值得害怕的事?

    A. 经常有   B. 从来没有   C. 偶尔有

7. 你是否经常因梦见可怕的事而惊醒?

    A. 经常   B. 从来没有   C. 极少有

8. 你是否曾经有过多次做同一个梦的情况?

    A. 是   B. 否   C. 记不清

9. 是否有一种食物使你吃后呕吐?

    A. 是   3. 否   C. 记不清

10. 除去看见的世界外,你心里是否有另外一种世界?

    A. 是   B. 否   C. 偶尔是

11. 你心里是否时常觉得你不是现在的父母所生?

    A. 是   B. 否   C. 偶尔是

12. 你是否曾经觉得有一个人爱你或尊重你?

    A. 说不清   B. 否   C. 是

13. 你是否常常觉得你的家庭对你不好,但你又确切地认识他们的确对你好?

    A. 是   B. 否   C. 偶尔是

14.你是否觉得没有人十分了解你?

    A.是   B.否   C.说不清

15.在早晨起来的时候,你最经常的感觉是什么?

    A.忧郁   B.快乐   C.讲不清楚

16.每到秋天,你经常的感觉什么?

    A.秋雨霏霏或枯叶遍地 B.秋高气爽或艳阳天   C.不清楚

17.在高处的时候,你是否觉得站不稳?

    A.是   B.否   C.偶尔是

18.你平时是否觉得自己很强健?

    A.是   B.否   C.不清楚

19.你是否一回家就立刻把房门关上?

    A.是   B.否   C.不清楚

20.当你坐在房间里把门关上时,是否觉得心里不安?

    A.是   B.否   C.偶尔

21.当需要你对一件事作出决定时,你是否觉得很难?

    A.是   B.否   C.偶尔是

22.你是否常常用抛硬币、玩纸牌、抽签之类的游戏来测凶吉?

    A.是   B.否   C.偶尔是

23.你是否常常因为碰到东西而跌倒?

    A.是   B.否   C.偶尔是

24.你是否需用一个多小时才能入睡,或醒得比你希望的早一个小时?

    A.经常这样   B.从不这样   C.偶尔这样

25.你是否曾看到、听到或感觉到别人觉察不到的东西?

    A.经常这样   B.从不这样   C.偶尔这样

26.你是否觉得自己有超越常人的能力?

    A.是   B.否   C.不清楚

27.你是否曾经觉得有人跟你走而心里不安?

    A.是   B.否   C.不清楚

28.你是否觉得有人在注意你的言行?

    A.是   B.否   C.不清楚

29.当你一个人走夜路时,是否觉得前面潜藏着危险?

    A.是   B.否   C.偶尔

30.你对别人自杀有什么想法?

    A.可以理解   B.不可思议   C.不清楚

计分与评价：

以上各题的答案,凡选 A 得 2 分,选 B 得 0 分,选 C 得 1 分。请将你的得分统计一下,算出总分。根据你的总分查下面评价表,便可知你的情绪稳定水平。

评价表

0~20分	情绪稳定,自信心强
21~40分	情绪基本稳定,但较为深沉、冷静
41分以上	情绪极不稳定,日常烦恼太多

(二)伯恩斯抑郁量表

在过去数天内,根据下面各和情绪对你的困扰程度,算出相应的得分。

1. 悲伤:你觉得悲伤或泄气吗?

2. 沮丧感:你觉得前途渺茫吗?

3. 自我评价低:你觉得自己毫无价值吗?

4. 自卑感:你觉得不自信或低人一等吗?

5. 内疚感:你经常对自己太苛刻或经常自责吗?

6. 犹豫不决:你难以作决定吗?

7. 易激惹:你容易生气或怨恨他人吗?

8. 兴趣缺乏:你对工作、爱好、家庭或朋友不感兴趣吗?

9. 动机缺乏:你做事有勉为其难的感觉吗?

10. 自我感觉差:你觉得自己变老了或缺乏魅力了吗?

11. 食欲改变:你是否食欲减退?是否暴饮暴食?

12. 睡眠紊乱:你睡眠质量差吗?你是否感到精疲力竭且睡眠过多?

13. 性欲减退:你是否对性不感兴趣?

14. 关注健康:你过分担心自己的健康吗?

15. 自杀冲动:你觉得活着没有意义或生不如死吗?

计分与评价：

每题有四个选项:无得 0 分,轻度得 1 分,中度得 2 分,重度得 3 分。

量表分数说明:0~4 分 极轻或没有抑郁;5~10 分 正常但不快乐;11~20 分 接近中等抑郁;21~30 分 中等抑郁,31~45 分 严重抑郁。

(三)国际标准情商测验

这是一组国际标准情商测试题,共 33 题,测试时间 25 分钟,最大 EQ 为 174 分。假如你已经预备就绪,请开始计时。

第 1~9 题:请从下面的问题中,选择一个和自己最切合的答案。

1.我有能力克服各种困难(　　)

    A.是的　　　　　　　　B.不一定　　　　　　　C.不是的

2.如果我能到一个新的环境,我要把生活安排得(　　)

    A.和从前相仿　　　　　B.不一定　　　　　　　C.和从前不一样

3.一生中,我觉得自己能达到我所预想的目标(　　)

    A.是的　　　　　　　　B.不一定　　　　　　　C.不是的

4.不知为什么,有些人总是回避或冷淡我(　　)

    A.不是的　　　　　　　B.不一定　　　　　　　C.是的

5.在大街上,我常常避开不愿打招呼的人(　　)

    A.从未如此　　　　　　B.偶然如此　　　　　　C.有时如此

6.当我集中精力工作时,假使有人在旁边高谈阔论(　　)

    A.我仍能用心工作　　　B.介于A、C之间

    C.我不能专心且感到愤怒

7.不论到什么地方,我都能清晰地辨别方向(　　)

    A.是的　　　　　　　　B.不一定　　　　　　　C.不是的

8.我热爱所学的专业和所从事的工作(　　)

    A.是的　　　　　　　　B.不一定　　　　　　　C.不是的

9.气候的变化不会影响我的情绪(　　)

    A.是的　　　　　　　　B.介于A、C之间　　　　C.不是的

第10~16题:请从下面的问题中,选择一个和自己最切合的答案。

10.我从不因流言蜚语而气愤(　　)

    A.是的　　　　　　　　B.介于A、C之间　　　　C.不是的

11.我善于控制自己的面部表情(　　)

    A.是的　　　　　　　　B.不太确定　　　　　　C.不是的

12.在就寝时,我常常(　　)

    A.极易入睡　　　　　　B.介于A、C之间　　　　C.不易入睡

13.有人侵扰我时,我(　　)

    A.不露声色　　　　　　B.介于A、C之间　　　　C.大声抗议,以泄己愤

14.在和人争辩或工作出现失误后,我常常感到震颤,精疲力竭,而不能继续安心工作(　　)

    A.不是的　　　　　　　B.介于A、C之间　　　　C.是的

15.我常常被一些无谓的小事困扰(　　)

    A.不是的　　　　　　　B.介于A、C之间　　　　C.是的

16.我宁愿住在僻静的郊区,也不愿住在嘈杂的市区(　　)

    A.不是的　　　　　　　B.不太确定　　　　　　C.是的

第17~25题：在下面问题中，每一题请选择一个和自己最切合的答案。

17.我被朋友、同事起过绰号、讥讽过（　　　）

    A.从来没有　　　　　　　　B.偶尔有过　　　　　　　C.这是常有的事

18.有一种食物使我吃后呕吐（　　　）

    A.没有　　　　　　　　　　B.记不清　　　　　　　　C.有

19.除去看见的世界外，我的心中没有另外的世界（　　　）

    A.没有　　　　　　　　　　B.记不清　　　　　　　　C.有

20.我会想到若干年后有什么使自己极为不安的事（　　　）

    A.从来没有想过　　　　　　B.偶尔想到过　　　　　　C.经常想到

21.我常常觉得自己的家庭对自己不好，但是我又确切地认识他们的确对我好（　　　）

    A.否　　　　　　　　　　　B.说不清楚　　　　　　　C.是

22.天天我一回家就马上把门关上（　　　）

    A.否　　　　　　　　　　　B.不清楚　　　　　　　　C.是

23.我坐在小房间里把门关上，但我仍觉得心里不安（　　　）

    A.否　　　　　　　　　　　B.偶尔是　　　　　　　　C.是

24.当一件事需要我作决定时，我常觉得很难（　　　）

    A.否　　　　　　　　　　　B.偶尔是　　　　　　　　C.是

25.我常常用抛硬币、翻纸、抽签之类的游戏来猜测凶吉（　　　）

    A.否　　　　　　　　　　　B.偶尔是　　　　　　　　C.是

第26~29题：下面各题，请按实际情况如实回答，仅须回答"是"或"否"即可，在你选择的答案后打"√"。

26.为了工作我早出晚归，早晨起床我常常感到疲劳不堪：

    是＿＿＿＿＿＿　否＿＿＿＿＿＿

27.在某种心境下我会因为困惑陷入空想将工作搁置下来：

    是＿＿＿＿＿＿　否＿＿＿＿＿＿

28.我的神经脆弱，稍有刺激就会使我战栗：

    是＿＿＿＿＿＿　否＿＿＿＿＿＿

29.睡梦中我常常被噩梦惊醒：

    是＿＿＿＿＿＿　否＿＿＿＿＿＿

第30~33题：本组测试共4题，每题有5种答案，请选择与自己最切合的答案，在你选择的答案后打"√"。

答案标准如下：

1.从不　2.几乎不　3.一半时间　4.大多数时间　5.总是

30. 工作中我愿意挑战艰巨的任务。1 2 3 4 5

31. 我常发现别人好的意愿。1 2 3 4 5

32. 能听取不同的意见,包括对自己的批评。1 2 3 4 5

33. 我时常勉励自己,对未来充满希望。1 2 3 4 5

计分方式:

计分时请按照记分标准,先算出各部分得分,最后将几部分得分相加,得到的那一分值即为你的最终得分。

第1~9题,每回答一个A得6分,回答一个B得3分,回答一个C得0分。计_____分。

第10~16题,每回答一个A得5分,回答一个B得2分,回答一个C得0分。计_____分。

第17~25题,每回答一个A得5分,回答一个B得2分,回答一个C得0分。计_____分。

第26~29题,每回答一个"是"得0分,回答一个"否"得5分。计_____分。

第30~33题,从左至右分数分别为1分、2分、3分、4分、5分。计_____分。

总计为_____分。

测试结果分析:

测试后,如果你的得分在90分以下,说明你的EQ较低,你常常不能控制自己,你极易被自己的情绪所影响。很多时候,你轻易地被激怒、动火、发脾气,这是非常危险的信号——你的事业可能会毁于你的暴躁。对于此最好的解决办法是能够给不好的东西一个好的解释,保持头脑冷静,使自己心情开朗,正如富兰克林所说:"任何人生气都是有理的,但很少有令人信服的理由。"

如果你的得分在90~129分,说明你的EQ一般,对于一件事,你不同时候的表现可能不一,这与你的意识有关,你比前者更具有EQ意识,但这种意识不是常常都有,因此需要你多加注重、时时提醒。

如果你的得分在130~149分,说明你的EQ较高,你是一个快乐的人,不易惊恐担忧,对于工作你热情投入、敢于负责,你为人更是正义正直、同情关怀,这是你的长处,应该努力保持。

如果你的EQ在150分以上,那你就是个EQ高手,你的情绪聪明不但不是你事业的阻碍,还是你事业有成的一个重要前提条件。

二、案例阅读

案例一

一天,林肯正在办公室整理文件,陆军部长斯坦顿气呼呼地走了进来,一屁股坐到椅子上,一句话也不说。从以往的经验来看,林肯知道他肯定是又被人指责了。"怎么了? 发生了什么事? 给我说说,说不定我能给你出出主意。"林肯笑着对斯坦顿说。斯坦顿像是找到了发泄的对象,对林肯一阵咆哮:"你知道吗? 今天有位少将竟然用那种口气和我说话,那简直是侮辱,他所说的事根本就不存在呀!"满以为林肯会安慰他几句，痛骂那名少将几句，但林肯并没有这样做，而是建议斯坦顿写一封信回敬那位少将的无礼。"你可以在信中狠狠地骂他一顿，让他也尝尝被指责的滋味。""还是你想得周到，我非得大骂他一顿不可，他有什么权利指责我呢？"斯坦顿立刻写了一封措辞激烈的信，然后拿给林肯看。林肯看完以后，对斯坦顿说："你写得太好了，要的就是这种效果，好好教训他一顿。"林肯把看完的信顺手扔进了炉子里。斯坦顿看到自己写的信进了炉子，忙责问林肯："是你让我写这封信的，那你为什么把它扔进了炉子里呢？"林肯回答说："难道你不觉得写这封信的时候你已经消了气吗？如果还没有完全消气，就接着写第二封吧。"

案例二

"感谢室友不杀之恩"这句话成为网络上调侃舍友的一句"经典"名句，而这句话的背后是大家对于室友相处之道的焦虑，以及一个个极端的案例。甚至就连中国顶尖学校——复旦大学的天才学生，也曾因为这个问题走上了不归路，葬送了大好的前途，但在这位学霸走上歧途，被判死刑后，却有177位师生联名上书试图救他，给他一个全新的机会。那么他到底做了什么？最后的结局又是如何呢？

别人家的孩子——林森浩

所谓"寒门产贵子，白户出公卿"。

生于1986年的林浩森，在没有犯罪之前，是大多数人眼中近乎完美的天才，是无数父母眼中别人家的孩子，他出生于并不富裕的工人家庭。

有相关报道称：林家有三女二子，林森浩在五人中排行老二，林父早年在一家服装厂打工，林母是个普通的农村妇女，识字不多，常年拉着一辆木板车，在镇上的工厂里收购废品。但无论哪一种报道，无一例外的都是林浩森的家境并不优越，是真正的寒门子弟，而且其父母由于长期忙于生计，对孩子缺少了一定的管教，这也导致了后期林森浩的心理偏执和过分自尊。

跟很多小镇青年一样，他的"求学之路"满是艰辛，普通的不能再普通的家境，没有影响到这位学优生的学习，林浩森从小学习成绩就比较优异，是个努力聪明的孩子，认真踏实，听话懂事，是老师和同学眼中品学兼优的学生。在千军万马过独木桥的高考中，林浩森以780多分的高分进入中山大学。

大学时，凭借刻苦努力的付出，林森浩被保送进入复旦大学上海医学院研究生部。在研究生阶段，他发表了8篇核心期刊级别论著，其中第一作者占到5篇之多，同时还兼任了学生会副主席。研究生第三年，林森浩放弃读博，并通过广州市一家三级甲等医院的超声科面试。林浩森的前途可谓一片光明，是大部分人羡慕都羡慕不来的。他犯罪之前的人生经历，生动形象地诠释了一个寒门学子的完美逆袭，是绝大多数父母口中别人家的孩子，是大部分贫寒学子奋斗的目标和榜样。

一念天堂，一念地狱

被林森浩毒死的舍友黄洋，同样来自于并不富裕的工人家庭，父母双双下岗，母亲还体弱多病,他是家里唯一的支柱和希望,他优秀又善良,曾经多次参加公益组织,也去过西藏墨脱支教。善良的他学习成绩优异,高考复读一年后,成功就读于复旦大学公共卫生学院预防医学专业,之后转专业到临床医学。在本科阶段,由于优异的表现,黄洋获得直研资格,成为复旦大学医学院2010级在读研究生。

林森浩毒死同寝舍友黄洋这件事,发生在2013年3月29日,临近愚人节。

林森浩在宿舍听黄洋和其他同学调侃说愚人节即将到来,想做节目整人。林森浩看到黄洋笑得很得意,下意识地以为黄洋要整的那个人便是自己,之后便联想起其他学校用毒整人的事件,便计划投毒"整"黄洋,用饮水机投毒的方式给黄洋一个"教训",让黄洋难受。可令林森浩没有想到的是,他对黄洋的"整一整,让黄洋难受"却永远地葬送了黄洋年轻的生命,也给自己造成了终其一生也不可弥补的错误和遗憾。

2013年3月31日,林森浩从同学处要来了实验室的钥匙。随后,他进入复旦大学附属中山医院11号楼204影像医学实验室,取出其于2011年参与医学动物实验后存放于此处的、内装有剩余剧毒化学品二甲基亚硝胺原液的试剂瓶和注射器,并装入一个黄色医疗废弃物袋中带离该室。在同一天下午的5时许,林森浩将30毫升的化学药剂投入寝室的饮水机内,等待黄洋回来饮用。

2013年4月1日上午9点左右,愚人节当天,黄洋在饮用了饮水机内的水后便出现中毒症状,呕吐不止。随即被老师和同学送往医院抢救。4月3日下午,黄洋的病情突然恶化,被转到ICU病房进行救治,经过长达十几天的全力救治,终究没有挽回这一年轻的生命。于4月16日宣告抢救无效死亡。最终经法医鉴定,黄洋死于二甲基亚硝胺摄入量超标而导致的肝功能衰竭。

对于一个年轻生命的突然逝去,不仅引起了社会各界的高度关注,学校也对此事极度重视。黄洋中毒住院,由于病情恶化极快,这引起了黄洋的师兄与主治医生的怀疑,学校也不得不于2013年4月11日报警处理。

2013年4月11日,上海市公安局文化保卫分局接复旦大学保卫处对黄洋中毒事件报案,上海警方接报后立即组织专案组开展侦查。

林森浩在此前,带着礼品去医院看过黄洋,但包括在接受公安人员调查询问时,始终未说出实情。

最终,经过多次调查取证,警方锁定了嫌疑最大的林森浩,对其进行逮捕审问。在林森浩承认罪行且证据充分的情况下,判处林森浩死刑。

林森浩被判死刑,这是无可置疑的事情,他因琐事与被害人黄洋不和,竟采用投毒方法故意杀害黄洋并致其死亡,手段残忍,社会危害极大,其行为已构成故意杀人罪,必须依法予以严惩。

从亲密舍友到下毒杀人,让人感叹的不仅是人性的扭曲,也让人反思到我们目前的教育中对于道德人伦教育的缺失,我们的学校是立德树人的地方,我们的教育是培养不犯法、不缺德、有技能、心态好的优秀社会主义接班人,而不是培养仅是成绩良好,却自私自利,漠视他人利益的心胸狭隘之人。

在二审期间,林森浩曾手写一封道歉信给黄洋的父母。他在信中写道:"人生若只如初见,那该有多好,那时黄洋跟我都信心满满,在各自的梦想道路上拼搏着……事到如今,我也只能很苍白地说,对不起,叔叔阿姨!给你们跪下谢罪!希望你们平安,希望你们保重身体,也希望你们能谅解我的灵魂!"就算最后忏悔了也终究是晚了,没有办法使一条鲜活的生命重新买过,没有办法弥补一个家庭所承受的压力和伤害。

三、课后思考

1.什么是情绪和情商?情绪都包括哪些种类?

2.大学生的不良情绪主要有哪些?

3.如何运用艾利斯合理情绪理论进行情绪管理?

专题八　拥有美好感情——恋爱心理

专题导读

本专题主要内容包括爱情的基本内涵、爱情的特征以及爱情的基本理论、大学生恋爱心理特点、大学生恋爱策略指导、培养爱的能力。重点掌握爱的能力的培养和提升方法。

学习目标

1.明确爱情的基本理论和大学生恋爱的心理特点。
2.树立正确的恋爱观,提高爱的能力。
3.了解高尚的红色爱情,学习真诚而动人的爱情精髓。

案例导航

小凡是一名大四男生,从小抚养他的姥姥去世了,他觉得失去了最亲的亲人。当他在痛苦中消沉时,雯雯成为他的女朋友,这似乎一下让他抓住了救命稻草,使他失去的情感世界得到了极大的补偿。他与雯雯疯狂地恋爱了。他不能忍受自己见不到她,如果某时见不到她,就会找遍学校的每一个角落,直到见到她为止……如此窒息的恋爱把雯雯吓坏了。她承受不住这份沉重的感情,提出与他分手。这对于小凡来讲简直就是如雷轰顶。他不能接受女友的分手,不断打电话、写信给她,寻找各种机会与她见面。他甚至认为如果女朋友和别人结婚而又不幸福,那就是他的责任。他用刀划破手指,写了许多血书,甚至想到了死。但是不管他怎么努力,雯雯似乎再也不给他希望。这令他痛不欲生。眼看就要毕业,可是他几乎没心思做毕业设计,挽回与女友的关系成为他生活中最重要的事情。最后,小凡未能顺利毕业,连就业也成了问题。

任务一　恋爱心理概述

　　如今大学生恋爱在大学校园较为普遍。他们在思想上已趋于独立，对待爱情更是有独到的见解，如果大学生能拥有正确的恋爱观，理智地对待爱情，就能更好地处理恋爱与学习、生活等各个方面的关系。但是说到底，爱情这件事其实是一件"私事"，它会发生在你与某一个人之间，且具有一定的排他性，喜也是它，忧也是它。就客观来讲，爱情到底是怎么一回事呢？本篇内容就为你揭开爱情的面纱。

一、恋爱心理的概述

　　爱情是一种细腻微妙的情感，爱情是平等的，是发自内心的情感表达，是建立在彼此相互认可基础上的情感模式。时代赋予爱情不同的定义。古代的爱情由于社会生产力或者封建体制的影响，加上人们思想观念存在一定局限性，在爱情的选择以及表达方式上都受到了很大的制约；在现代生活中，爱情是基于一定物质基础和共同理想而形成的真挚情感，并渴望相伴一生，守护一世。《诗经》有云："死生契阔，与子成说；执子之手，与子偕老。"爱是生命的渴望，情是青春的畅想，坚如磐石的情意，相濡以沫的守候，这就是爱情的真谛。

　　爱情是一场由化学物质引发的暴风雨。从信息素到多巴胺，再到苯乙胺，然后产生后叶催产素和肾上腺素，最后脑啡肽可以让我们的爱情尘埃落定。人类的爱情往往比化学更加复杂，也许来源于惺惺相惜，也许来源于青梅竹马，也许来源于一见钟情，抑或炽烈，抑或恬淡，抑或曲折。在《现代汉语词典》里，男女相爱的感情就是爱情。爱情是一种情感的依赖，爱经历了博弈后产生了情。

　　爱情作为一种特殊情感。恋爱心理是人与人之间相互吸引的最强烈方式，是心理成熟到一定程度后产生的高级情感，是彼此心灵的相互契合。爱情会受到众多因素影响，除类似物质条件这样的"硬件"，世界观、人生观、价值观的匹配等"软件"也极大地影响了现代人的爱情观。爱情是奉献，是珍惜，也是适时的放手。爱情是百味杂陈的，有甜蜜也有苦涩；爱情可以是轰轰烈烈，也可以是细水长流。总之，爱情温润着彼此的心。

二、爱情的类型和真谛——爱情三角理论

(一)爱情三角理论

在心理学领域中,有着各式各样的爱情理论,其中,美国心理学家斯腾伯格(Sternberg)提出的"爱情三角理论"是目前最重要且令人熟知的理论。他认为爱情包括三种成分:亲密、激情及承诺。亲密是指两人之间感觉亲近、温馨的一种体验,属于爱情的情感成分。激情是一种强烈地渴望跟对方结合的状态。性的需要是引起激情的主导形式,其他自尊、照顾、归属、支配、服从也是唤醒激情体验的源泉。属于爱情的动机成分。承诺包括短期的和长期的。短期的承诺就是要作出爱不爱一个人的决定,长期的承诺则是作出维护这一爱情关系的承诺,包括对爱情的忠诚、责任心。属于爱情的认知成分。

斯腾伯格用这三种成分构成了爱情三角形的三个角,用三角形的面积代表爱情的质与量,认为三角形越大,爱情就越丰富。当然,随着认识时间的增加以及相处方式的改变,上述的三种成分多少将有所改变,爱情的三角形会因其中所组成元素的增减,其形状与大小也会跟着改变。根据亲密、激情和承诺这三种成分在爱情中所占的比例不断变动的情况,斯腾伯格提出了7种不同类型的爱情关系。如图8-1所示。

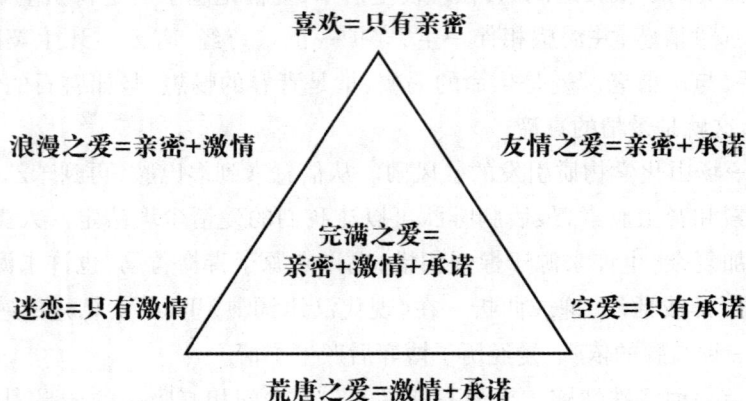

图8-1 斯腾伯格爱情成分图

喜欢:只包括亲密。如友情。

迷恋:只包括激情。如一夜情,当激情过后,常会造成这段感情迅速消退。

空爱:只包括承诺。如中国古代的指腹为婚,依媒妁之言而成的婚姻关系。

浪漫之爱:由亲密与激情组合而成。如罗密欧与朱丽叶之间的爱情,富有激情而浓烈。

友情之爱:由亲密与承诺组合而成。如长期的婚姻关系,和爱人之间的感情较平淡,但绵长不断。

荒唐之爱：由激情与承诺组合而成。如有婚姻的人与第三者之间的感情。渴望激情又无法履行承诺。

完满之爱：是亲密、激情与承诺三者结合，是真爱的本质，是很难达到的完美爱情。

（二）爱情的类型

加拿大社会学家李约翰提出了一项有关"爱情形态"的研究报告，他把爱的形态分为六种：情欲之爱、游戏之爱、友谊之爱、狂热之爱、现实之爱、利他主义之爱。

"情欲之爱"，是建立在"理想化的外在美及占有对方的欲望上"。一个风度翩翩的白马王子，如果能爱他并得到他的爱，那是多么美妙的事！他的外貌完全符合你理想中美的标准，你努力追求他（或接受他的追求），和他一起坠入情网，自以为"有了他的爱，就好像有了全世界"。

"游戏之爱"，"视获得异性的青睐为一种有趣的挑战性游戏，当事人会自我避免感情的投入，且喜欢更换对象"。在男性的眼里，她们大概就是所谓"水性杨花"的一类人。"我只不过是逗她玩的，谁跟她玩真的？"这一类型的恋爱，颇似活动的舞台戏剧，随时随地都可能在我们的生活四周上演，而且经常弄假成真，造成悲剧。

"友谊之爱"，是指"长期相处而不自觉地形成彼此犹如兄妹或好朋友般的自然习惯"。从小在一起长大的青梅竹马的伙伴，或一起进入大学的同学，或多年的同事，彼此从真诚的男女友谊出发，双方的了解日益加深，渐渐有了一致的价值观和对未来的憧憬。这一形态的爱是最常见，甚至也是最平凡的，由这种爱缔结的婚姻最为稳固。

"狂热之爱"，便是指我们常在电影或小说里看到的所谓"催人泪下"的爱，爱上一个人之后就"茶不思，饭不想"，甚至无心工作，整天总想和所爱的人厮守在一起。李约翰认为这是"一种病态的感情，当事人对感情的需求达到强迫性的程度，这种人往往有带缺陷的人格及不愉快的童年"，所以在潜意识里希望获得炽热的爱作为补偿。

"现实之爱"，人们倾向于选择能带给自己酬赏而减少成本的对象。"减少成本"并非"降低真情"。双方在互利的立场上发展感情，而不是浪费真情，有一致的爱情目标，这也是较能持久的爱情关系。

"利他主义之爱"，通常带有宗教色彩，"视爱为一种牺牲、奉献，若有第三者介入，常常慷慨地自我引退"。这种爱是要受苦的，虽然抱着"利他"情操的人常以"我为他受苦"为乐，但人的忍耐并非无限，有一天猛然觉悟受苦毫无意义，也许青春已逝去大半了，那时到底是"衣带渐宽终不悔"呢，还是痛哭流涕，悔不当初呢？

三、爱情中的化学成分

当我们陷入爱情时，会产生多巴胺——这种神经传导物质，不仅能左右人们的行为,还参与情爱过程,激发人对异性情感的产生。

大脑中心——丘脑是人的情爱中心,其间贮藏着丘比特之箭——多种神经递质,也称为恋爱兴奋剂,包括多巴胺、肾上腺素等。当一对男女一见钟情或经过多次了解产生爱慕之情时,丘脑中的多巴胺等神经递质就会源源不断地分泌,势不可当地汹涌而出。于是,我们就有了爱的感觉。

多巴胺带来的"激情",会给人一种错觉,以为爱可以永久狂热。不幸的是,我们的身体无法一直承受这种像可卡因的成分刺激,也就是说,一个人不可能永远处于心跳过速的巅峰状态。科学家还告诉我们:多巴胺的强烈分泌,会使人的大脑产生疲倦感。大脑疲倦了以后,或是减少多巴胺的分泌(也就是俗称的"情到浓时情转薄"),或是干脆自动停止分泌。由此引发的后果就是,或者爱情变淡,或者干脆分手。同时,科学家也警告所有正在发誓天长地久的"疯子"们:爱情最长的保质期是4年。

当然,我们也不必为狂热爱情的短暂而感到悲观,不是所有的人都会因为多巴胺的减少而选择分手,大多数的人因为责任、诺言、情谊等因素选择了坚守爱情与婚姻,还有为数不少的人,还在源源不断地为爱情注入新的活力、新的内容,为爱情的天长地久做着不懈的努力,这是尤为可敬的,这种超越了生理期限以及科学定义的更广阔意义上的爱,或许就是我们人类身上最可贵最可爱的地方。

当多巴胺风起云涌的时候,我们狂热地爱与被爱着,尽情享受爱的甜蜜;当多巴胺风平浪静的时候,我们坦然处之,仍然为爱奉献与努力,不离不弃。

知识拓展

大脑扫描可证明你是否恋爱了

一般人总是凭自己的感觉或者一些生理反应,来判断自己是否爱上了对方,比如说,一见到对方,就会有掏心掏肺的感觉,而且手心出汗,感到头晕,甚至兴奋得好像呼吸也要停止。以此来作出坠入爱河的判断,一般不会有错。但是,在一次欧洲神经学家会议上,伦敦大学的科学家则指出,他们可以通过对大脑进行扫描,从科学的角度获取一个人是否坠入爱河的证明。

伦敦大学神经生物学系教授萨米尔·泽基在介绍他们的实验时指出,他们给16名正在谈恋爱的年轻人看了他们所爱的人的相片以及他们在同时期认识的一位好友的相片,然后对他们进行了大脑核磁共振成像的测试。结果清楚地发现,看朋友的相片时,他们的大脑活动并不活跃,而当看到所爱的人的相片时,他们大脑中的四个区域,就会发生强烈的化学变化,而这四个大脑区域正是对有如可卡因这样的外加物质产生兴奋情绪,能够作出活跃反应的区域。于是科学家得出结论,由于爱情同样会带给人们不同程度的兴奋感,因而大脑这些区域的活跃性,也就同样能够证明一个人是否恋爱了。

四、爱情的产生与发展

爱情的产生和发展过程可以用我们常说的一个动词来展现,这个词就是"恋爱"。"恋""爱"以及"恋爱"形象地将爱情生动地描绘出来。当充满魅力的异性出现时,一开始我们会觉得他(她)"人不错""很漂亮""很诚实"等,从而产生好感。随着进一步交往,好感也逐渐加深,我们开始产生"喜欢""留恋""总想在一起"的感情,这便是"恋"了。"恋"继续发展,感觉"对方比一切都重要,想让他(她)幸福",并想在精神和肉体上与对方发生联系。此时,"爱"的感情已经在心中滋长。不过,要给"爱"和"恋"之间清晰地画一条分界线,是非常困难的。人的感情异常复杂,甚至有"恋"与"爱"共存的状态。"恋爱"这个词就是将"恋"与"爱"组合起来的表达方式。具体说来,完美的爱情的发展经历这样几个阶段。

(一)第一个阶段——热恋期

在这一阶段,男女双方希望能够总是在一起,无论什么时间,一旦对方不在身边就会感觉到寂寞难耐,一旦看不到对方就会坐立不安。相信每个经历过爱情的人都体会过"一日不见,如隔三秋"的感觉。在这一阶段,即使男女双方不在一起,也仍然会时刻想念对方,期待与对方的见面。其实这样难舍难分的感觉同婴儿出生时对母亲的感觉是类似的,婴儿在见不到母亲时会哭泣,母亲一来哭泣立刻停止。这是因为婴儿无法分清母亲与自己的区别,认为自己与母亲是一体的。发展心理学上称之为"依恋关系"。陷入爱河中的人,他们的心理会退行到这样的婴儿时期,一方会感到自己完全属于另一方,甚至认为对方就是自己的一部分,因此会产生"分离焦虑"。所以,我们常常会看到刚刚进入恋爱的人们会"重色轻友""比翼双飞",眼里只有彼此,另一方似乎能够代替整个世界。

(二)第二个阶段——稳定和独立期

热恋期可长可短,一段时间之后,感情会进入稳定期,这个时候至少会有一方开始想要做自己想做的事,也就是开始变得独立起来,而另一方就会因此感到被冷落。这就如同婴儿在成长中会逐渐体会到母亲并不能完全满足自己的需要,当自己想要吃奶的时候,母亲未必都能在第一时间赶到。因此,婴儿能够努力去尝试通过别的途径来满足自己的需要。这样的"适度挫折"会使婴儿渐渐明白母亲并非属于自己,自己与母亲是相互独立的。这表面上会给婴儿带来痛苦的感觉,但其实是有利于婴儿成长的。恋爱关系与之类似又不尽相同。因为恋爱是两个人的事情,双方在成长过程中是存在前后差异的:一般情况下,女生的依赖性较强,因此进入独立期的时间会相对较晚。这就是为什么我们常常会听到女生抱怨自己的男友变了,不再像以前对自己百依百顺、呵护备至,而男生则在恋爱一段时间之后希望能够有自己独立的空间,却一直被女友纠缠得无法安静下来的原因了。

(三)第三个阶段——共生期

这个时期新的相处之道已经形成,你的他已经成为你最亲和最离不开的人了,你们在一起相互扶持,你们在一起不会互相牵绊,而会互相成长。这一时期的恋爱双方不仅仅是在行为上表现出默契,更重要的是心灵上的相互契合。双方在经历了独立期的考验之后,能够成长为独立的自我,同时又能够考虑到对方的感受。两个人愈爱得长久,气质愈来愈相近。你曾经以为他不是你梦寐以求的那种类型,然而,有一天,你惊讶地发现,他已经变成你喜欢的类型,你不必再到处寻觅,他就是你要找的人。共生阶段的爱情不再像热恋期那般轰轰烈烈,但是归于平淡的爱情能够长久保鲜。傍晚时分,携手散步的老年夫妇相偎的身影所传达给我们的是平和与安详,这不仅仅是爱情的真谛,也是人生的真谛所在。

一份爱情倘若能经历这三个阶段,不仅是享受幸福的过程,同时也是人格不断完善的过程,通过热恋期我们延续着自己幼儿时期的依恋关系,同时也能够重塑这样的依恋关系;进入独立期后我们能够通过恋人的回馈重新审视自己,重新认识自己;共生期则是通过与恋人的磨合使得自己人格重新整合的过程。一个好的恋人,一段稳定的爱情,能够让我们最终成为独一无二而又真实的个体。

任务二　恋爱心理分析

爱情是美好的。大学生对美好的爱情充满了向往和追求。但是,由于各种原因,有的学生收获的不是甜蜜和喜悦,是苦恼、失望甚至绝望。爱是包容而不是放纵,爱是关怀而不是宠爱,爱是相互交融而不是单相思,爱是百味而不全是甜蜜。对爱情的处理,仅仅有激情、感情是不够的,还需要冷静、理智。大学生是一个特殊的青年群体。爱情一方面反映了青年人的共性,另一方面又因其所处的大学校园而有其个性,这就使得大学生的恋爱特点独特,恋爱动机复杂,而恋爱困扰也随之出现。

一、大学生恋爱的心理特点

(一)选择的自主性

大学生脱离了家庭的束缚,自主自立意识明显增强,何时谈恋爱、和谁恋爱、怎样恋爱等都不受传统习俗的局限,甚至在确定恋爱关系后,一般都不征求双方父母的意见,大多是自己做主,自由选择,显示出较强的独立性。

（二）动机简单化

许多恋爱的大学生并不会认真地思考并选择一个志同道合、能够托付终身和在生活中彼此携手共进的异性朋友作为恋爱对象,他们恋爱的理由仅仅是凭感觉,因为我喜欢,所以我恋爱;因为我寂寞孤独,而恋爱使双方聊以慰藉;不在乎能否天长地久,只在乎曾经拥有。恋爱与婚姻无关,重要的是现在谈恋爱,而不考虑未来能否结婚、组建家庭、生儿育女等问题。

避免爱上错的人,一个很重要的原则,就是适当待在安全区。每个阶段都会有一个恰当的水平在,永远不要使一个阶段的水平超过前一个阶段的水平。比如说,你还不够了解他,就不要给他太多的信任和依赖。又比如说,你还没有足够信任与依赖他,就不要过早地作出太多承诺。否则,只会让你自己陷入险地。

同时,对于你的伴侣,有几个核心要素需要在了解阶段进行重点考量,如他的家庭背景和童年经历、良知的成熟与否、潜在的包容能力、交往技能、以前的交往模式等。这些能够很好地预测一个人能否成为一个合格的配偶或者父母。虽然,很多人都说爱情是盲目的,但是我们要懂得如何让自己免受伤害。

（三）表达方式公开化

越来越多恋爱中的大学生一改过去的隐蔽形式,转为公开和大胆。不再躲躲闪闪、遮遮掩掩,不在乎别人的注目和议论,在校园里形影不离,大庭广众之下卿卿我我。认为这是两个人之间的私事,别人无权干涉;认为这是感情真诚奔放的自然流露。

案例分析

某高校,一对恋人因在教室拥抱接吻,被监控录像录下,学校以两人发生"非法性行为"为由,勒令他们退学。尽管他们和家人一直与学校沟通和交涉,但校方态度强硬。最后,两人无奈将母校告上法庭。成了备受关注的对象。

新浪网曾在网上进行调查——如何看待出台条例禁止学生在校内牵手接吻? 共有140632人参加,坚决反对占55.25%,赞同占28.95%,不好说占14.8%。虽然反对声音占上风,但校方也认为,这样做的目的主要是希望从正面引导,在父母、亲戚、朋友面前不做的,在公共场合也不要做,学校的做法本无可非议。

恋爱的学生在校园公共场所公开亲昵行为,如拥抱、接吻等,已成为校园文明建设中的一大问题。处于恋爱过程中的大学生,由于性心理的作用,与恋人有一些手拉手、搂抱、接吻等亲昵的举动,这是在性生理和心理本能的驱使下,一种表达爱的方式。然而,这种亲昵行为要适度。没有建立起感情时一厢情愿地亲昵,会引起对方的反感;若不注意环境和场合,在大庭广众之下的亲昵,则会引起他人的反感。

(四)情感不成熟与不稳定性

如今,大学生的恋爱呈现低年级化,人数呈上升趋势。在选择恋爱对象标准上,重外表,轻内在。在恋爱方式上,重形式,轻内容。在恋爱行为中,重过程,轻结果;重享乐,轻责任。加之经济上尚未独立,恋爱过程中感情和思想易变,缺乏妥善处理恋爱中情感纠葛的能力,极易造成恋爱的周期性中断或对恋爱对象的选择飘忽不定,恋爱的成功率很低。

案例分析

失恋

自动化本科班男生李某某与信息工程本科班女生陈某是高中同班同学并且在高中时期就开始谈恋爱。恋爱两年半后,陈某以性格不合、自己已有新的喜欢对象为由提出分手,李某某不同意,并采取极端行为争取挽回陈某。如经常打电话骚扰陈某,每天在寝室楼下等陈某、在其家教地方等候,并曾在宿舍一个人喝下一瓶白酒,在宿舍大叫影响其他同学学习休息。自己也天天烦躁,郁闷,无心学习,荒废学业。这些严重影响了李某某的身心健康,在分手这段时期,李某某茶不思,饭不想,体重接连下降了五六斤。

(五)性态度的自由化

受西方性观念的影响,一些大学生对恋爱中的性行为持无所谓的态度,只要双方相爱,就可以有性行为,对婚前性行为缺乏慎重态度。有些大学生受青春期性本能的驱使或受有性爱描写的影视文学作品的影响,控制力较弱,进行模仿尝试,追求性刺激,以满足性欲望为目的与异性同学交往、恋爱。只追求感官上的愉悦,而忽视或无视爱情内涵中应有的伦理因素。从各校的不完全统计看,近些年来,大学生婚前性行为有增多趋势。

二、大学生恋爱的心理问题

(一)恋爱中常见的心理问题

由大学生恋爱的心理特点,我们可以看出大学生的爱情有很多不成熟且矛盾的地方,而这些不成熟也引发了大学生寻爱过程中的一些心理偏差和心理问题。

1.动机偏差

绝大部分的大学生在恋爱动机上是以达到高层次精神满足为标准的,而不是一味看重对方的家庭背景,这是一种较高尚的恋爱动机。有相当一部分的大学生是以社会地位、经济条件为恋爱标准的,它虽然违反了一定的社会现实,却是一种较为实际的想法,但如果只是为了达到某种目的而与对方交往,如达到分配到理想的地方和工作的目的,则是一种不道德的行为。也有部分大学生是为了生理满足,这不但亵渎了神圣的爱情,长此下去也会严重影响心理健康。也有部分大学生由于心理上的空虚无聊,导致对恋爱的看法出现了偏颇。

2.认知偏差

(1)以自我为中心的心理。当代大学生大多为独生子女,从小习惯了父母的宠爱和呵护,想要摆脱对父母的依赖。可是又习惯了这种衣来伸手、饭来张口的生活,尤其是在心理上总避免不了先考虑自己的心态。在恋爱关系中,这样的自恋心态表现在只要求恋人一切以自己为先,听自己的话,迎合自己的性格,需要为自己服务,而不顾及对方的兴趣、爱好和需求。

(2)求全心理。有的同学理想化自己的爱情,给恋人定下不符合实情的高标准,超过了实际可能性。这样不仅窄小了自己的择偶圈,也减少了恋爱的成功率。进入恋爱中,又会将自己的对象"神化",不允许恋人犯一点错误。

(3)自卑心理。有自卑心理的人,并不一定就是条件很差,而是由于自我评价偏低而产生的。自卑心理易使个人产生害羞、内疚、胆怯和忧伤等消极的情绪体验,这对于大学生爱情也会产生很大的影响。他们总是形单影只,不愿出现在公共场合,不愿与异性同学交往。遇到喜欢的对象也不敢大胆追求,因为担心对方看不起自己。一旦恋爱中受到挫折,又往往会采取自我封闭、不再与他人交往的方式逃避现实。

(4)逆反心理。大学生处在青春期阶段,这一阶段是自我意识发展的又一高峰期,同学们开始关注于内心,希望能够自己为自己做主。当客观现实与主观要求不相符时,大学生们会产生强烈的抵触情绪。因此在恋爱过程中,父母的反对,或者其他不利因素的阻挠,往往会使彼此相爱的态度更加坚决、关系更加紧密、难舍难分。经典的"罗密欧与朱丽叶"的爱情故事就是这种心理的典型代表,因此这一心理现象又被称为"罗密欧朱丽叶效应"。

(5)从众心理。大学生心理不成熟,往往在面对问题时缺乏主见,这一心理在恋爱中的表现是缺乏自己的择偶标准。别人说好,自己就得意;别人说不好,则会觉得不理想。这样选择的爱情往往是不适合自己的。

(6)男权心理。这种心态不仅男性有,女性也有,认为男性地位应该处在女性地位之上,有些女性要求男性的地位、文化水平要比自己高些。而当男性地位、文化水平低于女性时,则没有勇气去追求女方,这是封建社会夫权思想的残余,大学生应该摆脱这一思想的束缚。

(二)恋爱中常见的心理挫折

恋爱并不必然带来光明和幸福,有些体会到的是烦恼和苦涩,在人格尚没有成熟的时候就谈恋爱,对其人生可能带来不利。恋爱中的心理挫折是在所难免的。

1.单恋

单恋是一方的倾慕情感苦于不被对方知晓和接受而造成的一厢情愿式渴望,俗称"单相思"。它仅仅停留在爱恋上而没有发展成相恋。它是一种深沉而无望、畸形的爱情。它充满了毁灭性的激情和疯狂,在幻觉中自愿奉献一切,具有伟大而深刻的悲哀。深刻的单恋是一种难以矫正的心理障碍。

单恋有时会使人一度丧失自尊,不顾人格地乞恋于所恋对象,严重影响人的知觉判断和理性选择,同时也干扰了所恋对象的学习和生活,有时会走向极端,以伤人的方式终结单恋。单恋形成的原因很复杂,主要与单恋者的幻想特质、信念误差和认知偏差等有密切关系。

单恋者有着对于美好浪漫爱情的憧憬,而这一憧憬多是处于爱情的虚幻中,因此,单恋者很难在付出中得到回报,并且容易被另一方伤害。如果过分单恋,将会影响单恋者的情绪,导致心理困扰,甚至是精神障碍。

所以,我们应尝试疏导以摆脱长期的单恋状态,那么有什么具体的办法呢?

首先,用倾诉的方式宣泄情感。不管是单恋中的明恋还是暗恋,单恋者往往会把遭人拒绝或者忽略的痛苦独自承担,这样长此以往会有一种控制力薄弱、压力很大、负担过重的感觉。相反如果能够将心中的滋味倾诉出来,自然能够减轻心灵上的负荷。

其次,审视和发展自己的恋爱观。"我一直在努力,为什么得不到他的爱?""我爱他就够了,他爱不爱我我不在乎。"这些话常常出自单恋者口中,而这些都属于非理性的恋爱观念。恋爱是一种人际关系,既然是关系,就是两个人共同起作用的过程,是男女双方互生爱意的过程,单方面的心意和努力不是成就恋情的关键,爱情不是强求来的。具体来讲,对于暗恋者,在分析双方的言行、思想、核心需要相适应的情况下,可以鼓足勇气尝试表白;对于明恋者,则应看清自己是中了"期望效应"的毒还是对方真的适合自己,值得努力。如果发现自己曾经的判断是错误的,那么就请勇敢地承认自己的爱情错觉,去寻觅那份适合自己的真实的感情。

最后,充分利用社会支持系统。单恋与人际圈变窄是相关的,较狭窄的人际圈会使得感情容易投注在一个人身上,而当感情投注在一个人身上时又会使得人际圈更窄。因此,一旦陷入单恋的苦海中,应有意识地将情感转化为更广泛的爱,以淡化单恋的痛苦。如经常参加集体活动、朋友聚会、陪伴父母、培养自己的兴趣爱好等,只要用心体会,就会发现生活中有很多美好的事情值得我们投入精力和热情。

单相思只能持续36天

英国心理学家佛曼斯特是全世界独一无二专门研究"单相思"问题的专家。2006年,他在《人格与社会心理》杂志上发表了自己的研究心得。佛曼斯特指出,单相思比恋爱更常见。在英国,每年约有100余万人不幸陷入"单相思"泥潭,尤以男性居多。

单相思的模式大多是:起初双方仅是精神交流,接着其中一方萌生爱意,并陷入自己编织的情网中难以自拔,不时用隐晦的语言和行动暗示对方。如果对方年龄在25岁以下,通常会直接拒绝单恋者,30岁以上的人则大多"默不作声",这往往使单恋者产生误解,两人陷入尴尬关系中。

单相思可能发生于任何年龄段,但在14~18岁时更常见,因为少男少女此时正处于爱幻想的青春期,不善于自我控制。而在已婚男女中,60%的人"单相思"过,20%的"多情种子"还可能每年单恋他人2~3次。另外,60岁以上老人也不时出现单恋。

佛曼斯特认为,单相思的普遍化,与电影文化的影响息息相关。因为影片中锲而不舍的单恋比比皆是,终于感动对方的成功案例更让人心动,于是很多人误以为,感情就是由单恋发展起来的,所以很容易陷入"单相思"中难以自拔。

单恋他人的人显得可怜兮兮,但研究显示,被恋的人到最后往往也会忧心忡忡。70%被他人单恋的男女在接受调查时说,起初他(她)会为自己的魅力洋洋得意,但后来渐渐因难以开口正面拒绝,不胜其扰而感到烦恼,甚至生自己的气。值得庆幸的是,单相思大多"寿命"不长,平均每次持续时间仅为36天,绝大多数人能很快走出阴影。

2.自恋

自恋是指一个人只是在自我刺激或自我兴奋中寻求快感,而不需要旁人在场供给任何刺激,同时它的性指向只能是他自己。自恋是人格幼稚,害怕现实生活的一种内化反应,是一种情感生活适应障碍。

自恋现象在婴儿时期便已存在了。开始只是一种身体的自慰快感,并没有性恋的成分存在。但是随着生理成熟,性刺激的不断出现,自恋便逐渐地成为一种生理和心理的需要。一般来说,自恋的过程一旦进入成年的性爱期,便完成了由自恋向他恋的转移。但是也有成年之后仍未摆脱自恋或不能完全摆脱自恋的,这就因人而异了。

3. 多角恋

所谓多角恋,是一个人同时被两个或两个以上的异性所追求并建立了爱情关系。多角恋现象是爱情纠纷的主要原因之一。多角恋实质上是比单恋更为复杂、更为严重的异常现象。调查表明,由于性爱具有排他性、冲动性,因而无论何种多角恋都潜伏着极大的危险性,一旦理智失控,就会给对方及社会带来恶果。

4. 失恋

失恋是指恋爱的一方否认或中止恋爱关系的结果给另一方造成的一种严重挫折。由于恋爱关系是建立在相互完全自由选择的基础上的,因而是不稳定的。如恋爱双方不能把感情升华到相当的程度,终会因一些原因而使恋爱关系保持不下去。

从心理角度看,失恋可以说是大学生在校期间最严重的挫折之一。失恋会引起一系列心理反应,这些不良情绪,如果得不到及时的排除或转移,那么便容易导致失恋者采取自杀、报复或忧郁等方式来适应。

知识拓展　　　　**失恋的心理反应**

悲伤、痛苦、愤怒与绝望。有的人突然失恋以后,在情感上首先会产生极大的悲伤和痛苦,随之而来的便是愤怒和绝望,很可能产生鲁莽的异常行为,如自杀、殉情、报复他人等。

强烈的报复心。这种情况通常发生在一些感情受到欺骗、玩弄的失恋者身上。他们为了宣泄自己的愤怒和不满,可能采取非理智的极端行为,甚至干脆以自己的沉沦来报复社会和他人。

强烈的自卑感。有的失恋者因自尊心受挫会产生强烈的自卑感,有的甚至从此拒绝爱情,性格变得孤僻、古怪,严重者会出现自杀念头或行为。

迁怒于他人或事。失恋后,有的人易将消极的情绪迁怒于他人或事物中去。如易向他人发脾气,对任何事都觉得不顺心、不满意,这种无端的迁怒常会导致偏激行为。

三、大学生恋爱策略指导

(一)谨慎的开始

以正确的爱情观为前提,"不要轻易牵手,也不要轻易放手"。爱情不仅是大学生活的重要主题,也是人生永恒的主题,因此需要严肃地对待爱情,这就需要同学们处理好三个方面的关系,即恋爱与事业、恋爱与友情、恋爱与道德。厘清这三种关系后再开始一段恋爱。

1.恋爱与事业

在人生道路上,爱情固然占有重要的地位。但它不是生活的全部。正确的恋爱观要权衡恋爱和事业的关系。在人生的不同阶段,它们所占的分量也会有所不同。对于大学生来说,同学们仍然处在求学的阶段,处在自我充实和自我价值实现的阶段,因此应将精力更多地投注到学业上,为美好的爱情打下坚实的基础,在成长为一个成熟的、对社会有所贡献的人之后,才可能获得健康幸福的爱情。

2.恋爱与友情

很多同学会对"喜欢"和"爱"迷茫,两者的确有其相似之处,但又有着本质的区别。友情可以存在于同事、同学、朋友之间,没有一个固定的限制,是一种平等真挚的情谊。友情为友谊关系里的人提供一个心灵交流的平台,能够理解帮助他人,是生活中不可或缺的一种精神存在。异性间的友情是爱情的基础,纯洁的友情是恋爱发展的基石。友情是爱情的基础,爱情是友情的更高层次,友情的支柱是理解,爱情的支柱是感情。友情具有广泛性,即友情不受性别、年龄、职业以及朋友数量方面的限制,对异性的友情是排除了性欲等自然因素的。爱情具有专一性和归附性,是最高尚的纯洁感情。总而言之,友情不一定发展成爱情,但爱情中一定包含了友情的成分。

3.恋爱与道德

恋爱作为一种社会活动,同样受社会生活方式的制约。因此,恋爱必然要以社会所认可的方式进行,并且服从一定的社会道德规范。所以,爱情要以彼此互相尊重为前提,以自愿为条件,尽可能多地为他人着想和付出,而不是以自我为中心的一味索取。

自我测验

姑娘与水手

目的:澄清个人价值观,了解他人价值观。

步骤:

1.阅读故事:一艘船遇上了暴风雨,不幸沉没了。船上的人中有4个人幸运地乘上了两艘救生艇。一艘救生艇上坐着水手、姑娘;另一艘上坐着姑娘的未婚夫和他的亲戚。气候恶劣,波浪滔天,两只救生艇被打散了。姑娘乘坐的艇漂到一个小岛上。与未婚夫分开的姑娘惦记着未婚夫,千方百计寻找,但找了一天,一点线索也没有。第二天,天气转好,姑娘仍不死心,继续寻找,还是没找到。有一天,姑娘远远地发现了大海中的一个小岛,她就请求水手:"请修理一下救生艇,带我去那个岛上,好吗?"水手答应了姑娘,但提出一个条件,必须和他匦一夜。姑娘万般无奈,寻未婚夫心切,结果满足了水手的要求。第二天早上,水手修好了艇,带着姑娘去了那个小岛。远远地,她看到了岛上未婚夫的身影,不等船靠岸,姑娘从船上跳进水里,拼命往岸上跑,她一把抱住了未婚夫的胳膊。在未婚夫温暖的怀抱里,姑娘想:要不要告诉他昨晚的事呢?思前想后,她下定决心说明情况。未婚夫一听,顿时大怒,一把推开她,并吼道:"我再不想见到你了。"随即转身跑走。姑娘伤心地边哭边往海边走。见此情景,未婚夫的亲戚走到她的身边,用手拍着她的肩膀说:"你们两人吵架我都看到了,有机会我再找他说说,在这之前,让我来照顾你吧。"

2.故事中出现4个人物:姑娘、未婚夫、水手、未婚夫的亲戚。请同学按照自己的好感程度排序并说出理由。

(二)懂得拒绝追求者

有人追求是对自己价值的肯定,但是追求者再优秀若不适合自己,勉强答应也不会幸福。很多同学认为拒绝他人的追求会给对方造成伤害,但是不能因此就犹豫不决,因为如果出于礼貌或者是顾全大局的思想而无法态度坚决地拒绝,难免会造成对方的误会,让他误以为你也还喜欢他,使得期望越大,失望越大,最后往往带来比拒绝更大的伤害。当然,果断的拒绝并不意味着就要态度强硬、语气生硬,这样做的确会给对方造成很大的心理伤害。当你要拒绝别人的时候,可以选择委婉的语气语调,比如可以赞许对方的人品和才华,然后说明你不接受他的原因,理由要真诚并且合乎情理,让对方感受到你的拒绝并不是否定他这个人,而是从两个人是否适合的角度作出的决定。

(三)用心的经营

爱情就好似一顿丰盛的大餐,酸甜苦辣都在其中,开胃菜是美酒佳酿,正餐却掺杂着涩水苦果。一段感情的开始总是伴随着浪漫的激情体验,但是经营一段感情则要照顾到各个方面,并非一件轻松简单的事情,它需要恋爱双方共同的努力。

1.互爱

"我爱你"三个字并非说起来那么简单。它需要在日常生活中的点滴体现,爱的能力也不是天生就有的,爱是一种能力、一门艺术,需要后天的培养。在一段感情中,我们不仅要提高给予爱的能力,还要提高接受爱的能力。不仅时常问候对方,关注对方的心理感受,让对方为你的爱而充满幸福,还要及时、准确地接收到爱,让对方因为你的觉察而感受到那份爱的价值。

2.互赏

恋爱当中的双方之所以会相互倾慕和迷恋,正源于对于彼此的爱慕与赞美。男性在这一方面体现得更加明显。每个男性都渴望被肯定、被赞美、被重视,而每个女性都渴望被包容、被支持,所以互相赞美、欣赏是爱情的源泉,用它浇灌可以促进爱情开花结果。

3.互信

信任是维持一段关系的基础,对于恋爱关系尤其是这样。猜疑是维持和增进恋人感情的大敌。很多人往往会犯猜疑的错误,恋人一天不打电话或回短信就认为他不爱自己了;恋人和异性多讲了几句话,就认为他移情别恋了。这样的心态表面上看是对恋人的不信任,但实际上是一种不自信的表现。所以,提高自信和自尊水平是维持一段稳定恋爱关系的重要条件。

4.互适

每个人从小到大的生长环境不一样,大到家庭背景、教育、性格,小到吃饭的习惯都会存在差异。想要改变这些近乎与生俱来的差异是很困难的,所以应该努力去适应对方的差异,包容对方的差异,只有这样才能维持爱情的稳定和长久。

(四)果断的结束

"强扭的瓜不甜"。当发现对方并非自己理想的爱人时,当然要提出结束恋爱的要求。但是就如拒绝不适合的追求者一样,结束恋爱关系也需要注意方式方法,在真诚的前提下委婉地表达,同时给予对方最起码的尊重。提出结束爱情的方法大致有三种。

面谈:面谈是最直接的方式,在面谈中要考虑根据对方的性格选择合适的地点。如果对方是脾气暴躁的人,那么地点最好不要选在太偏僻的地方。如果对方是较为脆弱的人,则最好在能够迅速得到支持性力量的地方,以便及时给予对方鼓励和支持。

书信:书信是一种单方面的交流方式,它一方面可以让你斟酌每个字,另一方面可以有缓冲的余地,让对方可以相对冷静地接受你的想法。

中介人的帮助:选择对方熟悉、信任而又非常尊重的人。能够帮其保守秘密的同时给予他安慰和支持。切勿给对方造成的感觉是你在到处损害他的尊严、败坏他的名声。

任务三　培养爱的能力

美籍德裔犹太人弗罗姆在《爱的艺术》中指出,爱是一种能力,也是一种艺术。在现实中,人们祈求爱、渴望爱,然而"愿意学习爱的人却为数寥寥"。爱情是甜蜜的、美好的,生活中人们追求爱情、赞美爱情、渴望爱情,然而要获得爱情首先必须具备爱的能力,而爱的能力又必须经过培养才能获得。

一、培养识别爱的能力

对于渴望爱情的大学生来说，学会识别爱的真伪，是迎接爱情的必要准备。首先，好感不是爱情。好感是一种知觉性的因而比较浅表的感情。尽管爱情有时也是知觉的，例如一见钟情，但它如闪电般直击心灵。好感可能发展为爱情但也不一定会发展成爱情。其次，感情冲动不是爱情。感情的冲动常常是暂时的、脆弱的，往往使人头脑发昏、忘乎所以，甚至作出不久便后悔的愚蠢举动。尽管爱情也需要激情的表达，但这种激情犹如地下滚烫的岩浆，炽热、深沉、持久。

二、掌握迎接爱的能力

大学生要具有迎接爱的能力，就应懂得爱是什么，有健康的恋爱价值观；就应了解自己，知道自己喜欢什么、需要什么、适合什么；就应对自己、对他人、对万事保持敏感和热情；就应主动关心他人、热爱他人；就应在生活的"所有领域里都能保持创造性和主动性"；就应有一种健康心理，能坦然地表达爱或接受爱，能承受求爱的拒绝或拒绝求爱所引起的心理扰乱。苏联著名教育家马卡连柯指出："一个青年人如果不爱他的父母、同志和朋友，他就永远不会爱他所选来做妻子的那个女人。他的非性欲的爱情范围愈广，他的性爱也就愈高尚。"倘若在其他领域消极无能，他在爱的领域也必重蹈覆辙。

三、学会拒绝爱的能力

拒绝爱的能力包括两个方面：一是敢于理智地拒绝不希望得到的爱情。在一份并不希望得到的爱情到来时，优柔寡断，或屈从于对方的穷追不舍的做法是有害的，因为爱情来不得半点勉强和将就，因此，要勇敢地说"不"。二是要掌握恰当的拒绝方式，虽然每个人都有拒绝爱情的能力，但是珍重每一份真挚的感情是对他人的尊重，也是一种自重，同时是对一个人道德情操的检验。生活中善良的人们是这样的：真切地关怀和同情他人的命运，运用一种充满关切、尊重和机智的方式来维护自己也维护他人的利益。一个人的优越与魅力不是靠他的某种条件，而是靠他的心灵来维护。

四、培养发展爱的能力

大学生是时代的骄子，是知识和涵养的代名词，因而他们的恋爱应该显示出高格调、高层次。可以说，恋爱正是对他们气质、情感、理智、伦理、毅力等方面的一次考验。恋爱中的学生应该彼此促进，共同提高，如共同参加一些有意义的集会，谈论一些益智情感的名著，共同浏览观赏一些优美动人的自然景物等，并由此派生出他们对理想、性格、情趣等方面高层次的要求。在此过程中，重新塑造自己的形象，开掘自己的潜能，把爱情转化为事业的高能营养。这样，才能获得爱情的永恒幸福。马卡连柯说："爱的力量只能在人类非性欲的爱情素养中存在。"同时，发展爱的能力，并不是非要具体到对某一异性的爱，可以是更广泛意义上的爱。我们的亲人、同学、朋友、祖国和人民，都值得我们去热爱。发展爱的能力，就是要培养无私的品格和奉献精神，要培养善于处理矛盾的能力，有效地化解消除恋爱和家庭生活中的矛盾纠纷，为恋人负责，为社会负责，才能创造出幸福美满的婚恋。

五、培养承受失恋的能力

失恋通常会带来一系列的心理障碍，需要进行积极的心理调节。首先是正确对待失恋，摆脱自尊的束缚。失恋的人容易失去自信，认为失恋意味着自己无能，有时这是强加给自己的。失恋其实是很自然的事情，对此，超然与雍容的态度非常可取，如果不属于自己，分手本身就是一种幸运；如果是由于自己的经验不足或某方面的不足所致，那就从失败中站起来，认真总结经验努力完善自己。失恋不是失败，失恋更不能失态。

有了对待失恋的正确态度，就可以寻求一些具体的途径解除失恋的痛苦，或是作一次旅行，让自己置于自然的怀抱；或是读读名人的传记，从他人的经历中获得力量；也可以找知心朋友、心理医生或咨询机构倾吐一番，消除心中的郁闷；或是把注意力转向学习、活动，使心理得到某种补偿。无论以哪种形式缓解失恋的苦涩，一份超然的心境是最为重要的。失恋犹如看晚霞，有时人们未及饱览，夜幕就已降临，这时只好把一切美丽收入记忆的深处，以超然的心境站在审美的高度来反观这场遗憾时，谁能说这悲凉里没有过生命的辉煌与美丽呢？

总之，恋爱中不可随意作出许诺，应亲密有度。以身相许并不能保证恋爱的巩固，反而可能成为终身的憾事，女性应特别自重。一个有志向有抱负的青年学生，应将对祖国对事业的贡献放在首位，爱情只能追求，不能强求。一旦恋爱失败，应对其原因作出具体深入的分析，如果确是自己主观因素所致，要认可；如果是对方见异思迁、拜金主义、喜新厌旧等，更没有理由为此痛苦，要及早自我解脱。当遇到感情困惑时，可向心理医生或信任者倾诉，也可寻求合理的渠道给予宣泄，切不可郁闷在心，或自寻短见。

课后自习

一、心理测试

(一)你的爱情是否正常

请在以下各题备选项中选择一项最符合或接近自己想法的。

1.你认为恋爱作为人生一个极其重要的环节,其最终所达到的目的应当是(　　　)

　　A.找到一个情投意合的爱侣

　　B.成家过日子,抚育儿女

　　C.满足性的饥渴

　　D.只是觉得新鲜有趣,没有明确的想法

2.(男女单独做)你是个小伙子,你对未来妻子的最主要的要求是(　　　)

　　A.善于理家做饭,利落能干　　　　　　　　B.容貌漂亮,气质出众

　　C.人品不错,能体贴帮助自己　　　　　　　D.只要爱,其他一切无所谓

　　你是个姑娘,你在选择丈夫时首先考虑的是(　　　)

　　A.潇洒大方,有男子风度

　　B.有钱有势,社交能力强

　　C.为人诚实正直,有进取心,待人和蔼可亲

　　D.只要他爱我,其他都不考虑

3.你决意和对方建立恋爱关系时的心理依据是(　　　)

　　A.彼此各有千秋,但大体相当　　　　　　　B.我比对方优越

　　C.对方比我优越　　　　　　　　　　　　　D.没想过

4.对最佳恋爱时间的考虑是(　　　)

　　A.自己已经成熟,懂得了人生的意义和爱情的内涵,并且确定了事业上的主攻方向

　　B.随着年龄增长,自有贤妻与佳婿光临,"月老"不会忘记每个人

　　C.先下手为强,越早越主动

　　D.没想过

5.你希望自己是这样结识恋人的(　　　)

　　A.青梅竹马,情深意长　　　　　　　　　　B.一见钟情,难分难舍

　　C.在工作和学习中逐渐产生恋情　　　　　　D.经熟人介绍

6.你认为推进爱情的良策是(　　)

A.极力讨好取悦对方　　　　　　　　B.尽力使自己变得更完美

C.百依百顺,言听计从　　　　　　　　D.无计可施

7.人们通常认为:恋爱过程是个相互了解、相互适应和培养感情的过程。既然如此,了解、适应就需要花时间。那么,你希望恋爱的时间是(　　)

A.越短越好,最好是"闪电式"　　　　B.时间依进展而定

C.时间要拖长些　　　　　　　　　　D.自己无主张,全听对方的

8.谁都希望完整全面地了解对方,你觉得了解他(她)的最佳途径是(　　)

A.精心布置特殊场面,连连对恋人进行考验

B.坦诚恳切地交谈,细心地观察

C.通过朋友打听

D.没想过

9.你十分倾心的恋人,随着时间的推移,暴露出一些缺点和不足,这时你(　　)

A.采用婉转的方式告知并帮助对方改进　　　B.因出乎意料而伤脑筋

C.嫌弃对方,犹豫动摇　　　　　　　　　　D.不知道如何是好

10.如果你已初涉爱河之中,一位条件更好的异性对你表示爱慕,你会(　　)

A.说明实情,挚情于恋人　　　　　　B.对其冷淡,但维持友谊

C.瞒着恋人和其来往　　　　　　　　D.感到茫然无措

11.当你倾慕一异性已久并发出爱的信息时,你忽然发现他(她)另有所爱,你怎么办(　　)

A.静观待变,进退自如　　　　　　　B.参与角逐,继续穷追

C.抽身止步,成人之美　　　　　　　D.不知道

12.恋爱进程很少会一帆风顺,而你对恋爱中出现的矛盾、波折怎么看呢(　　)

A.最好平常心。既然已经出现,也是件好事,双方正好趁此了解和考验对方

B.感到伤心难过,认为这是不幸

C.疑虑顿生,就此提出分手

D.束手无策

13.若由于性情不合或其他原因,你们的恋爱搁浅了,对方提出分手。这时你(　　)

A.千方百计缠着对方　　　　　　　　B.到处诋毁对方名誉

C.说声再见,各奔前程　　　　　　　D.不知所措

14.当你十分信赖的恋人背信弃义,喜新厌旧,甩掉你以后,你怎么办?(　　)

A.就当自己认错了人　　　　　　　　B.你不仁,我不义

C.吸取教训,重新开始　　　　　　　D.痛苦得难以自拔

15.你爱途坎坷,多次恋爱均告失败,随着年龄增长进入"老大难"的行列,你会(　　)

A.一如从前,宁缺毋滥　　　　　　　　B.厌弃追求,随便凑合一个

C.检查一下择偶标准是否实际　　　　　D.叹息命运不佳,从此绝望

计分方式:

选择项	A	B	C	D
试题号	得分			
1	3	2	1	1
2	2	1	3	1
3	3	2	1	0
4	3	2	1	0
5	2	1	3	1
6	1	3	2	0
7	1	3	2	0
8	1	3	2	0
9	3	2	1	0
10	3	2	1	0
11	2	1	3	0
12	3	2	1	0
13	2	1	3	0
14	2	1	3	0
15	2	1	3	0

结果说明:

35~45分:甲　　　　25~34分:乙　　　　15~24分:丙　　　　0~14分:丁

甲、科学正确

你是一个成熟的青年,你懂得爱什么和为什么爱,这是你进入情场的最佳入场券。不要怕挫折和失败,它是在考验你的人品,终将在你的高尚人格面前逃遁。尽管大胆地走向你理想中的恋人吧,你的未来婚姻注定会美满幸福。

乙、尚可

你向往真挚而美好的爱情,然而屡屡失误,一时难以如愿。你不妨多看看成功的

朋友,将恋爱作为纯洁无比的追求,不断校正爱情之舟的航线,这样你与幸福相遇就不远了。

丙、需要重新考虑

与那些情场上的佼佼者相比,你的恋爱观存在不少问题,甚至有不健康之处,如果你已轻率贸然进入恋爱,劝你及早退出。

丁、还未形成

爱情对于你来说是一个迷蒙恐怖的世界,你需要防备圈套和袭击。故建议读几本婚恋指导书籍,稍许成熟些,再涉爱河不迟。

(二)爱情与喜欢量表

"喜欢"与"爱情"你分辨得出来吗? 不管你是否恋爱,试着对自己的情况或想法勾选下列符合自己目前恋爱状况或对爱情憧憬的项目。(可复选)

爱情量表

1.他情绪低落的时候,我觉得很重要的责任就是使他快乐起来。

2.在所有的事件上我都可以信赖他。

3.我觉得要忽略他的过失是一件很容易的事。

4.我愿意为他做所有的事情。

5.对他,有一点占有欲。

6.若不能跟他在一起,我觉得非常不幸。

7.我孤寂时,首先想到的就是要去找他。

8.他幸福与否是我很关心的事。

9.我愿意宽恕他所做的任何事。

10.我觉得他得到幸福是我的责任。

11.当和他在一起时,我发现我什么都不做,只是用眼睛看着他。

12.若我也能让他百分之百的信赖,我会觉得十分快乐。

13.没有他,我觉得难以生活下去。

喜欢量表

14.当和他在一起时,我发觉好像二人都想做相同的事情。

15.我认为他非常好。

16.我愿意推荐他去做为人所尊敬的事。

17.以我看来,他特别成熟。

18.我对他有高度的信心。

19.我觉得什么人跟他相处,大部分都有很好的印象。

20.我觉得他跟我很相似。

21.我愿意在班上或团体中,做什么事都投他一票。

22.我觉得他是许多人中,容易让别人尊敬的一个。

23.我认为他是十二万分聪明的。

24.我觉得他在我所有认识的人中,是非常讨人喜欢的。

25.他是我很想学的那种人。

26.我觉得他非常容易赢得别人的好感。

结果分析:

你的勾选项目若集中在1至13项者,表示你对他的感情以"爱情"成分居多;而大多集中在14至26项者,表示你对他的感情以"喜欢"成分居多。

二、案例阅读

失恋是为真爱让路

刚上大二时,我的一个挺铁的哥们儿,与班上的一个姑娘谈上了恋爱,那女孩圆圆脸,肤色特别好,脾气也不错。他们爱得死去活来,他每天向我描述恋爱甜蜜许多次。可没想到快毕业时,那哥们儿的感情遇到了不测风云。他的女朋友要南下,广东有一个男孩在那里等她。

那段日子,他像祥林嫂一样一遍遍地问我:"怎么四年的感情说没就没了呢?好歹也见过家长,她父母还挺喜欢我的,可那个男孩算什么,只不过是去广东找工作时认识的,才一个月而已,才一个月而已呀!"他抱着和女朋友的合照,常常一看就是个把钟头,整天茶不思,饭不想,用他当时对我说的话,就是"日子已到了尽头,我觉得活下去都没有意思了"。

当然,后来他活得好好的,毕业后去了北京读研究生,并拥有了新的爱情。

事后,同学常拿这事笑他,他发了一通脾气后,大家才不再提这件事了。他说,感谢失恋,失恋是为真爱让路。

在爱情上"春风得意马蹄疾"的人毕竟太少。

尽管文人们勾勒了一个又一个"一见钟情"的美丽故事,但那毕竟是故事。

因此,当失恋不期而至时,千万不要悲悲戚戚,更不要哭天喊地,应当庆贺,感谢对方拒绝了你,不是吗?正因为有了对方的拒绝,你才拥有了再度选择的机会!正因为有了对方的拒绝,你才重新有了高度的自由!

失恋固然是一种悲哀,但它更是一种解脱!只有调整好心态,才能走出失恋的阴影!分手以后你是不是只顾着哭泣,或是向好友控诉对方的所有不好,还是让自己憔悴不堪?……亲爱的,别再这样。这段恋情结束了,说不定是自己的错呢?还不快收拾心情,找找自己的原因,为下一段恋情的美丽和圆满做好准备吧。

正面反思

与其痛苦地嘶吼"为什么要抛弃我",不如正面去检讨自己为什么会被"放弃"。一个人不再爱另一个人,并不代表那个人就一定不好,那或许只是两个人之间再也无法沟通、不再有两心契合的感动而已。所以，你可以大喊"是他不懂得珍惜我的好"。可是，也不要将所有的过错都推到对方身上，因为那或许会让自己心情好一点，却不见得是最好的方法，还必须检讨自己是否有足以让别人珍惜的好。

顺其自然

人的思想最是叛逆，愈强迫愈反抗。暂时镇压情绪和抑制思路，只会让下一波情绪再起时，更加痛苦。所以，我们提倡以毒攻毒，让泪畅其流，悲尽其哀，让思念和悲伤尽情爆发，肆意去接触那些易触动情绪的物品或情境，直到反应趋疲、感觉麻痹为止。热恋时是盲目的，失恋了就该擦亮双眼，清醒清醒，翻翻旧账，想想对方的恶言劣行、寡义薄情。这样就越来越讨厌对方，厌恶到咬牙切齿、大倒胃口。

所以，与其让自己因憎恨而变得面目狰狞，不妨让自己更美丽吧！

三、课后思考

1.大学生恋爱心理的特点是什么？

2.我们该如何减少恋爱中的嫉妒心理？

3.请结合实际谈谈如何处理恋爱中出现的各种问题。

专题九 走进性科学——性心理

专题导读

性是一把"双刃剑",既能带给人美好、幸福的感觉,又能让人感到痛苦、悲伤。本专题的主要内容包括性心理的基本内涵以及大学生性生理和性心理的表现和特点、大学生性心理存在的问题及原因。重点是了解性心理存在的问题以及如何看待大学生同居现象。

学习目标

1.知晓爱与性、婚姻的内涵和主要内容,掌握性心理的本质特点。
2.学习处理好性问题及婚姻问题的基本方法,塑造性心理健康。
3.通过性心理的学习,进行有效的自我保护,明确对社会的责任和义务。

案例导航

小莉是英语专业的学生,男友佳奇阳光、帅气,二人已经交往两年,关系稳定。但是在一周前,佳奇委婉地暗示小莉:两人关系如此好,希望关系进一步发展。小莉当时就明白了佳奇的想法,但她是一个保守的女生,婉转地拒绝了。小莉认为,自己现在刚大学三年级,未来还有很多不确定,不希望现在就发生这样的事情。但是她非常喜欢佳奇,担心自己对佳奇的拒绝会破坏两人的关系。对此,小莉感到纠结和迷茫。

任务一　爱与性

一、性是美好的

性是自然界生息繁衍的基础,没有性,世界就不会如此色彩斑斓、美丽多彩、生气勃勃。在阳光下摇曳生姿的花朵,散发着芬芳的气息,招蜂引蝶,从而实现自己与同类的结合,春华而秋实,自身繁殖的同时,为动物甚至人类提供了食物;那些霸气十足的雄狮、美丽开屏的孔雀,在展示自己力与美的同时,也在吸引异性,让自己的种族延续。人类,作为自然界的一部分,生息繁衍也是在性的生理功能上实现的。没有性,就没有人类的存在和延续。

性能够给人带来美妙的体验,而且性的美好不仅体现在生理体验上。它的美好也是有条件的,这种条件就是彼此的接纳、亲密、深层信任以及承诺。没有承诺,没有心灵、情感和理智的合一,肉体的结合是空洞的、无意义的,甚至会带来伤害。如果在没有承诺的关系中发生性行为,当双方分开的时候,就会体验到心灵的伤害和背叛。

性是美好关系的体现,但性本身并不能创造美好的关系。期待以性来提供或得到一个承诺是不可能的,那些为了寻求亲密和接纳而与别人发生性关系的行为,是不可取的。想通过性关系获得亲密感的人就好像把床单当作降落伞,终究是会失败的。如果没有情感和心灵上的交流和承诺,单单的性行为本身即使能带来快感,也已经变成了空洞、以自我为中心的动物性本能。

二、亲密关系≠性关系

青春期处于性冲动高峰期,在这个时期人表现出强烈的性冲动,这是一个生理健康的人的正常表现。我们也要认识到:性需要是人正常的生理需要,是建立亲密关系的基础之一;爱情是建立在性欲的基础上,爱情之所以能够产生,其所具有的物质基础就是生命的存活和性欲的产生。但同时,我们还要认识到:物质性并不是爱情的唯一特性,爱情还有三个特性,分别是:利他性,以对方的幸福为自己的幸福;忠诚性,爱情是长期、稳定的,否则就是幼稚的感情;成长性,爱情中的双方既有和对方融合的时候,也能保证双方人格的独立和自由,能够促进双方的幸福和成长。因此可以说,性是爱情这种亲密关系的一部分,但是亲密关系不等于性关系。

将亲密关系等同于性关系的观念是建立在一个错误的观点之上的:肉体上的满

足能够解决我们心理和情感上的需要。比如,一个女子需要安全感,她认为如果同一个男人发生性关系的话,他就可以真心对待她并给她十足的安全感。不幸的是,这种关系的基础是错误的。如果一个男人和一个女人在一起只是为了发生性关系以满足自己的欲望的话,那么整个关系就是建立在自私的基础上。这又能够期望有什么样的安全感呢?这种性关系反而会破坏信任,进而导致亲密感的慢慢消失。

另外,在有些情况下,没有性的因素也可以建立亲密关系,我们对归属感和爱的渴望可以在没有性的情况下实现。事实上,情感上的亲密要比生理上的亲密更有力量,因为这种亲密关系是基于两人之间的信任而产生的。

三、恋爱中绕不开的问题——性

性是美好的,但同时也会对我们的身体、心理和情感带来伤害,所以面对性我们要慎之又慎。爱进行到一定的程度,有激情和性的需求是正常的,所以,这也是恋爱过程中绕不过去的一个话题。

恋爱中,男生可能会说:"反正我们以后也要结婚,何必等这么久呢?""爱我就给我吧。"这时候女孩便犹疑不定、进退两难,不知如何是好。此时,如果你的心里还有一点疑惑,比如你不确定他是否适合你,或者你担心他和你发生性行为后就会改变态度,或者你对性还没有起码的了解,你还不想以身相许,哪怕只有一丁点的顾虑,那么就不要半推半就地答应他。

如果你是一个极有原则的女孩,具有极强的自我约束力,无论在怎样的情况下都坚信能拒绝诱惑,那么你可以这样回答:

"对不起,我不能这样做,因为我们对彼此的了解还不够深入,我要对自己的选择负责任,不能这样随便,那样对彼此都是一种伤害。"

"我现在只想和你做朋友。我希望我们能从朋友顺其自然地走到一起,你能等待吗?"

"若真有缘分,我们总会属于彼此,既然你说你真的爱我,那来日方长,为什么不把最美的一刻留到新婚之夜呢?"

"我很爱你,如果你也真的爱我的话,请尊重我,尊重我的选择,也尊重你自己,让我们一起在自我约束中走向成熟,好吗?"

这样的回答温柔却坚决,相信只要是通情达理的男生,只要他真的爱你,都会因你的坚持而接受你的拒绝。但并不是所有的女孩都能如上述般坚决,多数的女孩在一定的情况下会不知所措、犹疑不定,在内心极其矛盾的情况下糊里糊涂地把自己交出去。这样的女孩有的是太在乎对方的感受,担心对方不高兴而不忍心说出拒绝的话;有的是不好意思说清楚,拒绝的态度不够坚决和明朗,使男生更加想入非非;更多的时候则是两个人在或浪漫或激动或喝醉的特定氛围和情境下意乱情迷,失去控制。总之,有很多种原因和状况。如果是这样的女孩子,你也许可以尝试在恋爱之初就约法三章,设定君子协定,在交往的过程中,也要尽可能少地制造让人意乱情迷的环境氛围。

如果你因一念之差,或主动或被动地与恋人发生了性关系,那么,事后也没有必要过多地自责和埋怨,而应从中吸取教训,不再明知故犯,既不要"反正是他的人了"而放纵自己,也不要觉得自己失去贞操而产生种种自卑感。一个人是否纯洁,不在于她是否是处女,而取决于她的思想与人生观。

另外,作为男生,应懂得自制,应该审慎思考性行为可能给自己以及对方造成的后果,清楚自己要承担的责任。如果你真爱你的女友,你要尊重她、呵护她,而不是伤害她、强迫她。

总之,在做决定前多进行一些思考,为自己的决定负责任,尝试培养自己"自制"的能力,为自己的幸福加分。

四、性行为导致的问题

(一)意外怀孕和堕胎

性行为的一个可能后果就是怀孕和堕胎。怀孕原本意味着一个新生命的开始,但对于大学生而言,无疑是一个噩梦的开始。婚姻中的女方怀孕往往伴随的是家庭的关心呵护及对新生命的期待,而大学生怀孕往往伴随的是痛苦和伤害。

当一个大学生怀孕后,往往会选择人工流产,而人工流产会给女性的身体造成各种各样的伤害,如内分泌功能紊乱、出血或闭经,下次怀孕的自然流产率提高,严重的甚至会导致生育功能障碍,即不孕症。此外,人工流产还让她们为夺走自己孩子的生命而悔恨和痛苦。

对于避免婚前怀孕问题,首先是尽量在婚前避免性行为的发生;其次是在性行为时采取安全、有效的避孕措施。正确使用避孕套是一种有效、安全的方式,不仅可以预防性传播疾病,而且没有避孕药的副作用,但如果使用不当也会导致怀孕。另外,也可以采用口服避孕药和杀精剂的方式。同时也要知道,口服避孕药并不能防止性传播疾病,杀精剂也存在一定的失败率而致使女性怀孕。所以没有一种避孕方法是万无一失的,在发生性行为之前一定要慎重考虑。

(二)加深心理和情感上的痛苦

性是为婚姻预备的,建立在彼此信任和承诺基础上的性,能够使人获得一个终身的亲密关系、得到内心的喜悦、与对方达到心灵深处的契合以及生殖方面的健康。然而在现实生活中,只有部分发生婚前性行为的人最终走向婚姻,这也就意味着许多人在婚前性行为发生后结束了他们的关系。

这类婚前性行为会让一部分人感觉受到了侮辱；还有些人挣扎于罪恶感、羞耻感和痛苦之中，不知如何面对未来的伴侣，不知能否向未来的另一半坦诚；当然也有人认为自己占到了便宜。研究表明，婚前性行为对未来的婚姻有一定的负面影响，对于一部分已经有过婚前性行为的人来说，他们在信任自己的婚姻伴侣方面会存在一定的问题，而这一切都是来源于过往的经历。

（三）带来身体上的伤害

身体承载着我们的情感和智慧，我们需要保护好它。性行为最为破坏性和永久性的后果之一就是感染上性传播疾病。在一项对艾滋病的长期研究中，医生们发现，疾病很容易在年轻人当中传播。如果有人发现自己感染上了艾滋病，他们多数人不愿意告诉自己的性伙伴。只有大约一半的人会对与自己保持长期规律性关系的伙伴坦言自己是HIV病毒携带者，但几乎没有人会特意将这个事实告诉一个偶然的性伙伴。这就意味着，任何在婚姻之外发生性关系的人都将自己置于感染上性传播疾病的危险之中。

预防性传播疾病唯一安全、有效的办法是禁止婚前性行为，以及在婚姻中对伴侣忠诚，避免发生婚外性行为。只有这样，感染性病、艾滋病的概率才会大大降低。如果无法做到这些，正确使用避孕套可以降低感染性病、艾滋病的概率。但避孕套并不是万无一失的安全保障，因为在避孕套没有遮盖到的部位如有皮肤破损，仍可感染性病、艾滋病。

任务二　生殖系统发育与青春期

一、青春期的成长发育

青春期是指由儿童生长发育成为有生育能力的成人的过渡时期，通常是在10~16岁之间。女孩的青春期约在10~11岁开始。男孩的青春期稍晚一些，约在12~13岁开始。青春期的发动是由于体内性激素的变化。人体的神经系统和内分泌系统调节控制着人体的发育。在青春期以前，与生殖器官发育有关的下丘脑、垂体和性腺就已开始分泌有关的激素，但那时下丘脑对性激素十分敏感。性腺（睾丸和卵巢）分泌的雄激素和雌激素对下丘脑的负反馈作用，使下丘脑释放的促性腺激素释放激素（GnRH）的水平很低。到了青春期，由于现在还不清楚的原因，下丘脑对性激素（雄激素、雌激素等)的敏感性降低,因而血液中的性激素对下丘脑的负反馈作用降低,下丘脑开始增加GnRH的分泌。GnRH促使垂体增加促性腺激素——促卵泡激素(FSH)和黄体生成素(LH)的分泌。促性腺激素就会刺激性器官的发育,促使主要的性器官(睾丸和卵巢)增加分泌性激素(雄激素、雌激素等)。雄激素和雌激素分泌的增加就会分别引起男孩、女孩身体的一系列的变化,如雄激素促进生长,引发男性第二性征的发育,促使睾丸产生精子;雌激素促进生长,促进卵巢中的卵子发生和卵泡成长,促进女性第二性征的发育等。这便是青春期的开始。

(一)青春期女孩的变化

1.身体的发育变化

女孩到青春期身体都迅速增长,体形和体内组织器官也有变化,生殖器官和第二性征迅速发育。如前所述,女孩在10~11岁生长速率开始加快,12~13岁生长速率最高,一般到15~16岁停止增长。女孩青春期第一个可见的标志是乳房的发育,乳头胀大,乳房组织增长。约在10~12岁围绕乳头的部位皮下脂肪组织增加,乳腺开始发育,乳头长大,乳晕也扩大。但并不是所有女孩都有这一阶段,有些女孩没有这一阶段就直接进入下一阶段。乳晕不再突出于乳房,而是圆形乳房的一部分。乳头向外突起。乳房内乳腺和导管进一步发育,周围包着脂肪组织。这时的乳腺和导管并未充分发育,还不能分泌乳汁。

许多女孩关心自己乳房的大小和形状,担心自己乳房的发育。这种担忧主要是由于一些媒体、广告中宣传所谓的"完美"的乳房所造成的。其实,乳房有各种形状和大小。一个女孩乳房的形状、大小是由从父母遗传下来的基因所决定的。有些女孩的乳头不向外突出,而是陷在乳晕中。她们可以放心,当她们年纪更大一些的时候乳头是会长出来的。即使乳头没有突出来也不影响她们乳房的发育,可以在怀孕时设法矫正。据有关报道,怀孕时用手指在乳头外侧向外搓拉皮肤,每天进行,可使乳头突出。

阴毛的生长也是女孩青春期的一个标志。大约在11~12岁开始在大阴唇外侧或阴阜出现比平常体毛更长更黑的阴毛。成年阶段,阴毛分布在阴阜区呈倒三角形。一个女孩阴毛的分布与多少也是由遗传所决定的。在青春期,由于卵巢分泌的雌激素增多,导致女孩臀部和大腿的脂肪增加,逐渐显现出女性丰满的体形。在青春期,由于垂体分泌的促性腺激素增多,促使女性内生殖器官进一步发育。卵巢、输卵管和阴道都由幼稚状态发育到成熟状态。

当一个女婴诞生的时候,她的卵巢大约含有百万个初级卵泡,其中大部分在青春期之前退化并被身体吸收,只剩下几万个处于一种休眠状态。在青春期开始时,垂体分泌的促性腺激素促卵泡激素增多,促使卵巢长大,雌激素分泌增加,初级卵泡开始成熟,而到青春期的后期开始释放卵子。一旦开始排卵,就会大约每28天排卵一次,体内还会发生相应的变化,这便是月经周期。月经周期开始后直到40~50岁的绝经期,每位女性一生大约排卵400~500个。

在青春期,女孩的子宫大约长到她的握紧了的拳头大小,而且向前倾斜,靠在膀胱的背面上。在雌激素的作用下子宫里面的子宫内膜增厚,血液供给增加。在青春期开始时,阴道开始增长。在青春期的早期,阴道会流出一种清澈的或乳状的液体。这是阴道和子宫颈产生的液体,是一种正常的、自然的分泌,有清洁阴道的作用。如果分泌物有臭味,或颜色改变,或有刺激感,就应请医生检查治疗。

2. 月经

在儿童时期,卵巢生长并分泌少量雌激素。这些雌激素抑制下丘脑释放 GnRH。临近青春期,下丘脑对雌激素的敏感性降低,开始有节律地脉冲式地释放 GnRH。GnRH 刺激腺垂体释放促性腺激素(FSH 和 LH),这两种激素则激活卵巢。血液中 FSH 和 LH 浓度继续升高,持续约4年。在这段时间,青春期少女不排卵,当然也不会怀孕。直到激素的相互作用达到稳定水平,进入成熟阶段,通常在青春期开始两年后第一个卵子成熟并从卵巢中释放出来。如卵子未受精,增厚的子宫内膜脱落,随血液流出。这便是女孩的第一次月经(又称初潮)。然而在初潮后的一两年,许多女生月经周期仍然不规律,也不经常排卵。在初潮后的第三年月经周期才有规律。月经周期是卵巢周期性变化的反映。女孩出现月经初潮,是进入青春期的标志。有规律的月经周期和规律性地排卵,是女性性成熟的标志。

(二)青春期男孩的变化

青春期男孩外生殖器的发育显示青春期以前,与身体其他部分一样,阴茎和睾丸在逐渐生长,还没有出现阴毛。从11~12岁起外生殖器开始发生变化,青春期开始了。男孩青春期到来的标志是睾丸和阴囊的加速增长。睾丸加速增长,准备生产精子,开始分泌雄激素——睾酮。睾酮促使男性第二性征发育。阴囊的皮肤变薄,起皱,颜色变深。阴囊长大,使睾丸下垂,离腹部更远一些。这使睾丸的温度低于体核的温度,有利于精子的健康发育成长。12~13岁,睾丸继续发育,阴囊继续长大,皮肤颜色加深,阴茎也长大,在阴茎基部出现稀疏的阴毛。13~15岁,睾丸和阴囊继续长大,阴茎的长度和直径都继续增长,阴茎头也增大。阴毛继续增长,呈倒三角形分布。在这个时期,睾丸与体内有关生殖腺的机能已经相当发育,不少的男孩出现第一次射精。最后,到15~16岁时基本上发育成熟,阴茎、睾丸、阴囊都已充分发育到成人的大小。不过到达这一阶段的年龄并不一致,有的在15岁以前,有的则在17~18岁。

青春期生长的激增也表现在外貌上。男性由于前额、颊和鼻的骨骼的生长,面部显得更有棱角。男女躯体的区分变得更为明显,男性肩膀的宽度大为增加,女性髋部的宽度也显著增加。在青春期的后期,出现胡须和腋毛以及大汗腺;出现喉结,声音变低沉。青春期是从童年到成年的转变时期,不仅在身体上有急剧的变化,在心理上、精神上也有重大的变化。

1.阴茎勃起

阴茎勃起并不是从青春期开始的,小男孩在青春期以前阴茎就会勃起,甚至出生前在妈妈子宫中的男性胎儿的阴茎也会勃起。青春期的男孩更易出现勃起。阴茎勃起往往是由来自大脑的信息所引起的。大脑可以由于各种原因发出勃起的信息,可以由于看到性感的图像,也可以由于想到性,或触摸到可以引起性感的身体部位,等等。不少的男孩或男人早晨醒来时阴茎在勃起,这往往是由于膀胱被尿液充满所引起的。男青年或成年男性在一夜的睡眠中会有几次勃起,这是由于在一夜的睡眠中有两种睡眠状态交替出现,一种叫作慢波睡眠,一种叫作异相睡眠,在异相睡眠时往往会出现阴茎勃起。

2.遗精

男孩出现第一次射精往往是在睡梦中发生的,叫作遗精。这是进入青春期的标志。初期精液中并无精子,要到睾丸成熟后精液中才有精子,所以精液中出现精子是性成熟的标志。健康的男青年在性器官成熟后就会不断地产生精子和精液,储存在输精管道中。当储存到一定数量时便会由于对管道等处的刺激而引起反射性的射精活动,出现遗精。再经过一段时间,身体产生的精子和精液又聚集到一定数量,又会出现遗精。这是一种正常的现象,也是身体健康的一种表现,不必担忧。

3.自慰

性成熟的青年会通过对性器官的抚摩、刺激而引起性兴奋或性高潮,这种行为称为自慰(手淫)。性成熟的男青年血液中雄激素浓度升高,性欲增强,因而易引发这种解除性紧张的行为。据调查,95%以上的男青年在婚前有过这种行为。过去认为自慰是一种有害健康的不良行为。现在看来,自慰所产生的生理变化与性交所产生的生理变化并没有差别,笼统地说自慰有害健康是没有根据的。当然,如果沉溺于这种行为,不论对男性或女性,都会带来不良的后果。

4.青春痘与腋臭

青春期的男女青年都容易发生青春痘和腋臭。所谓青春痘,在医学上叫作痤疮。人体皮肤上有大量的皮脂腺,分泌皮脂滋润皮肤与毛发。在青春期,雄激素的分泌增加,刺激皮脂腺的增生与分泌。如果皮脂腺的导管被黏稠的皮脂或死细胞堵塞,皮脂聚集在皮脂腺内。如果这种皮脂再被细菌感染,便会肿胀,发红,有时出现痛感,还会在皮肤表面形成充满脓液的囊肿。这便是痤疮,常出现在面部和颈部。由于男青年的雄激素分泌较女青年的多,所以男青年发生痤疮的比较多。

痤疮常引起青年人很大的烦恼。预防痤疮有效的方法是经常保持皮肤清洁,用抗菌肥皂或洗涤液清洗皮肤,除去油脂和细菌,避免皮脂腺堵塞和感染;不要使用油脂性的化妆品;更不要用手去挤压出现的丘疹,以免引起感染。经过一段时间,由于体内激素的变化,痤疮就会逐渐消失。如果症状较重应请医生诊治。

在青春期,男女青年常出现的另一种情况是腋臭,这是由大汗腺的分泌物引起的。大汗腺分布在腋窝、阴部、足部等处,到了青春期在性激素的作用下才开始发育成熟。大汗腺分泌物中的油脂酸在皮肤表面的细菌作用下转化为不饱和脂肪酸,发出难闻的臭味。由于雌激素的作用比雄激素的强,而且女性的大汗腺比男性的多,所以女性出现腋臭比男性多。由于大汗腺的分泌物要在细菌的作用下才会发出臭味,所以经常清洗除去汗液是减轻腋臭的有效方法。随着年龄的增长,大汗腺逐渐消失,腋臭也会逐渐减轻、消失。

二、性反应的生理学

人类的性反应的基础是人体内生理机能的变化。在青春期开始的时候,人体内分泌系统发生变化,与生殖机能有关的内分泌腺进一步发育,推动了男女生殖系统和整个身体的发育。经过青春期的发育,男孩、女孩成长为得到充分发育的、具备繁衍后代能力的男女青年。性成熟的标志,男性是精液中出现精子;女性是出现有规律的月经并有规律地排卵。随着生理机能的成熟,在心理上也就会出现性欲。性欲是指进行性行为的欲望,是人类的一种本能,是与生俱来的,也就是古人所说的"食、色,性也"。性欲往往是在相关的性刺激作用下引发出来的。

(一)触觉刺激在性反应中的重要作用

人体有视觉、听觉、味觉、嗅觉和触觉五种接受外界刺激的感觉器官。人类大部分的外来信息都是通过视觉和听觉获得的,因此视觉和听觉是两种最重要的感觉器官。但是,有关性的刺激主要是从触觉获得的。有关性的触觉刺激可以直接引起反射性反应,而不必通过神经系统的高级中枢,如大脑。

人体的皮肤中分布着大量的触觉感受器。如果用一根较硬的毛发轻触皮肤,可以发现触觉的点状分布。在有毛区域往往可以在毛根的旁边找到感受触觉的"点"。在毛根的周围有裸露的神经末梢围绕,由于杠杆作用,触到毛发的力被放大了许多倍,增加了敏感性。在无毛区域的真皮中还有一种触觉小体,在皮下组织中有一种环层小体,这些也是触觉感受器。

这些触觉感受器在全身皮肤上呈点状分布,有的部位感受器的密度大,有的部位感受器的密度小。因此,身体有些部位比较敏感,而另一些部位就不大敏感。在身体表面的触觉敏感区中,有些部位特别容易引起性反应或性兴奋,这些部位被称为性感区(又称"动情区")。男性的性感区主要集中在外生殖器周围,以阴茎头和阴茎体腹侧皮肤最为敏感。此外,唇、舌、会阴、大腿内侧等部位也敏感。对男性外生殖器性感区的触觉刺激(抚摩、牵拉)可以引起阴茎勃起。这是一种非条件反射。在性成熟后,在非条件的性反射的基础上，还可以对视觉（图画）、听觉（声音）、嗅觉（气味）等刺激建立条件反射，也就是说，图像、声音、气味等都可以引起性反应。同时，语言、文字也可以成为性刺激，引起性反应。这些反应则是后天学习得来的。

女性的性感区的分布比男性的更广，一般包括阴蒂、阴唇、阴道、嘴唇、耳垂、乳房（特别是乳头）、大腿内侧、颈部、背部等，而以阴蒂和乳头最敏感。这些部位对性刺激敏感，但不能说身体的其他部位就不敏感。有些人对身体其他部位的抚摩也能引起性反应，甚至是很强的反应。性感区也有个人的特点。

（二）人类性反应的探究

人类性反应的生理学研究开始于20世纪50年代。在此以前，性学研究的先驱多采用社会调查、个人面谈等方法收集资料，进行研究。20世纪50年代，马斯特斯（W.H.Masters）和约翰逊（V.E.Johnson）并肩闯入性反应实验研究的禁区。他们运用现代的实验技术手段实地观察男女性反应，对人类性反应的解剖学和生理学研究取得突破性进展，把性学研究提高到科学实验研究的水平。他们指出，"要明确人类性行为的这些基本原则，就必须回答这样两个问题：当男人和女人对有效的性刺激作出应答时会发生什么样的躯体反应？为什么男女会对有效的性刺激作出如此的反应？如果要使人类性功能障碍得到成功的治疗，医学和行为科学必须对这些基本问题给以回答"。他们的研究对象是男女各100多人的志愿者，他们观察了上万次的性反应过程。

> **知识拓展**
>
> ### 威廉·豪威尔·马斯特斯
>
> 20世纪30年代末，马斯特斯在罗切斯特大学医学院学习时，曾在著名的解剖学家柯纳（G.H.Corner）博士的指导下研究兔类子宫内膜在生殖周期中的变化，使他对性学的研究产生了很大的兴趣。但是，当时性学研究还是一个禁区，人们闭口不谈这个问题，图书馆中有关性问题的书籍非经特别许可不得借阅。马斯特斯在1943年获得医学博士学位后就决心从事性生理学的研究。他敏锐地观察到这个领域几乎没有人研究过，在这个领域内他有机会作出重要的科学发现。为此，他去请教柯纳博士。柯纳教授鉴于当时的社会情况，建议他先不要开展性的研究，并忠告他要先在其他科学领域建立起自己的声望，年龄更大一些，还要得到主要大学或医学院的支持，在此之后再开展这方面的研究。马斯特斯接受了这些忠告。1948—1954年，马斯特斯在圣路易斯华盛顿大学医学院先后发表25篇医学论文，并主持妇产科研究。1954年，他在妇产科设立生殖生物学研究室，并组织一个以校长为首的委员会，成员包括警察局特派员和新闻界代表人物。这都是为了取得各

方面对性学研究的支持。

(三)人类性反应的模式

马斯特斯和约翰逊在大量观察的基础上,把人类男性和女性的性反应的周期划分为四个阶段:兴奋期、平台期、高潮期和消退期。根据马斯特斯和约翰逊的研究,男性的性反应只有一种模式,女性的性反应模式则有多种。这些反应模式与引起性反应的性刺激的类型无关,因为性高潮的生理变化都是相同的。

人类性反应周期的第一阶段,即兴奋期,可由躯体性或心理性的刺激所引起。只要刺激强度足够,反应就会迅速增强。如果继续给予有效刺激,则将从兴奋期进入平台期。在这一时期性紧张更加强烈,最后由此进入高潮期。性高潮以后进入消退期。性反应周期各阶段的持续时间以兴奋期和消退期最长,平台期次之,高潮期最短。对于男性,消退期还包括不应期。这是指男性在第一次性交后必须经过一个休息期才能对新的性刺激发生反应。这种性不应期紧随高潮期并延续到消退期。在这个期间,男性不能完全勃起和再次达到性高潮。随着年龄的增长,性不应期会逐渐延长。男性对再次刺激的生理反应能力比女性要慢得多。女性不存在性不应期,在性高潮结束后又可对新的性刺激发生反应,从而可能再次达到性高潮,因而女性有可能在较短时间内连续出现性高潮。

(四)性反应中的生理变化

在性反应中,不只是性器官发生变化,人体各部分也都会发生变化。身体各部分对性刺激的反应各有不同,但有两类反应是比较普遍的。这两类反应就是血管充血和肌肉收缩。在性反应时,首先是性器官充血,最明显的表现是阴茎勃起。在性兴奋时,进入阴茎的动脉管扩大,流入阴茎的血液增加,阴茎因充血而勃起。在女性的性器官中也有类似的机制,在身体的表层和深层多有血管充血的情况。

在平时,身体的肌肉都有一定程度的收缩,并不是完全放松的。在性兴奋时,骨骼肌和平滑肌的收缩增强,肌肉的紧张程度升高。有时有些肌肉在性高潮兴奋时会出现阵发性的痉挛。性高潮后这类肌肉紧张便会迅速消失。

(五)性反应周期中女性的变化

1.兴奋期

兴奋期可以由躯体刺激所引发,如抚摩、拥抱、接吻等,也可以由其他多种刺激引发,如一种回忆、一种香味、一幅图画等。马斯特斯将这些可以引发性反应的刺激称为有效性刺激。女性对有效性刺激的第一反应是阴道润湿。在刺激作用后的10~30秒,阴道壁上出现许多小液滴,好像阴道在"出汗"一样。这种"出汗"反应并不是来自某些腺体的分泌,而是由于阴道壁中的血管舒张,血液中的液体从毛细血管壁渗漏出来形成的。阴道液澄清透明,在性交中主要起润滑作用。阴道液稍呈碱性,而在一般情况下阴道内的液体呈酸性,这恰好起中和作用,有利于精子的运动。可以说,阴道壁润湿是女性性反应的首要表现,是性交前的生理准备。

在兴奋期,阴道还有两个变化:一是阴道伸长;二是阴道壁颜色加深,这是由于血管扩张、充血的结果。在兴奋期中,阴蒂充血,阴蒂头尤其显著,其直径可增大一倍。如果阴蒂及其与阴阜相连区域受到直接刺激,阴蒂的充血反应会更快,更明显。阴蒂一旦充血勃起就会持续到性周期结束。小阴唇充血较迟。经过生产的女性在性兴奋期大阴唇明显充血、肿大,可达平时的2~3倍。未经生产的女性大阴唇扁平,两侧分开。在性兴奋时,子宫由原来向前倾的位置上抬,子宫颈升高使阴道后部扩张。

2. 平台期

在平台期,女性阴道的外三分之一段充血肿胀,形成高潮平台,使阴道口变窄;同时,内段进一步扩张,阴道液分泌减少。阴蒂在平台期回缩到阴蒂包皮内,但仍呈勃起状态。小阴唇明显充血、肿大,甚至达到平时的2~3倍,颜色变为淡红色,甚至鲜红色。子宫进一步上抬,阴道后部进一步扩张。

3. 高潮期

在女性性高潮时,阴道外段的高潮平台反应最为明显,出现节律性收缩,开始时每隔0.8秒收缩一次。高潮平台收缩的强度越大越快,女性体验到的快感越强烈。此时阴蒂进一步回缩到阴蒂包皮内,从外面看不见。在阴道平台区收缩的同时,子宫从底部开始收缩。节律性的收缩从子宫底部一直发展到子宫颈。女性性高潮的持续时间从几秒到几十秒。性高潮是积累的神经肌肉的兴奋的释放,在主观上产生强烈的快感。女性具有经历多次性高潮的能力,在性高潮结束后又可对新的性刺激产生反应,从而再次达到性高潮。

4. 消退期

在消退期,原先由于性兴奋引起的性器官的变化开始消失。女性的高潮平台迅速消退,阴道壁缓慢地恢复到平常的状态。阴唇迅速恢复到充血前的状态。阴蒂在性高潮后几秒内会迅速伸出,但要经过几分钟,甚至更长的时间阴蒂的肿胀才会完全消退。

(六)性反应周期中男性的变化

1. 兴奋期

男性性兴奋时最突出的表现是阴茎勃起。在男性,从婴儿到老人,不论是清醒状态还是睡眠状态都会发生阴茎勃起。阴茎的勃起是逐步发生的,从平时到兴奋期再到高潮期,阴茎充血的程度逐步增加。年轻时勃起很快,几秒钟就可以发生,老年人的反应就比较慢。性兴奋时,阴囊收缩,睾丸上提、充血、体积增大。

2. 平台期

男性的阴茎在平台期进一步充血,阴茎头颜色加深。阴囊加厚,睾丸继续上提,更接近腹部,体积继续增大,可增大50%,前列腺体积也增大。尿道球腺分泌一种透明的碱性黏液流入阴茎中的尿道到达阴茎顶端,还可从尿道溢出。

3.高潮期

成年男性的性高潮就是射精。第一阶段为激发期,附性器官(前列腺、精囊腺、输精管)都发生特征性的有节律的收缩,将其中的内容物注入扩张的尿道球部。这时感到精液即将射出,无法阻止了。第二阶段为射精期,阴茎根部的肌肉与尿道、阴茎一起强烈收缩将精液射出。开始时,这种收缩大约每隔0.8秒一次,几次强烈的收缩后变慢,变弱。

射精是将精液从男性生殖管道系统排出体外。当传出冲动激发勃起达到临界水平时,便会引发一个脊髓反射,在交感神经产生大量的传出冲动发放。其结果是:生殖管道蠕动,将其中的精子和精液挤入尿道;膀胱括约肌收缩,阻止尿液排出和精液回流入膀胱;阴茎的球海绵体肌进行一系列的快速收缩,从尿道排出精液。这些有节律的肌肉收缩伴随着强烈的快感和许多系统的变化,如广泛的肌肉收缩、心搏加快和血压的升高。整个事件叫作性高潮。

4.消退期

性高潮之后出现肌肉放松和心理放松,供给阴茎血液的微动脉收缩,使阴茎重新变得疲软。男性的勃起分两个阶段消退:先是阴茎的充血程度迅速降低,回到半勃起状态;其后充血状态进一步逐渐消退,最后阴茎回缩到兴奋前的状态。

射精之后出现一个不应期,从几分钟到几小时,在此期间男性不可能达到另一个性高潮。

(七)生殖器以外的性反应

性反应并不只是性器官的反应,性反应是一种全身性的反应。在性反应周期中,心脏血管系统、呼吸系统、皮肤系统等都有明显的变化。

在平台期,心搏加快,心搏率可由平常的每分钟60~80次增加到每分钟100~160次;同时血压明显升高。这种变化相当于激烈运动时的水平。呼吸频率也随之改变,在平台期呼吸变深变快,到了高潮期呼吸率由平常时每分钟15次加快到每分钟40次。在性兴奋时皮肤系统也有反应,包括出现潮红,出汗和体温变化。性兴奋时,女性乳房也会出现明显的变化:首先是乳头勃起,整个乳房充血,乳房和乳晕胀大,在乳房的皮肤上也会出现潮红。

女性的性高潮时也伴随全身肌肉紧张,心率和血压升高,子宫发生有节律的收缩。与男性相同,性高潮也伴随强烈的快感,接着便是全身松弛,还感到一种温暖的浪潮流遍全身。男性必须达到性高潮并射精,才会使女性受精。但女性的性高潮对于怀孕并不是必需的。有些女性从来没有经历过性高潮。

任务三　预备婚姻：为幸福早做准备

恋爱是美丽的,婚姻却是神圣的。婚姻的基础是爱情,是依恋,是尊重。婚姻对你而言意味着什么？面对婚姻,自己需要做好哪些心理准备？幸福婚姻的基础是什么？如何走向幸福之旅？……如果你现在对这些问题没有答案,但同时又对未来的家庭生活心怀一份美好的憧憬,那就从现在开始努力,来看看你对并不遥远的未来婚姻,能够做怎样的准备！

一、如何看待同居

同居是爱情的试金石,还是美丽的陷阱？从法律意义上讲,大学生已经是成人,已经到了能为自己的行为负责任的年龄。当恋爱关系发展到一定阶段,许多恋人会选择同居。

同居是什么？同居是指两个人出于某种目的而暂时居住在一起,现一般用于异性之间。同居跟结婚不一样,结婚是获得了法律承认的夫妻关系,不可以随便解除,如果非要解除则须通过一定的法律程序；同居是不被法律承认的一种行为,可以随时出于当事人的意愿而终止关系。同居各方都没有任何法律保障。

伴随社会的发展,同居现象在青年恋人间也非常普遍。有人说同居是爱情的试金石,能够让恋人之间彼此磨合,顺利进入婚姻；也有人说同居是美丽的陷阱,落入其中之后,发现爱情和婚姻是完全不同的两回事,让自己伤痕累累。那么,同居是什么呢？

(一)同居是试金石

同居可以是婚姻的前奏。同居可以为恋人提供一个亲密而安全的空间,能够让彼此在日常生活的点滴中看清对方的优点、缺点,认识对方的家庭、教育、生活习惯,提高彼此的认识程度和接纳程度,从而让彼此爱得更深,从而顺利地走向婚姻,因而同居就成为婚姻的前奏。

同居可以治疗"婚姻恐惧症"。很多大学生可以接受爱情,但是对待婚姻却有一种"敬而远之"的态度,认为婚姻太麻烦,或者是因为自己受原生家庭的影响而不愿结婚。当进入一段"完美的同居"后,良好的亲密关系会让其认识到原来婚姻并不像自已想象的那样可怕,从而走进婚姻的殿堂。如此,同居就成为一剂治疗"婚姻恐惧症"的良方,使婚姻成为可能。

(二)同居也是美丽的陷阱

尽管同居能够像婚姻一样使双方建立亲密关系,但是同居不是婚姻,同居可能带来性行为所带来的不良后果,如怀孕、堕胎和心理、情感、身体上的痛苦。例如在一项大学生同居态度调查中,有近50%的同居者对自己的同居生活感到不满意,并有相当程度的女大学生表示后悔,她们没能从同居中获得自己想要的东西,当同居关系出现问题后受到了很大的伤害,并对同居行为本身产生怀疑。除此之外,同居会带来哪些负面的影响呢?

1.同居在情感上带来不稳定因素

同居关系中的承诺并不如婚姻中的承诺那样坚实。也许在同居男女的内心深处潜伏着一种恐惧——如果他们达不到对方的期待,其伴侣就会选择离开,因此这种恐惧会迫使他们为了维持同居关系而去承受一些不应忍受的事情。比如对于女性而言,同居后发现对方不适合自己,但是因为担心被人指责不洁身自爱而不敢离开,甚至会忍受对方的暴力行为。

2.同居无法使双方得到法律上的保护

在婚姻中发生的问题,同样会发生在同居关系中,但是同居者无法得到婚姻双方能够得到的法律保护。在遇到冲突时,已婚夫妇更愿意去原谅对方并重新开始,而同居的人不一定会努力寻找解决问题的方法,往往会选择分手。

3.有些同居的人可能永远也不会结婚

美国临床心理学家珍妮丝·史普林说:"女人寻找灵魂伴侣,男人寻找玩乐的伙伴。女人相信,因为有爱,恋爱和风流都是合理的。男人呢?只要不提爱情就成。"专家说有40%~50%的同居伴侣根本不考虑结婚。对于同居,绝大多数女大学生认为这是向婚姻发展的过程,而多数男大学生的动机是性。

例如在同居的理由上,男女大学生的第一位原因均为"更好地了解对方",在第二位原因上,男大学生选择了"满足生理需要"(30.6%),女大学生选择了"因为对方的要求"(32.1%)。从中不难看出,恋爱中的男女双方都希望维系这段感情,力争更好地了解自己的恋人,然而男生常常为了满足自身的生理需要而主动提出发生性关系甚至同居关系,而女生则多处于被动的状态。当同居关系结束时,女方会受到很多不必要的伤害。

4.同居并不能保证今后的婚姻一帆风顺

美国心理学博士约瑟夫·诺温斯基说:"同居通常只是为了推迟结婚的决定。"国外的研究数据表明,有近55%的同居者走入了婚姻的殿堂,有45%的同居者没有结婚。同时,还有研究表明,那些婚前同居的人离婚的比率比未同居的人高33%。事实上,研究者已经确定了同居效应,即先同居过的伴侣比那些没有同居过的伴侣婚姻更不稳定,换句话说,同居未必以婚姻为目的,而当它走向婚姻时,则更可能导致离婚。

5.解除同居关系如同离婚一样痛苦

当伴侣对同居关系不再满意、结束同居关系的困难较少时,以及一方有了新的伴侣时,同居关系就会走向结束。对同居双方而言,结束关系是很艰难的,让彼此体验到身体上和情绪上的痛苦,让人容易心怀愤怒和仇恨。有些人可能通过自己的社会支持系统来帮助自己渡过难关,而有些人则可能借酒浇愁,还有一些人会采取一些过激行为进行宣泄、报复。

因此,我们可以将同居作为试婚的方式,用来了解彼此的生活习惯和秉性,以此决定最终要不要走入婚姻殿堂。如果最终没有走到一起,那它带来的损失远远小于一次失败婚姻的损失;另外,我们也要谙熟其可能带来的负面影响,慎重决定是否同居。

二、幸福婚姻的密码

婚姻就像建筑物,如果没有得到维持和改善,就会随着时间而陈旧、损毁。我们不能简单地期望爱情关系会像建筑物那样保持自身的稳定,这种稳定来源于彼此对于婚姻的经营和贡献。那么,幸福婚姻的密码是什么呢?

(一)给对方足够的空间

在一份感情中,无论是恋人关系还是夫妻关系,两个人的身份必须是平等的,只有这样才有基础去建立和谐、美满的相处关系。给对方足够的空间,体现在以下几个方面。

第一,接受对方是独特的人,是与你不同的人,你不能要求对方事事都有和你一样的看法和做法,懂得相处之道的夫妻会求同存异,在重要的价值观上保持一致,在其他烦琐的事情上给对方留有空间。

第二,爱一个人,不是控制一个人,因为爱他不等于有控制他的权利。有的人在结婚之后总是有想要控制对方的欲望,密切关注对方的一举一动,这会让伴侣感觉透不过气来。爱他/她,就给他/她一定的自由,将两个人紧紧束缚在一起未必是明智之举。

第三,一个人不能改变另一个人,除非他愿意作出改变,因为每个人都只能改变自己。世界上最难的事情就是将一种思想灌输到另一个人的脑中,将一个人改造成为另外一个样子。有些事情要顺其自然,不要强迫对方作出改变。

如果把一个人需要的空间想象成一个圈,就像数字"0",两个人合成的系统可以组成"0"。如果要这个合成系统运行良好,使两个人的关系维持下去并具有建设性发展的潜力,就必须允许两个圈存在,让两个人都有自己的空间,这样才能使两个人既相互连接又相互独立,并有着广阔的发展前景。如果不允许对方有自己的空间,那么,久而久之,两个人的关系发展到最后就有可能真的成为数字"0"——你保持了自己,但是你在两个人关系中却一无所有。

在恋爱或婚姻中不能给对方足够的空间,往往是因为一方把自己"献给了对方"以表示对对方的爱和忠贞,从而希望从对方获得以下的回报。

(1)自己"属于"对方,对方就是"拥有"你了。在这种"你拥有我,我拥有你"的感情关系中,很容易产生抱怨和纠葛,让对方感觉很辛苦的同时,自己也很辛苦。

(2)在"我属于你"这种观念影响下,很容易衍生出"你要照顾我"的观念,于是,独立的人就成为一个依赖的人,遇到问题时会责备对方"你没有照顾我"。此时,自己关注的中心在于竭力证明自己的"控诉"是正确的,如何让对方明白我的控诉和如何控制对方以让其来照顾我。

(3)"我是你的",就表明自己不会再有私人的空间和时间,因此在和对方发生争执和矛盾时,难以建立自己的私人空间来独自思考问题,往往互相纠缠。

从心理学角度来看,"我是你的"是一种孩子式的思维模式,与"我是你的"这种观念相伴随的观念往往是"你是我的",这是一种心理不成熟的思维方式,因为自己不愿意成长,不愿意承担责任,希望对方继续做自己的"父母",像"父母"保护孩子一样保护自己。生活在这种观念中的伴侣会很辛苦,因为他是和一个"小孩子"结婚。因此,每个人都应该相信自己有能力照顾自己,让对方有自己的时间,同时陪伴对方去做他喜欢的事情。

知识拓展

两性关系类型解读

共生关系

两个圆同样大,重叠在一起。共生的双方都视与对方合一为最高境界。

这种共生的关系,严重地说是一种病态,但却也是许多情侣、夫妻一直在追求、努力经营的关系。一直到有一天,其中一方感到窒息,想要追求自由,也就是关系面临挑战与破灭的危急时刻。只有尽早检视自己的两性关系,适时调整、沟通,给予自己与对方更多的空间与成长,感情才能持久。

寄生关系

一个大圆,一个小圆,小圆依附在大圆之内。这样的关系,对寄生的人而言,寄主是他的全部,而对寄主而言,寄生的人只是他的一小部分。在这样的关系里,彼此紧紧缠住对方,处于这样的状态下,寄生者与寄主两方都是痛苦的,都是辛苦的。当然也有一些角色互调的状况,有些内在心灵、心理力量比较强的女性会碰到情绪、心理上比较脆弱、依赖需求比较强烈的男性，形成特殊的寄生关系。个人的心理、人格若不健全，也特别容易产生寄生关系，双方对彼此的需求特别多，情绪起伏特别大，很容易互相伤害。社会上常见到一些情杀的暴力、血腥事件，多半是寄生者因人格、心理不健全而过度依附感情，寄生关系遭到威胁或破灭时，一时无法承受或一时失去理智所致，因此寄生的两性关系是不健康的或者可以说是病态的。

各自独立关系

两个圆一般大，或差不多大小，各自独立而无交集。在这样的关系中，常因彼此距离拿捏不当而渐行渐远。人类是心灵高度发展的动物，也是群居的生物，人除了有独立自主的需求以外，还有亲密、联结的需求。有些人为了追求自己的独立自主权，甚至因为害怕失去独立自主而宁可舍弃关系。像这样的情况，有可能是因为童年成长过程中被父母操控、干涉造成一些创痛性的经验，而导致不愿意被干涉、被控制的心态，由此形成各自独立的关系。这种看似自由、没有牵绊的关系，相对地也会失去亲密、联结，无法得到心灵的滋润与心理更深层次的满足，这样的关系也是不健康的。

相互依存关系

两个圆一般大，有交集也有各自独立的部分。在这样的关系里，有亲密的交流，也有尊重对方独立自主的一面。在男女相处四种关系里，这是一种最健康的关系形态。一个健康的两性关系，是彼此有交会的时候，同时也有独立的时候。有联结、亲密，也有自主独立；有共同的生活重心，也有各自的社交圈子。两个来自不同成长环境的人，彼此的心灵刻画着不同的人生经验，在坦诚的互动过程中，会自然地产生某些交集。在心灵交会的时刻，也同时去尊重、了解、接纳还没有办法交集的部分，给予对方更多的时间、包容与沟通，双方共同努力，维持健康的关系。

(二)提高沟通技巧

恋人在相处的过程中，必定会发生冲突，但是冲突并不一定对关系具有破坏力，重要的是伴侣双方尝试解决问题的方式。华盛顿大学心理学教授戈尔曼在夫妻冲突的研究中发现，那些在冲突中表现出开放和平静态度的夫妻倾向于在冲突中提高对关系的满意度，那些彼此防卫和回避的夫妻关系则会恶化。导致关系恶化的一个重要因素是男性的"筑墙"行为，即对对方的言语没有任何反应。女性表现出过于和善、过多的抱怨或者用语言表达出过多的轻视，这些都是关系恶化的预测因素。面部表情也能预测关系的恶化，特别是女性表现出的厌恶、男性表现出的恐惧，以及男女都表现出的苦笑。这些非言语的行为伴随着较多的防卫、借口、否认责任。

因此,沟通是影响恋爱和婚姻关系满意度的关键因素,如果伴侣双方都愿意减少抱怨和指责,增加肯定和赞同,腾出时间表达彼此的观点,每天一起休闲,那么婚姻关系就会得到改善。为了提高沟通效率,就要掌握一定的沟通技巧,与伴侣进行有效沟通。那么,有效的沟通技巧主要包括哪些呢?

1.沟通有诚意

沟通有诚意,就是在沟通中要做好自我改变或接纳的准备。在一个人成长的过程中,每个人都会有自己的价值观和判断,但是如果遇到事情时,总认为自己是对的,希望对方能够认同自己,而不是自己准备改变或放弃一些东西的话,那么就很难与一个人长期友好相处。在恋爱或婚姻关系中,在刚开始时对方会因为爱而迁就,但是这份迁就不会长久,同时这份迁就往往也是不和谐状态出现的前奏。

要学会处理愤怒。现实中,我们每一个人都会有愤怒、烦躁等不良情绪。因此,当问题出现时,如果带着烦躁和愤怒去沟通,那么很容易导致争吵和冲突,使事情更难处理。因此,此时你要以一个解决问题的态度来回应对方,给对方一个真实的表达。例如,你可以这样回答:"我现在有点心烦,不想用这个态度和你说话,如果可以,我们明天上午再谈这件事。"这能够帮助对方理解你的情绪,同时也能够让对方有"同甘共苦"的感觉,有利于对方接受和解决问题。

2.彼此支持

每个人都是不完美的,包括我们自己。在生活中,我们要学会支持自己的伴侣,特别是他做得不完美的时候。如果在众人面前,他说错了,不要马上进行更正,最好的方式是在两个人独处的时候再进行沟通;当他已经做了一些决定或采取了一些行为,只要不会产生严重的后果或太高的代价,就顺其自然,尽管这些决定不是最好的选择。这样做是为了让对方感觉到你的支持和信任,有利于良好关系的建立。

3.避免批评、抱怨

没有人喜欢听别人对自己的批评和抱怨。如果总与一个抱怨的人生活在一起,绝对是一件非常不愉快的事情,因为没有人愿意在批评和抱怨声中度过一生。批评和抱怨会导致情侣貌合神离,在距离上很近,但是在内心很遥远,因此这种关系带有虚伪、敷衍的成分。

经常批评和抱怨的人是还没有长大的孩子,他们希望通过批评的方式让周围世界的人、事、物有所改变,用抱怨的方式表达没有获得满足的预期。这种思维方式或行为方式来自他的原生家庭,其父母在他小时候总是尽量满足他的需求,现在则希望自己的伴侣能像父母一样满足自己的需求。但是这样会使其伴侣觉得非常辛苦,时刻感受到来自对方的压力。心智发展成熟的人是用"接受"的态度来面对所有的人、事、物,通过思考判断情况的发展方向,而不是单纯地希望世界因自己而改变。因此,当批评和抱怨伴侣时,要先学会反思自己,让自我成长,而不是寄希望于他人。

4.避免嘲笑

感情关系中的两个人,必须有平等的地位,只有这样双方才能体验到快乐和满足。嘲笑会让人感觉到自己的地位被压低了,会让人心生愤怒,并且一有机会就会实施报复,以把握"平等"的机会。这样就会形成一个怪圈,彼此都寻找平衡,都找机会嘲笑对方,因此就出现了持续不断的纷争,以致两个人的关系出现裂痕。

被嘲笑的感觉是怎样的呢?伴侣双方在发生这类事情的时候,如果能够对具体事件或言语有所觉察,及时进行交流和沟通,让彼此明白自己的真实感受和内心体验,那么嘲笑的发生概率就会大大降低。道理很简单,谁都不愿意让自己所爱的人受到伤害,更不愿意这种伤害来自自己。

5.保持各自自我的边界感

很多人对恋人的事情过度敏感,在很多事情上总是刨根问底,期望恋人对自己"毫无保留"。刨根问底的实质是控制。对于对方的事情,很多人会以"好奇"为借口不断探究,根本的原因是自己的安全感不足,尤其是当恋人做了一些自己不认同甚至反对的事情时,自己便有了刨根问底的欲望,表现出对恋人的不信任,要求其汇报思想、坦白交代。

刨根问底这种做法,会让伴侣感到压抑。每个人都有自己的空间,伴侣之间也是如此。即使再亲密的关系,彼此的空间可以最大限度地相交,但绝对不是重合。刨根问底,就是在侵入伴侣的个人空间,难免会让对方有被控制的感觉。因此,只有在亲密关系中保持彼此的自我界限,让彼此都有各自的空间,才能促进亲密关系的进一步发展。

(三)要有相处的"黄金时间"

"黄金时间"就是两个人一同做些开心事的时间,这些事情不是为了工作或者其他事务,而只是为了两人关系的真正提升。对于每对恋人来说,都要有两个人相处的"黄金时间"来做一些双方都愿意做的事情,这些事情不一定需要花费很多金钱,但是却能增进彼此的感情。

(四)要接受对方的家庭

婚姻不仅仅是两个人的结合,更是让两个原本不相干的家庭建立了特殊关系。男女双方分别加入对方的家庭体系中,并成为其中的重要一员。爱人的亲人,包括与其有血缘关系的人,统称为姻亲,姻亲关系是因婚姻的成立而发生的。处理与姻亲的关系,甚至从恋爱就已经开始,贯穿婚姻生活的整个生命周期。

姻亲关系之所以难处理,是因为人们在价值观念、生活环境、教育背景等方面存在差异,同时在生活中会出现经济利益方面的联系和纠纷,从而导致矛盾和摩擦的产生。面对姻亲关系,很多人都会感到非常棘手、难以处理,即使是中国古代的皇帝,虽然拥有至高无上的权力,但是当他面对姻亲关系时,往往也会有很多无奈。"门当户对"之说,就是在一定程度上谋求两个家庭在观念上的最大程度的相似,以减少观念上的冲突。

在处理姻亲关系时,特别是处理与爱人父母的关系时,要心怀感激之心,因为没有他们,就没有你的爱人,是他们培养了你爱人所有迷人的优良品质,让他成为你的伴侣。因此,在处理姻亲关系时要"爱屋及乌",爱自己的爱人,也要学着去爱他的父母、家人以及其他相关的人。加强家庭纽带的同时,也会使自己的婚姻关系变得更加稳定和牢固。

(五)要学会处理自己的冲突和情绪

在亲密关系中,总会有冲突发生,同时冲突又常伴有负性情绪出现。那些让人感到欢欣喜悦的情绪,例如兴奋、愉快、欢乐等被称为积极情绪或正性情绪,而那些紧张、恐惧、愤怒、焦虑、抑郁、惊慌等情绪被称为消极情绪或负性情绪。其中,负性情绪对亲密关系具有强大的破坏力和杀伤力,能够让一段美好的亲密关系走向崩溃的边缘。批评、蔑视、攻击和退缩尤其具有破坏性,而乐趣、幽默和好玩会使婚姻的满意度上升。因此,在亲密关系中,要学会处理冲突,学会处理自己的负性情绪。

当冲突发生时,不要总坚持"我是对的"。在每一件事情上都坚持"我是对的"的人,其婚姻关系一般比较糟糕。因为婚姻是两个人生活在一起,而世界上没有两个人凡事都能有一致的看法,因此一个人如果不放弃一些自己的看法并接受一些不同的看法,是无法成功地与任何人共同生活的。良好的婚姻关系意味着要学习接受彼此的差异,如果有必要,那就做一个合理的妥协,这将使伴侣感到被关怀、被倾听和被重视。尤其是当伴侣在他人面前的表现不符合你的预期的时候,你应该支持他,而不是做第一个批评他的人。

要处理自己的负性情绪,首先,要觉察负性情绪的存在,并知道这是什么样的情绪。其次,面对负性情绪时,不要尝试着去压抑它或者逃离它。实证研究表明,"长期逃避冲突"是预测离婚率最准确的指标。最后,要学会积极、主动地调节自己的情绪,例如可以采用改变自己的认知观念、向他人倾诉、和伴侣讨论具体事件、自我放松等方法,从而缓解自己的情绪,积极、稳妥地处理亲密关系中出现的问题。

课后自习

一、心理测试

心理训练营:相约"黄金时间"

第一步

在2分钟内,请你列举你和你的伴侣在最近2个月内所做的事情:

1.开心地一起完成的事情;

2.在60~90分钟内完成的事情;

3.不用花钱或者只花很少的钱完成的事情。

第二步

在认真思考你的答案之后,请你看看对你答案的解释:

1.4件事情或以下:赶快做些事情,你的亲密关系已经亮了红灯;

2.5~8件事情:两人的相处只是维持不下滑,或者可能已经下滑了还没有察觉;

3.9~12件事情:应该添加更多的乐趣,在有空的时候,两个人多坐下来谈谈,找出更多的提升空间;

4.12件以上:恭喜你,但是要记得常做检讨,确保两个人的关系维持在健康的水平。

第三步

如果你没有数出12次"黄金时间",你可以按照以下的步骤做些尝试:

第一阶段

1.两人找一个优雅、宁静的地方坐下,准备一张纸、一支笔。

2.每人轮流写下一件事。这件事是你们认为两人一起做会开心的、在60~90分钟内完成的,并且不用花钱或者只要花很少的钱。在一个人写的时候,另一个人不能反对、批评、否定或者质疑。

3.两个人轮流写,待纸上有了20件事后,进行第二阶段。

第二阶段

1.两个人看着纸上的每一项,说"同意"或者"不同意"。只准说这两句之一,不能说其他的话。两个人都同意的事情留下,只有一个人同意的删掉。

2.待看完纸上的20件事后,数一数留下的有多少。如果不足12项,请重复第一阶段的工作。

第三阶段

根据这张"黄金时间"事项清单,每周找出一些时间完成一两项。3~6个月后,再做一张新的清单出来。

二、案例阅读

同居故事：爱情≠生活

大学生同居一直是社会所关注的焦点问题。相比前些年公众如洪水猛兽般的口诛笔伐，如今社会对大学生未婚同居的包容度高了许多。但是，随着婚前性行为年龄的提早、大学生堕胎现象日益增多，大学生同居带来的问题不得不引起重视。而大学生的观念也在发生着变化。最近在一个大学校园的街头，采访女大学生和男友同居的感受：

女生A：自己属于那种特别懒散的人，但是自己的男友是学霸的那种，而且每天生活特别规律，每次他就说我怎么这么懒啊，怎么今天又没有把该学的学了呀，当时出来住的时候就希望我俩能有个私密的空间，互相可以督促学习，现在看来我不把我男友成绩拉下来就不错了，哈哈！

女生B：太懒了。以前没住在一起还觉得他挺干净的，挺勤快的，结果住在一起以后才发现，当时我真的是被蒙骗了呀，每天衣服满地扔不说，还天天打游戏！

女生C：大学如果不谈一场轰轰烈烈的恋爱，怕以后自己后悔，至于感受，不住在一起的时候还挺好的，一住在一起俩人总会吵架，现在感觉还不如自己过自己的，互相都保持一定距离更好。

女生D：实习的地方离学校很远，我就搬出去住了，男朋友自然也就过来和我一起住。有一次我们一起去超市，我突然看到他开始捏西红柿，把西红柿都给捏坏了，我问他干嘛啊？他说西红柿捏坏就会当成坏的卖，可以省钱，反正我们拿回家就炒，捏坏了无所谓。我瞬间无语，让他别这么干，他还凶我说我不知柴米油盐贵，当时我只想赶快离他远点，真的让人恶心。开始还以为他是持家，没想到只是贪小便宜。

女生E：我和男朋友家里条件都挺一般，在外同居之后就更加拮据，一大半的生活费都给了房东。今年暑假，我俩为了省点电费，外面都40多摄氏度了还忍着不开空调，最后直接热到中暑进了医院，还倒贴几百块钱。作为过来人，奉劝大家没有物质基础的时候，还是不要轻易同居，不然你真的不知道是和男朋友一起度蜜月还是一起受罪。

三、课后思考

1.你如何看待性行为和同居？

2.你将为步入婚姻殿堂做些什么准备？

3.你将如何经营一个幸福的婚姻？

专题十　守护珍贵生命——生命教育

📖 **专题导读**

本专题主要包括心理危机的内涵和类别、大学生存在的心理危机；介绍了心理危机的易感人群、心理危机典型的症状表现以及心理危机的演变过程；分析了自杀征兆的识别以及帮助有自杀倾向者的注意要点。本专题的重点是如何尊重和珍爱生命。

◎ **学习目标**

1. 了解大学生常见的心理危机类别，掌握心理危机的自我调适方法。
2. 识别自杀的危险征兆，了解自杀干预的基本方法。
3. 珍爱小我的生命，也要有珍爱家国的情怀。

✦ **案例导航**

刚进大学的我，满怀梦想，梦想着聆听名家大师的演讲，梦想在青青草地上暖暖地晒着太阳，梦想着和许多朋友探讨人生、交流情感……而一进校园，我面对的是枯燥的军训和严厉的辅导员，脑海中种种浪漫的想法渐渐淡去。这是我的大学生活吗？每天要求我们跑早操、上晚自习，可是，总感觉应该学习，就是没有动力。班上的同学陆续逃课，我很看不惯他们这样的做法，可自己的状态也没好到哪去。这就是我一直期盼的大学生活吗？就连友情也变得虚假了，宿舍同学刚开始还能和睦相处，渐渐地，不满多了起来，谁也看不惯谁，大家彼此客套，而心却早被锁上了。学习困惑、交友烦恼、选择冲突……一系列的问题全部摆在面前，让我束手无策。

这是一篇大一新生的日记，从中我们或许可以找到自己的影子。回归现实生活，大学生承载着理想与现实的冲突，压力与动力并存，成长与危机共生。危机悄悄地走近，在危机中学会珍惜生命，在危机中实现自我成长，是每个大学生面临的任务。

任务一　直面心理危机

一、识别心理危机

(一)心理危机是什么

危机指潜伏的危险或是十分紧要的危险关头,如经济危机、政治危机、军事危机、国际危机等。当个体遭遇重大问题或发生改变使个体感到难以解决、难以把握时,平衡就会打破,正常的生活受到干扰,内心的紧张不断积蓄,出现无所适从甚至思维和行为的紊乱,进入一种失衡状态,这就是危机状态。

心理危机是危机这个词的本义在心理学领域的延伸,既包含了危机的原始意义,又具有心理学的特殊意义。心理危机是指个体或群体在面临突然或重大生活事件时,认为凭借自身的能力和拥有的资源无法解决问题而产生的一种心理失衡状态。造成心理危机的事件通常是当事主体不能实现或没有预想到的,具有极大的意外性,因而极易造成强烈的心理冲击,甚至产生极端的应激反应。

心理危机带有很强的主观性,其本质上是当事主体对所发生事件的一种主观感受状态,也就是说,面对同一突然或重大生活事件,不同的主体由于认知水平、情感特点、心理承受能力等方面的不同,会产生不同的心理应激反应。

> **知识拓展**　　　　　　　**面对危机的反应**

面对危机,个体通常有三种反应方式,如图10-1所示:

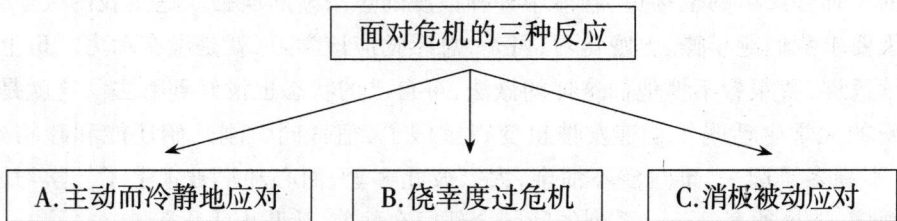

面对危机的三种反应

A.主动而冷静地应对　　　B.侥幸度过危机　　　C.消极被动应对

图10-1　个体面对危机的不同反应

A.当事人面对心理危机,能够意识到自己遇到了严重的问题,明白此时此刻要冷静下来,应当通过自身努力和寻求外界帮助等措施来应对危机。这是一种理想状态,当事人一般都能走出危机并从中获得宝贵经验。

B.当事人凭借自己的情感特点和行为习惯侥幸度过危机,但并没有从认知角度解决问题,即并没认清危机发生的原因和自己应采取的态度与应对措施,在以后的生活中,危机的不良后果还会不时地表现出来。

C.处在危机中的当事人,对所发生的生活事件处于消极的认知状态,认为自己无力应对眼前的困难,此时,如果外界没有及时、适当的干预,危机可能会进一步加深,导致当事人采取非正常的手段来解决问题,很多心理危机后的自杀或暴力犯罪就是这样产生的。

心理危机是当事人认知、情感和行为功能的暂时失调,具有可转化性。一方面,心理危机具有危险性,因为它导致个体心理处于严重失衡状态,如果得不到有效控制或干预,危机会进一步加深;另一方面,心理危机也是一种机会,因为它带来的压力、痛苦会促使当事个体调动一切内外资源,寻求解决问题的方法与措施,在危机的发生与解决过程中,心灵能够得到历练、能力能够得到提升。这也是我们要了解心理危机,学会应对危机的原因及意义所在。

(二)心理危机的症状表现

躯体明显不适:有一系列的病态反应,如睡眠紊乱、头晕头痛、肌酸无力、食欲减退、胃肠不适等亚健康状态明显。

情绪反应不良:当事人往往具有持续性且明显的不正常情绪反应,如心情剧烈紧张,情绪极度低落或高度焦虑;情感淡漠或麻木,内心往往伴随着恐惧、愤怒、罪恶、烦恼、羞愧感等。

认知能力下降:在心理严重失衡状态下,当事人记忆力、知觉力下降,反应迟钝,常常不能集中注意力,认知、思考、推理、判断问题表现出一定困难。

日常行为改变:当事人的日常行为表现出一定程度的反常变化,如原有的兴趣明显丧失,既往的习惯大大改变,人际交往显著退缩,原来的作息规律被打破等。还有一些征兆行为对判断心理危机具有较高的参考价值,请参考后面"自杀的危险征兆"内容。

(三)心理危机的演变过程

危机的发生不是突然的,危机是一个动态发展的过程,在危机的不同阶段,个体会有不同的心理和行为表现。美国心理学家卡普兰在他的危机理论中描述了危机反应的演变过程。他认为,处于危机中的个体要经历以下四个阶段。

第一阶段,当一个人感受到自己的生活突然出现变化,或即将出现变化时,他内心的基本平衡被打破了,表现为警觉性提高,开始体验到紧张。为了达到新的平衡,他试图用自己以前在压力下习惯采取的策略作出反应。处于这一阶段的个体多半不会向他人求助，有时还会讨厌他人对自己处理问题的策略指手画脚。

第二阶段，经过前一阶段的努力和尝试，个体发现自己习惯的解决问题的方法未能奏效，焦虑程度开始增加。为了找到新的解决办法，个体开始试图采取尝试错误的办法来解决问题。在这个阶段中，当事人开始有了求助的动机，不过这时的求助行为只是他尝试错误的一种方式。

第三阶段，如果经过尝试错误未能有效地解决问题，个体内心的紧张程度持续增加，想方设法地寻求和尝试新异的解决办法。在这一阶段中，个体的求助动机最强，常常不顾一切，不分时间、地点、场合和对象发出求助信号，甚至尝试自己过去认为是荒唐的方式，比如一向不迷信的人去占卜。此时个体也最容易受到他人的暗示和影响。在这个阶段，当事人会采取一些异乎寻常的无效行动宣泄紧张的情绪，如无规律的饮食起居、酗酒、无目的的游荡等。这些行为不仅不能有效地解决问题，反而会损害个体的身心健康，增加紧张程度和挫折感，并降低当事人的自我评价。

第四阶段，如果当事人经过前三个阶段仍未有效地解决问题，会很容易产生习惯性的无助，个体对自己失去希望和信心，甚至对整个生命的意义产生怀疑。他们就会消极地逃避现实，采取退缩的策略来应对危机，他们不愿意承认现实情境，常常歪曲现实情境，以此来避免危机带来的损失。

二、大学生常见的心理危机

（一）心理危机的分类

1.发展性危机

发展性危机是大学生在追求个人发展过程中，因个人的成长、发展期望与现实存在冲突而导致的心理危机，如环境适应危机、学习和经济压力危机、人际交往危机、就业危机、情感危机等方面。发展性危机表现不剧烈，进程缓慢，持续时间长，但最后的变化大。例如，刚步入大学，充满期望和理想，在经过一段时间的心理冲突后，会由好学上进的学生变成一个厌学消沉的人。但是，发展性心理危机一旦成功化解，将有助于大学生朝着更加成熟的方向发展。发展性危机被认为是正常的，每个个体所遇到的发展性危机都是独特的，必须以独特的方式进行评价和处理。

> **知识
> 拓展**　　　　　　　　　**经历迷茫是大学的必修课**
>
> 谁的青春都迷茫。刚考上大学的时候，我们似乎都清楚地知道自己要做的事情，但开始了大学生活之后，却在不知不觉中渐渐不知道自己到底想

做什么了。这个时候,周围的世界即使精彩纷呈,生命也像掉进了一片虚无,不知所措。

迷茫不一定是坏事。迷茫的状态让人不舒服,迷茫让人恨不得回到大学以前的日子,虽忙碌但简单、充实。而现实是我们必须适应这样的迷茫,一点点成长起来。

就算迷茫也不要怕。很多人无从作出选择,因此纠结,因此拖延。"迷则择醒事,明则择事而行"。提醒我们迷茫的时候去做那些明显是对的事情,从对的事情里面选择对自己更有利的事情来做。

终会冲破迷茫的羁绊。从最接近自己内心的真实想法出发,去发现生命最原始的那份热情,在尝试和体验中了解自己想要的和不想要的,去勇敢追逐那个让你心潮澎湃的梦想。

2.境遇性危机

境遇性危机是指当出现罕见或超常事件,并且大学生个人无法预测和控制时出现的心理危机。例如,交通意外、自然灾害、被绑架、被性侵犯、突发的疾病和死亡等都可能导致境遇性心理危机。这种危机是随机的、突然的、震撼性的、强烈的或灾难性的,持续时间短,但变化剧烈,事发突然,会给当事人带来极大震动,从而引发剧烈心理反应,如果处理不当,容易产生严重后果。

3.存在性危机

存在性危机是指对于重要的人生问题思考或探寻不清而出现的内部冲突和焦虑。对精神世界有更多需求的大学生经常会思考一些关于人生的存在性问题,如人生的价值、生命的本质、自由、死亡等,但由于认知水平有限,有时会陷入迷惘之中,这种存在性困惑往往会产生心理危机。存在性心理危机不易觉察,持续时间长,内心痛苦大,极易出现极端事件。

案例分析

一位北大中文系的大二女生跳楼自杀身亡后,同学发现了她生前留下的一封遗书,对自己20多年的生活做了简要的回顾总结,上面这样写道:我列出一张单子,左边写着活下去的理由,右边写着离开世界的理由,我在右边写了很多很多,却发现左边基本上没有什么可以写的。回想20多年的生活,真正快乐的时刻,屈指可数。记不清楚上一次发自心底的微笑是什么时候,记不清楚上一次从内心深处感觉到归宿感是什么时候,也许是我自己的错吧,不能够去怪别人,毕竟习惯决定了性格,性格决定了命运。我并不是不愿意珍惜生命,如果某一时刻你发现活下去,20年,30年……活着,然而却没有快乐,没有希望。不愿去想象还要这样几十年下去,去接受命运既定的苦难:看着心爱的人注定的远去,越来越不堪忍受的环境,揪心的孤独感,年轻不再,最终是一个孤苦伶仃的可怜老人形象,没有亲人,没有朋友,苟延残喘活在过去回忆的灰烬里面,那又为什么不能够在此时便终结生命?

不用再说生命的价值了,是的,比起任何一个还要忍受饥饿、干渴、瘟疫的同龄人,我真的觉得自己很幸福,但这是相对的,20年回忆中真正感到幸福的时刻屈指可数,我不明白,为什么小学的时候无比盼望中学,曾经以为中学会更快乐,中学的时候无比盼望大学,曾经以为大学会更快乐。盼望离开欺负与讥讽自己的人,盼望离开被彻底孤立的环境,人生每一个阶段的最后,充满了难以再继续下去的悲哀,不得不靠环境的彻底改变来终结。难道说到了现在,已经走到了终点? 对于亲人,我只能够无奈,或许死后的寂静,就是为了屏蔽他们的哭声,就是能让人不会在那一刻后悔。是的,20年,但是却无法忍受这种行尸走肉一般的生活,觉得生活如同死水泥潭一般,而我自己在其中,渺小而悲哀,不可能再作出任何改变。如果人死的时候可以许一个一定会实现的愿望,我也许会许愿让所有人更加快乐吧! 人应该有选择死亡的权利。以前或许不明白这种感觉,对自己的悲哀,痛到心尖在颤抖,或许死亡本身就是一个轮回的开始。用悔恨来洗涤灵魂然后新生,或者回到过去重新开始。

(二)大学生心理危机的特点

1.易发性

心理危机的产生是个体和外部条件共同作用的结果。大学生的生理成熟,但心理发展处于由不成熟向成熟发展的过渡阶段,大学生的社会发展又滞后于心理发展,因而大学生的心理呈现出了积极与消极并存、自负与自卑并存的矛盾与冲突期。任何一个小小的问题如果不能得到及时干预与化解,都可能引发严重的心理危机甚至导致悲剧性后果。

2.发展性

不同的发展阶段有不同的发展课题,人的发展即是完成发展课题的过程,人的成熟是由完成各发展阶段所分配的课题而实现的。如果个体在完成发展课题时表现出了改变原有角色困难、暂时无法适应发展课题要求等问题,则容易诱发心理危机。大学生中常见的人际交往困惑、失恋、适应不良、学习问题、就业等诱发的心理危机都体现了发展性的特点。

3.交互性

引起大学生心理危机的诱因不是单一的,而是多种因素交互作用所导致的。任何心理危机的产生都是由内因和外因共同促使的,所谓内因,主要是指个体自身心理的不成熟、人格的不健全,而外因则主要指导致危机产生的一切外在条件。内因虽然不是危机产生的唯一原因,却是根本原因,内因也决定着危机的性质和发展方向;而外因只是危机发展变化的条件,能够起加速或延缓的作用。

4.动力性

大学生心理危机与成长的每一方面、每一点相伴而生,如果没有"危机",即使年龄与日俱增,心理发展也不会与时俱进,正是因为潜在的危机,促动个体积极关注自我,获得成长的力量。在某一点上,在成长的某一刻,成长的力量与危机的力量共生,两种力量相互较量,此消彼长。在正常情况下,成长的力量是个体生命中永远向上的动力。

知识拓展

警惕大学生空心病

空心病,一般是由于价值观缺陷所导致的心理障碍,常见于大学生群体中。它的由来,源于北京大学心理健康教育与咨询中心副主任徐凯文的一次演讲,在演讲中,徐凯文指出,价值观缺乏,导致了部分大学生出现心理障碍,并将它命名为空心病。空心病的主要症状是有强烈的孤独感和无意义感,具体表现为疲惫、孤独、情绪差,感觉学习和生活没有什么意义,终日重复没有结果,生活迷茫,对未来没有任何希望,存在感缺失,身心被掏空。随着年龄的增长,生活中的挑战不断增加,他们对生活的茫然感也会越来越强,空心病也会越来越严重。

空心病与抑郁症有相似之处。得了空心病的人,同样会感到情绪低沉、乏味无聊、消极悲观等,但和典型的抑郁症患者相比,这些表现却并没有那么明显。但问题是所有药物和临床治疗手段都对空心病无效。空心病的核心问题是缺乏支撑其意义和存在感的价值观,即必须要回到非常终极的问题:人为什么要活着?人生的意义是什么?对于我们来说最重要的东西是什么?如果发现自己有空心病倾向,请及时求助专业的心理咨询。

三、心理危机的自我调适

俗话说,天有不测风云,人有旦夕祸福。从这个意义上讲,心理危机在一定程度上带有普遍性。如果我们能在平时掌握一些自我应对危机的方法,可以避免不少悲剧的发生。

(一)心理危机调适的原则

第一,不要等待,主动寻求帮助。

第二,要相信会有人愿意帮助你,但是你要将自己真实的困难和痛苦告诉你信任的人,否则他们对此一无所知。

第三,如果你的倾诉对象不知道如何帮助你,你可以向学校的心理咨询中心寻求帮助。

第四,如果担心你的心理问题被发现,你可以向心理援助热线或校外的心理咨询人员寻求帮助。

第五,有时为找到一个真正能帮助你的人需要求助几个不同的人或机构,你应坚持下去,提供帮助的人一定会出现。

第六,解决心理危机通常需要一个过程,可能你要反复多次去见心理咨询人员或心理医生。

第七,如果医生开药,应按医嘱坚持服用。

第八,避免用酒精或毒品麻痹你的痛苦。

第九,暂时避免作重大的决定。处于危机中的个体处理问题的能力比平时要低,受到问题和情感的双重困扰,个体很难作出正确的决策。

(二)危机中的情绪调节

危机会使人们极度紧张和沮丧,这些情绪反应不仅带来内在的、强烈的不适感,而且会促使危机进一步加剧。因此,当危机超出我们的控制,我们无力改变外部事物时,把握自己的情绪尤为重要。通过调整情绪,诸如焦虑导致恐慌、沮丧导致失望等恶性循环能够得到控制;通过调整情绪,个体能主动地屏蔽痛苦的感受,为个体的心理重建赢得时间。

我们可以通过抑制、分散等方法,转移人的消极思想和情绪。抑制在一定程度上是自动的过程,不过,我们也可以有意识地控制它。譬如:提醒自己"别想它了,想点别的吧"。分散则是指不断地做事,集中注意力于当前的工作而不去关注那些痛苦感受。抑制和分散的主要目的只是抑制、分散痛苦,而不是解决特定问题。

我们还可以通过"自我对话"的方式使自己强烈的、痛苦的情感变得可以忍受。无论何时何地,人们都可以通过和自己对话,对所发生的事情、对自己的感受进行"实况转播"。通常,这种自我对话不是刻意而为的,而是在无意识中进行的。

知识拓展

危机中的自我对话

积极对话: "我能够解决这个问题,先不管它。"

"我以前也曾遇到过困难的情境,并且最终克服了困难。"

"不会再发生更可怕的事情。"

"这些感觉的确可怕,但它们不会对我造成伤害。"

"只需面对今天,不必担心未来。"

"这种感觉不会持续太长的时间,会好起来的。"

"他人遇到了更严重的危机,但他们都渡过了难关。"

"我曾经战胜过这种困难,看看它给我带来了什么好的经验。"

……

消极对话:"我过不了这一关。"

"这太可怕了,我快疯了。"

"我太孤独了。"

"没有人帮助我、理解我。"

……

消极的对话会加剧危机感受,延长危机体验。积极的对话就像一个关切而又理智的成人试图劝慰一个悲伤的孩子一样,帮助我们去除灾难性的想法,调节沮丧的情绪,极大地减少了人们承受压力时所耗费的心理资源。

向他人诉说自己的情感、往事和痛苦,能使悲伤变得可以忍受。人类是最具社会性的动物,当遇到痛苦时,把感受告诉一位同情你的人将大有裨益。在大多数危机中,需要一遍又一遍地诉说痛苦,每一次的叙述相当于痛苦的再体验,反复体验会逐渐使人们变得不那么恐惧。

(三)危机中的认知调节

人们在遇到危机时,首先要努力使自己的情绪镇定下来,然后按以下步骤进行思考,通常可以帮助当事人应对危机。具体做法如下。

第一,思考自己到底遇到了什么事。仔细回想事情的起始,把每个细节都想到,然后坦然面对现实,尽量放松,不要紧张,也不要抱怨和愤恨。

第二,思考我现在的感受是什么,有助于摆脱困境吗?人非圣贤,遇到困境发生心理危机,感到软弱、慌乱、悲哀,这是正常的应激反应,要明确自己当前的紧迫任务是控制住失衡状态。控制它们的方法是暗示自己:我现在最需要理性思考,我应该尽力找到战胜困境的对策。一旦稳定情绪,开始理性思考,消极的情绪就会减轻。

第三,思考现在具体有哪些情况对自己不利。明确存在的问题,才能找到解决困境的突破口。要全面分析遇到问题的各种矛盾,找出主要矛盾和矛盾的主要方面。然后思考解决矛盾的办法,一旦找准了问题,就有了解决问题的目标,行动才更有效。

第四,思考眼前的事情会有几种结果。分析问题是解决问题的前提,要分析问题就必须用全面、发展的眼光,对一件事的利弊得失要尽可能都想到,眼睛不能只盯着一点。思路不开阔,往往会使人陷入绝境。

第五,思考我能从哪里得到哪些方面的帮助。一个篱笆三个桩,一个好汉三个帮。遇到困难要积极求助,调动一切可以调动的资源。确定后马上行动,越早与外界沟通并得到支持,越有利于缓解危机。

第六,思考怎样才能争取一个对自己真正有利的结果。真正对自己有利的结果应该是既能使自己战胜眼前困境,又能使自己在危机过后的日子里快乐地工作和生活。在自己最失望,准备放弃努力之前,最好再作一次努力,往往那便是成功的转折点;在自己准备一搏的时候,最好在实施行动前睡上一觉,等待一天,那可能就是你清醒的机会。世界上的任何事物都是一分为二的,对于心理危机而言,它潜藏着危险,也暗示着机遇。战胜危机,生命就实现了一次飞跃。它能使人增添智慧、积累经验。事实上,最能帮助自己的,其实就是你自己。

任务二　远离自杀危机

自杀是应对危机的极端做法之一。自杀在高校是一个沉重的话题,近几年来,高校学生自杀案件呈上升趋势,高校学生也成为自杀的高危人群之一。

一、大学生自杀的危险征兆

不管是什么现象,它的出现都是有征兆的,有迹可循的,自杀也同样是这样,大部分人自杀的时候都会在有意无意间发出一些信息。

性格反常:大部分自杀的人,在自杀前的性格都极其反常,比如那些安静内敛的人开始变得话多,变得活泼,或者是那些活泼开朗的人突然变得格外安静,这些反常的性格都是人在面对巨大打击时特有的表现,这些打击可能会夺走他们鲜活的生命。

行为异常:他们可能会变得极其勇敢,变得"无所畏惧",以前自己不愿意做的事或者是很厌恶的事,他们都会一一去尝试,甚至会和那些有着仇恨的人化干戈为玉帛;使用或增量使用成瘾物质;出现自伤行为;学习成绩突然显著恶化或好转;慢性逃避、拖拖拉拉,或者离校出走。总而言之,就是与平时看到的他们截然相反。

情绪反常:一般来说,自杀人群都会表现出一定的抑郁和低落情绪,流露出绝望、无助、愤怒、无价值感等,并且这种情绪不会受到外界的影响。也就是说,这种情绪往往和现实情景不相符合。

将死亡作为谈话、写作、阅读艺术作品的主题:大谈特谈生死的话题。一般来说,想要自杀的人都会思考这个问题,并且对于这些比较严肃的话题,他们会表现得很轻松,表现得比较无所谓或者表现得极其偏激。他们会收集与自杀方式有关的资料并与人探讨;会直接说出"我希望我已死去""我再也不想活了",或间接说出"我所有的问题马上就要结束了""现在没有人能帮得了我""没有我,别人会生活得更好""我再也受不了了""我的生活一点意义也没有",等等。这种明目张胆的讨论或表达也可能是一种自杀前的求助信号。

探访亲友,有着明显的道别情绪:对于快自杀的人来说,他们会有着很明显的安排后事的行为或者道别行为,他们可能会突然去拜访久久不曾见过的亲朋好友,并且把自己的贵重物品都交由别人保管,把自己的一切后事安排妥当之后,就开始计划自杀。

写好遗书,安顿后事:这是很多自杀的人在自杀前都会做的事,一般来说,他们没有勇气当面跟自己的亲人说自己要离开,因而只能将自己想说的心里话都写在纸上,安排好身后事,自己才能安心地离去。

躯体化症状明显:躯体化症状是指由个体的负性情绪带来的一些生理层面的不适感。大部分自杀的人都体验到很多负性情绪,这些痛苦往往让他们无法安然入睡,导致失眠或者是头疼。当然也有一些个体对生活丧失了一切希望,无所事事,用睡眠来虚度时间或者来逃避现实,就有可能变得嗜睡;还有如进食障碍、胃痛、月经不规律等。

二、帮助有自杀企图的人的要点

帮助有自杀企图的人被称为"自杀防治守门人",就是担任早发现、早干预、早协助的角色,当"守门人"识别出自杀征兆,看到求救信息时,可以在对方需要之时给予鼓励及资源协助,陪伴他度过想要寻求死亡的低潮期。帮助的要点主要有以下三个方面。

(一)主动关怀、积极倾听

自杀行为是从想法到行动的渐进过程。在自杀行为出现之前,个案会透露某一形式的线索或警讯,可能以口语或行为的方式表现,也可由其所处状态判断。因此,当发现有自杀风险时,需要及时询问,因为这可能是唯一一次帮助的机会。要询问一个人的自杀意念并不容易,需要在隐秘的地方谈,让对方自由地说,不要打断他。如果对方不愿接受帮助或不愿谈论,一定要坚持询问。

要尽量表达你的关心,询问他们目前面临的困难以及困难给他们带来的影响;要保持冷静,多倾听,少说话,让他谈出自己内心的感受;要有耐心,不要因他们不能很容易与你交谈就轻言放弃,允许谈话中出现沉默,有时候重要的信息就在沉默之后;不要给出劝告,也不要认为有责任找出解决办法,要尽力想象自己处在他们的位置时是如何感受的;你也会有同样的感受,说出你的感受,让他们知道并非只有他自己有这样的感受;不要担心他们会出现强烈的情感反应,情感爆发或哭泣有益于他们的情感得到释放。

知识拓展

询问的技术

大胆询问其是否有自杀的想法,可以采取直接询问和间接询问的方式。

直接问法有如:

1.你会不会有想不开的念头?

2.你是否有过很痛苦的时候,以至令你有想结束自己生命的想法?

3.从你的谈话中我有一种疑惑,不知道你是否有自杀的想法。

间接问法有如:

1.你是否曾经希望睡一觉并且不要再醒来?

2.你是否觉得活着没意义,没价值,也没有人在乎?

3.有时候一个人经历非常困难的事情时,他们会有结束生命的想法,你有那种感觉吗?

询问一个人有无自杀念头不但不会引起他自杀,也许反而会挽救他的生命,但应注意避免以下几种做法:

1.避免这种问句:你没有自杀的想法,是吧?

2.不要对自杀意念或行为以半开玩笑的方式询问:你该不会想要自杀吧? 不要跟我说你想自杀哦!

3.不要过于急着提供问题的解决方法。

4.不要发誓保守秘密。

5.不要争辩自杀是对或错。

(二)适当回应、支持陪伴

询问确定对方有自杀意图后,任务便转为适当响应与提供陪伴,同时,在响应的过程中,亦可评估个案是否需要进一步转介或其他医疗协助。当人们说"对生活厌倦""没有活下去的意义"时,这些说法常常会被听的人否决,或告诉他们其他更悲惨的例子。事实上,最重要的一步是要有效地聆听他们的想法。因为伸出援手或倾听本身就能减少自杀者的绝望感。要接纳他,不对其做任何道德或价值评判(至少不要让他感受到);他们可能会拒绝你要提供的帮助,有心理危机的人有时会否认他们面临难以处理的问题,不要认为他们的拒绝是针对你本人;相信他所说的话以及所表露出的任何自杀迹象;让他相信别人是可以给予他帮助的,鼓励他再次与你讨论相关的问题,并且要让他知道你愿意继续帮助他。

正确回应的技术

自杀本身并不是问题,而是个案用来解决他所遭遇困境的方法,因而可试着找出自杀以外的处理方式。回应时要提供给对方任何形式的希望,并将焦点放在对方正面的力量。可以思考这个人过去的生活状态是怎样的,他的生活重心与目标是什么,有没有可以令他积极的人、事、物,并且要询问对方是否愿意寻求帮助:"你是否愿意答应在找到任何协助之前,不结束你的生命?"

需要避免一些不适当的响应方式。例如:打断他们说话;显露震惊或情绪激动;表达自己很忙;摆出救世主的态度;作出突兀或含糊不清的评论;询问大量的问题。

(三)资源转介,持续关怀

面对想帮助的人,当他的问题已经超过自己能处理的程度与范围时,就要资源转介,帮助对方寻找适当的资源,进行资源联结,就如同有生理疾病时,立即的反应是寻求专业医生的协助,而非自己试图治疗。这就意味着,我们对对方的帮助不只是被动地阻止自杀,也要主动积极地协助转介处理。转介后需持续的关怀和继续评估自杀风险,直至风险解除。我们需要鼓励对方向其他值得信赖的人谈心,寻求他人的帮助、支持;给予希望,让对方知道面临的困境能够有所改变;如果你认为他需要专业的帮助,请提供转介信息。如果对方对寻求专业帮助恐惧或担忧,应花时间倾听他的担心,告诉他一般遇到这种情况的人都需要专业帮助,而且你向他介绍专业帮助并不表明你不关心他。

在协助对方进行转介时,向对方保证隐私之安全与尊重的意愿。若对方有强烈自杀意念,务必强调转介后由医疗团队一起协助的重要性。如果转介到医疗机构,可评估对方平时的就医习惯,询问是否有比较习惯的就诊医院和固定的主治医师。若原本已在精神科就医,则建议继续在原医院治疗,并鼓励个案主动与医师沟通情绪变化。

除此之外,如果认为对方即刻自杀的危险很高,要立即采取措施:不要让其独处;去除自杀的危险物品,或将对方转移至安全的地方;立刻陪同去心理卫生机构寻求专业人员的帮助。如果自杀行为已经发生,要立即将其送往就近的急诊室抢救。

案例分析

大二女生方芳(化名)躺在医院的床上,不言不语、不吃不喝,拒绝接受治疗。她迷迷糊糊,昏昏沉沉,被刀割过的手还在疼,可她似乎没有感觉。她的脑海一片混乱,但又似乎很清醒。她怎么也想不明白，那个和她相恋了4年、她用整个身心去爱着的人，怎么说变就变，要与她分手，是那么绝情，千呼万唤都不回头，没有任何回旋的余地……他怎么可以对她说，他已经不爱她，而爱上了另一个可以和他朝夕相处的女同学。他辜负了她的一片真情，看着他离去的背影，她感到自己的心被掏空了，她精心守候的爱情消失了。她不知道如何面对同学，他俩曾是同学们公认的最幸福的一对，可如今一切都不存在了。死，她的脑海闪过了这一念头。对，死可以解脱这一切，死了就什么都不知道了，一了百了！不必去面对那个自己刻骨铭心地爱着的负心郎，不必去面对同学诘问的眼神……可是，爸爸妈妈，还有弟弟呢？对不起了，爸爸妈妈，我实在受不了了，请原谅女儿的不孝！还有弟弟，姐姐要到另一个世界去了，爸爸妈妈就交给你。趁着同宿舍的同学外出，她拿起准备好的水果刀，向自己的手狠劲地划去……幸亏同学及时发现，把她送进了医院。可她依然还是想死，没有了爱，活着还有什么意思呀！

青年大学生正处在恋爱时节，感情的挫折时有发生，失恋的滋味苦涩难忍，理智的、聪明的人会在这苦涩的痛苦中脱壳成长，但对另一些人而言则可能构成危机。方芳的遭遇就是一个典型的为情所困、为情所伤的例子。她对这份感情太过于自信，美好的初恋，痴情的4年，以为这份感情会是永恒，当事情发生的时候，她感到是如此的突然，完全没有心理准备，因而精神一下就崩溃了。而事情发生后，情绪冲动导致了理智的完全丧失，狭隘的思维通道使她认定：除了爱情，她一无所有。爱情没有了，一切都变得毫无意义。她想不到其他的解决途径。她以为死了就可以解决一切。

对于方芳，首先，应该给予理解和关心。对她的遭遇表示深切的同情，对她的心情表示充分的理解，这主要是让她感受到有人理解她的痛苦，并为她分担痛苦。其次，要鲜明地否定她的做法。让她认识到：失恋虽然是人生的一大不幸和痛苦，但失恋不等于就失去一切；爱一个人当然希望得到对方的爱，但如果对方不爱自己或者已经不再爱自己，就必须懂得放弃，为爱而放弃，给对方一份祝福，也是给自己一条生路。重要的是要引导方芳从长远看人生，失去的爱情不能挽回，但人生值得珍惜和追求的东西还有很多，今后的路也很长，只要努力追求，同样可以获得新的爱情，享受幸福人生。

知识拓展

人工智能向轻生者伸出援手

多年前，一位网名为@走饭的女生，更新了她人生的最后一条微博。在一句云淡风轻的"拜拜啦"之后，永远告别了这个世界。如今，这条不再更新的微博下面，已经有超过100万条的评论和超过10万条的转发。这里似乎成了网络世界里的一个秘密树洞，每个月都有几千条新增的留言，有人倾诉烦恼,有人寻求安慰,负面的表达比较多。

中国科学院心理研究所研究员朱廷劭和他的团队密切观察着这个树洞,他们通过分析社交媒体表达,试图识别隐藏其中的自杀高危人群。团队建立了"在线主动预防自杀"模型,针对@走饭微博下的评论,用人工智能的方式检索出有自杀倾向的用户,并用@心理地图PsyMap的账户自动发送私信提供帮助。这些可求助的渠道包括三种:当地的心理咨询热线电话、在线问卷调查和志愿者跟进。在微博另一端,一群国家二级或者三级心理咨询师组成的志愿者队伍,每天轮流在@心理地图PsyMap值班,及时回复来自另一端"可能是最后一次的试探"。

"自杀风险6级:今天00:22 XXX 有一起死的吗?……"在名为"树洞行动救援团"的微信群中,几乎每天都有近10起类似的消息发布,这是黄智生团队开发的树洞机器人从社交媒体平台数以千计的信息中,自动筛选生成的自杀监控通报。通过测算,机器人对6级以上自杀风险的预警准确率可达82%,技术上暂时满足需求之后,他又把工作重心转向救援。他发起的树洞行动救援团微信群聚集了来自五湖四海的成员,主要由精神健康、心理学方面的专家和普通志愿者组成,通过团队的力量,互通信息,预防危险。

虽然无数个网络树洞背后,人工智能正在向绝望的情绪者及时伸出援手,但对树洞救援团的未来,黄智生有着更深的思考。在他看来,树洞行动需要更多的关注和加入。一方面,社会公众需要对自身心理健康问题有足够的重视;另一方面,社会也应提供更多的支撑,在构建完善的心理服务网络之外,吸纳社工、法律、金融等多种专业力量共同参与。

任务三　探寻生命意义

大学生的年龄一般处于18~23岁之间,介于青少年后期及成年初期,仍处于自我统整危机时期,在这一时期,人们能够进行较高层次的思考,相对地,也容易感受到生命意义感的缺乏。人之所以能很好地生活,不仅仅有自然生命作为基础,更重要的是支撑人活下去的精神支柱和自我价值,即精神生命和价值生命;人要实现自己的价值,就要不断地运用自己的智慧去创造生活,这又体现了智慧生命。

一、尊重是对生命最好的守护

生命是宝贵的,生命对每个人都只有一次。生命以其唯一、广博、厚重以及生命潜能的巨大而赢得人们的广泛尊重。

(一)生命的长度

生命属于时间,在时间长河中,实体性的人有着从"生"到"死"的时间界限。每一个个体的生命历程,尽管其不断实现着生命的丰富与拓展,彰显着生命的价值与意义,然而却始终无法回避必然走向死亡的单向发展。尽管高超的科学技术可以医治无数种顽固的疾病,但却无法改变生命从一诞生即向着一个方向走去的铁律。尽管生命可以在下一代身上体现另一种意义上的延续,却无法让自身彻底摆脱衰老死亡的必然。死亡是生命的大限,正是因为死亡,才显示了生命存在的珍贵;正是因为人们意识到死亡的必然和生命的短暂,才越发珍惜当下,越发珍爱生命。

(二)生命的广度

生命的广度,是基于生命存在的空间维度而言,生命世界因其存在的广博、壮美而获取欣赏、赞美与尊重。生命世界是一个不断创造、自我演化的复杂系统,既包括生机盎然的地球世界,也包括广袤无垠的宇宙空间,生生不息的亿万种生命犹如一张广博而美丽的网构成了人类生存的生命世界。每一种生命都占据着其特定的生存空间,拥有其特定的生存方位,演绎着其生命存在的特定价值与存在意义。人类的生命和自然界广泛存在的动物、植物、无机物等亿万种生命一样,只是这个网络中的一根线、一个结,他们共同创造和演化着广博、壮丽的生命世界。在生命世界中,人们不仅获得物质的养分与力量,更获得精神上的渲染与激励。

自我测验 ✓　　　　　　　**生命线**

目的:回顾已经走过的生命旅程,展望未来的生命岁月,从而善待自己、关爱他人,热爱生活、珍惜生命。

活动时间:约40分钟

分组:10~15人一组

准备:1张纸,1支笔

下面这条线代表你生命的长度。这条线的左端是"0",是你生命的起点,请你在这条线的右端,也就是生命结束的地方,写出一个数字,代表你希望活到的年龄。然后在线上将你现在的年龄所在的位置画出来,并且标上数字。继续完成后面的思考并在组内分享交流。

0 _____

请你想一想在你活过的岁月里：

特别令你自豪的三件事

1._____

2._____

3._____

特别令你感到受挫的三件事

1._____

2._____

3._____

检视了过去的岁月，再想一想，在未来的岁月里，你最想实现的三个目标是

1._____

2._____

3._____

请在小组内交流。之后，每名成员要对组员说出你想说的话。

（三）生命的厚度

生命的厚度，是基于人类生命存在内涵而言，生命因其不断生成的丰富与生命存在责任的厚重而获取敬重与尊严。人类生命具有不断生成的丰富性。生命处在生长和发展之中，不断从小到大、从弱到强、从简单到复杂。人类生命不断生成的丰富性还体现在人类自然生命所具备的未特定性以及人类自身对它的超越。人类生命的未特定性在形式上造成了人类生命本能的脆弱和匮乏，却在实质上成就了人类生命拥有极大的可塑性和广泛的适应性，它时刻激励和提醒人们不断超越的需要和追求，为人类的生命扩展提供了创造的自由和无穷的发展空间。生命承载着许多责任，与生俱来或后天萌发的责任，对国家利益的责任、对社会发展的责任、对父母家人的责任、对维护个体生命尊严的责任，而保存自我生命的存在既是生命最基本的责任之一，又是实现众多生命责任的必要前提。一个随意放弃和侵犯生命的人是一个对生命不负责任的人。

（四）生命的量度

生命的量度，基于生命所蕴含的能量而言，生命因其拥有巨大的生命力和无限的潜能而赢得人们的尊重和敬仰。与非生命相比，任何生命体的存在，都有着生命的本

性,即在任何环境中谋求生存与成长的力量与能力:要生根、发芽、结果,要长大、长高、完善。从生命蕴藏的潜能看,人作为自然界物质进化阶梯上最高形式的存在物,机体内蕴藏着巨大而丰富的生命能量,蕴藏着无限的潜能与生成空间。著名的人本主义心理学家马斯洛相信,大多数人都有一种自我实现的需要和倾向。而罗杰斯则指出,所有个体的生命中均存在着一个要朝更复杂的组织发展,要更充分发挥自我潜能的"实现趋向",这种实现趋向是根植于个人内在的一种能力,它给人们提供了强大的生存动力,促使着个人探索环境、学习知识,并致力于追求更能充分发挥潜能、更让自己满意的生活方式。

二、尊重生命最好的方式

(一)养成健康的生活方式

生命所呈现的方式,最直接的展示便是我们的生活。生活中的吃喝拉撒睡就是生命。大学生要提高生命质量,需要重视培养良好的生活习惯,养成健康的生活方式,为自己将来的工作和生活保留一个厚实的"本钱"。生活方式包括饮食、衣着、运动、作息、交流、嗜好等生活习惯。健康的生活方式可以使人精力充沛、精神焕发、朝气蓬勃,能够使人健康成长,有效促进生命的丰富与拓展。不良的生活方式不仅有损生理健康,而且影响心理健康,容易导致食欲不振、疲乏无力、精神萎靡、失眠多梦、烦躁不安、记忆力下降、情绪低落,使人处于亚健康状态。培养良好的生活习惯、健康的生活方式,我们可以从以下几个方面入手。

1.日常生活要有规律

有规律的生活能使大脑和神经系统的兴奋和抑制交替进行,天长日久,能在大脑皮层上形成动力定型,这对促进身心健康非常有利。尤其要养成早睡早起的习惯,研究表明,大学生的睡眠时间一般每天不得少于7个小时,晚上11点到第二天早上7点是最佳睡眠时间。如果条件允许,午饭后可以小睡一会儿,但最好不要超过40分钟。

2.适度锻炼

古希腊山崖上刻着的三句话:"如果你想健壮,跑步吧;如果你想健美,跑步吧;如果你想聪明,跑步吧。"体育运动对大学生的作用,不仅可以使肌肉发达,关节灵活,增强心血管系统功能,促进新陈代谢,而且可以提高大脑的反应灵敏度,增强智力,还可以排除忧虑,改善和减轻心理负荷,改善睡眠质量,更可以培养不畏艰难的顽强意志和勇敢拼搏的奋斗精神,促进潜能的开发。

寻找适合自己的运动方式

　　运动的方式和项目可因人而异。优柔寡断的人应该参加乒乓球、网球、羽毛球、拳击、摩托车、跨栏、跳高、跳远、击剑、角力等体育活动。急躁易怒的人应该多参加下棋、打太极拳、慢跑、长距离步行及游泳、骑自行车等持久活动项目。孤独内向的人应该选择足球、篮球、排球以及接力跑、拔河等集体项目。腼腆胆怯的人应多参加游泳、溜冰、滑雪、拳击、摔跤、单双杠、跳马（箱）、平衡木等项目活动。从锻炼时间上看，一天锻炼一个小时为宜。

3.合理饮食

合理的饮食习惯包括：三餐定时定量,吃好早餐；不挑食偏食,荤素搭配,粗细协调,不暴饮暴食；少吃多盐食品与甜食；创设良好的进餐气氛,细嚼慢咽；多吃水果与蔬菜,做到营养均衡、充分。三餐的能量搭配应与工作强度相匹配,遵从人们"早吃好,午吃饱,晚吃少"的养生之说,避免早餐过少、晚餐过多的弊病。

一日三餐怎么吃

　　早餐不但要注意数量,而且还要讲究质量。主食一般吃含淀粉的食物,如馒头、豆包、玉米面窝头等,还要适当地增加一些蛋白质丰富的食物,如牛奶、豆浆、鸡蛋等,使体内的血糖迅速升高到正常标准或超过正常标准,从而使人精神振奋,能精力充沛地工作学习。

　　午餐应适当多吃一些,而且质量要高。主食如米饭、馒头等,副食要增加些富含蛋白质和脂肪的食物,如鱼类、肉类、蛋类、豆制品等,以及新鲜蔬菜,使体内血糖继续维持在高水平,以保证下午的工作和学习。

　　晚餐要吃得少,以清淡、容易消化为原则,至少要在就寝前两个小时进餐。如果晚餐吃得过多,并且亏进大量含蛋白质和脂肪的食物,既不容易消化也影响睡眠。

4.不吸烟,少喝酒

没有吸烟的学生应坚定自己选择的正确,为了自己与家人的健康坚持不吸烟。已有吸烟习惯的学生应充分认识吸烟的害处,有计划、有步骤地戒烟。戒烟的关键是要有充分的决心和坚强的意志。学校可以在大学生中建立无烟宿舍、无烟教室,甚至无烟校园,减少公共场合的香烟污染,倡导文明的生活方式。在饮酒方面,尽量做到平时不饮酒,特殊场合节制饮酒。酒是无意识的,人是有意识的,要加强自我控制少饮甚至不饮酒。若遇到饮酒过量应立即采取措施解酒,简易的解酒方法有两种:一是吃有解酒功能的食物,如白萝卜、生梨、橘子、甘蔗;二是喝有解酒作用的饮料,如糖茶水、咖啡,亦可喝醋解酒。

(二)在意义创造中实现价值

人不仅是实体的存在,更是一个意义的存在。当一个人开始独立自主地思考人生的重要问题时,就一直想知道:我是谁? 我从哪里来? 我往哪里去? 人生的意义何在? 我们生活在这个世界上究竟为了什么? 这种思考实际上是青年人开始积极探索自己的人生意义。对意义的追寻,是人的生存方式,人就在追寻意义中获得精神生命的超越和心灵的安顿。然而,面对瞬息万变及复杂多样的现代生活,不少人逐渐丧失了支撑其生命活动的价值感和人生意义感,从而陷入一种"存在性危机"中,致使空虚和孤独成为我们时代的疾病。

存在性危机对年轻人的影响最大。当人揭示自己生存意义的探求受到挫折时,人就会体验到一种空虚感、一种失去自身的滋味、一种万事无聊的心情。遭遇存在性危机的人,往往容易借着酗酒、赌博、吸毒、犯罪、性泛滥等来弥补其空虚的心灵。人们只有在发现自己生存的意义后,才能消除这种状态。正是"意义"决定了人的生命存在与发展的方向,正是"意义"体现了生命的价值和人的尊严。

1.热爱生命,在现实生活的积极展现中赋予生命以意义

生命是生活之本,对生命之爱是生活意义的根源。热爱生命就是积极去生活,生活不是身外之物,生活就在人的身边。热爱生命,意味着要抓住现在,努力将生命展现于现在,不溺于回忆,不耽于幻想,只有真爱生活的人,才能处处享受到生活的欢乐,深切体悟着生命之意义。

2.提升自我意识,在省察自我中发现生命的意义

自我意识是对自我存在、自我认识和实践活动的认识和评价。个体对自我人生价值的询问,正是建立在个体自我认识的基础上。人们只能在省察自我、理解自我、超越自我的过程中获得生活的意义。自我意识的强弱,在某种程度上决定主体对自身发展的自知、自控、自主的程度,从而决定着其主体性的发展水平。

3.向死思生,在挑战苦难中实现生命的意义

个体的生命体验不仅有愉悦、幸福的人生体验,还有生活中的重大挫折、苦难、逆境,甚至死亡的威胁。这些负性体验并不都是有害的,只有在面对苦难和死亡,体验生活的失意中才能更好地体会到生命的脆弱和不可逆转,进而敬畏生命。

4.激发责任感,在创造性劳动中开创生命的意义

人对自己生命意义的追求和探寻不仅仅在于满足于发现生命的意义,体验生命的意义,更在于创造生命的意义。人只有通过自己的实践,通过创造性的劳动才能满足社会和他人的需要,升华自己的精神境界,使自己的生命价值得以实现和发展。而这种创造性的生命活动,又源于有高度的社会责任感,以及担当责任的勇气和能力。

课后自习

一、心理测试

社会支持评定量表

下面的问题用于反映你在社会中所获得的支持,请按各个问题的具体要求,根据你的实际情况选择答案。

1.你有多少关系密切,可以得到支持和帮助的朋友?(只选一项)

(1)一个也没有

(2)1~2个

(3)3~5个

(4)6个或6个以上

2.近一年来你:(只选一项)

(1)远离家人,且独居一室

(2)住处经常变动

(3)和同学、同事或朋友住在一起

(4)和家人住在一起

3.你与邻居:(只选一项)

(1)相互之间从不关心,只是点头之交

(2)遇到困难可能稍微关心

(3)有些邻居很关心你

(4)大多数邻居都很关心你

4.你与同学:(只选一项)

(1)相互之间从不关心,只是点头之交

(2)遇到困难可能稍微关心

(3)有些同学很关心你

(4)大多数同学都很关心你

5.从家庭成员得到的支持和照顾:(在合适的框内划"√")

	无	极少	一般	全力支持
A.夫妻(恋人)				
B.父母				
C.儿女				
D.兄弟姐妹				
E.其他成员(如嫂子)				

6.过去,在你遇到紧急困难情况时,曾经得到的经济支持和解决实际问题的帮助来源有:

(1)无任何来源

(2)下列来源(可选多项)

A.恋人(配偶)　B.其他家人　C.朋友　D.亲戚　E.同事　F.学校(工作单位)

G.党团工会等官方或半官方组织

H.宗教、社会团体等非官方组织

I.其他(请列出)

7.过去,在你遇到急难情况时,曾经得到的安慰和关心的来源有:

(1)无任何来源

(2)下列来源(可选多项)

A.恋人(配偶)　B.其他家人　C.朋友　D.亲戚　E.同事　F.学校(工作单位)

G.党团工会等官方或半官方组织

H.宗教、社会团体等非官方组织

I.其他(请列出)

8.你遇到烦恼时的倾诉方式:(只选一项)

(1)从不向任何人诉述

(2)只向关系极密切的1~2个人诉述

(3)如果朋友主动询问,你会说出来

(4)主动诉说自己的烦恼,以获得支持和理解

9.你遇到烦恼时的求助方式:(只选一项)

(1)只靠自己,不接受别人帮助

(2)很少请求别人帮助

(3)有时请求别人帮助

(4)有困难时经常向家人、亲友、组织求援

10.对于团体(如党团组织、工会、学生会等)组织活动,你:(只选一项)

(1)从不参加

(2)偶尔参加

(3)经常参加

(4)主动参加并积极活动

计分方法和解释:

1.第1~4,8~10条,每条只选一项,选择(1)(2)(3)(4)项分别计1、2、3、4分。

2.第5条分A、B、C、D四项计总分,每项从"无"到"全力支持"分别计1~4分。

3.第6、7条如回答"无任何来源"则计0分,回答"下列来源"者,有几个来源就计几分。

4.统计分量表得分和总分:

客观支持分:2、6、7条评分之和

主观支持分:1、3、4、5条评分之和

对支持的利用度:8、9、10条评分之和

总分:10个条目计分之和

5.解释:分量表与总分越高表明社会支持水平越高,反之则低。

二、案例阅读

上大学的意义是什么?

"刚刚上了大学两个月,浑浑噩噩地过:吃饭,睡觉,上课,偶尔比比赛,学习也不上心,没了高中时的激情,我不知道上大学来做什么来了,这不是我想要的生活。"这是大学新生在网络上的提问,这里,我们列举了一些网络声音,大家透过这些声音,也问问自己,你上大学的意义是什么?

@西瓜女王:

你根本就没有必要思考上大学的意义是什么,因为这个意义不是由外界来决定的,如果你觉得上大学就是随波逐流和大家一起吃喝玩乐,那么,大学毕业的那一天就是你失业的第一天。如果你开始做一些你觉得有意义的事情,比如义工,比如爱好,比如兼职,无论你做的是什么,你都会从中有所收获。很多人误以为上大学了就解放了,其实上大学只是一个终身学习的开始,而不是十年寒窗苦的结束。大学时期是你踏入社会之前最容易奋斗的四年,如果在这期间你不学习如何生存下去,当你离开象牙塔之后,你还是会陷入万劫不复的迷茫和无助,并且后悔当初为什么没有好好珍惜时间和精力。所以趁着大学刚刚开始,制订一个长期和短期的目标计划,开始真正属于你自己的人生,多见见世面,多去实践和经历!

@孙明利:

大学毕业的时候我也问过自己这个问题,上大学的意义是什么?也许每个人有不同的答案,但是我的答案是获得学习的能力。也就是说,不管你学什么专业、学什么技能,你都能用自己的方式快速地掌握它。因为毕业了你会发现,大学所学的80%的内容都无法直接用到工作中。大学是你锻炼自己学习能力最好的时机。当你具备这样的能力的时候,你会发现在社会中没有什么工作是你不能做的,自然你就会发现你的存在价值。

@one miss another:

刚进大学的时候,我问过自己相同的问题,我的答案是来大学看世界。到现在,我突然觉得所谓的大学的意义不在于交了多少朋友,学了多少知识,得了多少次奖学金之类的,而在于你亲身经历过,成长过,想过做过,困惑过,改变过,开心过,失落过……所谓的意义其实没有所谓准确的答案,我的答案是体验不一样的世界,感受不一样的生活。

@3916478:

我是一个在校的大二学生,有时候我也在想,大学,到底有什么意义呢? 上大学以来,我既没有谈恋爱又没有掌握过硬的专业技能,没有交到过多的朋友,也没有出去旅游玩过。相反,我曾经无数次迷茫、徘徊、彷徨、挣扎,在无数次颓废后又重新开始,在无数次现实的诱惑下仍然有一颗清醒的、不甘平庸的心,或许,大学就是我们人生第一次在心理、思想上遇到的劫难。我们需要靠自己的理想、信念、毅力、坚持,还有耐于寂寞的心来武装、强大自己,来与现实中的诱惑打一场仗,用这些来战胜虚荣、攀比、享乐、懒惰等负能量的诱惑。或许大学的意义就在于我们的心理要经历这样的历程吧,在一个舒适、自由、极易颓废与享乐消沉的环境下仍然记得学习、求知,记得为自己的梦想去努力,记得坚持自己最初的信念,看一看在外在的诱惑面前,你们谁是胜利者。

三、课后练习

1.大学生常见的心理危机有哪几种? 你曾经历过哪种类型的心理危机?

2.如何帮助有自杀企图的人?

3.你认为尊重生命最好的方式是什么? 你是如何实践的?

专题十一 拥有健康体魄——健康教育

专题导读

本专题主要内容包括传染病的内涵和危害、传染病的流行类型,本专题重点是在熟悉大学生常见传染病种类、临床表现的基础上,根据各种传染病的流行病学特点,掌握传染病的预防措施。

学习目标

1.知晓疾病预防的主要内容,掌握预防疾病的相关知识。

2.学习预防疾病的基本方法,打造健康的体魄。

3.通过自我意识的学习,明确自身对社会、对国家、对集体的责任和义务。

案例导航

某大三男生A,课业负担重,没有良好的生活习惯,饮食和作息时间极不规律。一天,突然发烧至39℃,伴有头痛、咽痛、身痛乏力、食欲减退、恶心、上腹部胀痛症状,自我诊断为上呼吸道感染及胃病,给予银翘片及胃舒平治疗。4天后热退,精神食欲稍好转,但巩膜及皮肤发黄,且大便为黄色稀便。尿呈黄色,渐变成浓茶样。男生B平时注意学习传染病防治知识,初步判断男生A可能患有肝炎,催促男生A去医院就医,并立即报告老师,学校高度重视,派专人对男生A所能接触到的物品及寝室和教学楼的卫生间进行了彻底消毒。对与男生A密切接触的学生密切观察。男生A经医院确诊为患有甲型肝炎,留院住院治疗。

任务一　健康与疾病预防

一、什么是传染病

（一）传染病的定义

传染病是指由细菌、病毒、寄生虫等病原体引起的，能在人与人、动物与动物或人与动物之间相互传染的疾病。它是许多种疾病的总称。

（二）传染病的危害

鼠疫。在世界历史上曾有过多次大流行，死亡人数众多，曾经是危害人类最严重的烈性传染病之一。1347—1353年，席卷整个欧洲的被称之为"黑死病"的鼠疫大瘟疫，夺走了2500万欧洲人的性命。

霍乱。19世纪初至20世纪末，大规模流行的世界性霍乱共发生8次，霍乱导致的死亡人数无法估量。1817—1823年，霍乱第一次大规模流行，从印度恒河三角洲蔓延到欧洲，仅1818年前后便使英国6万余人丧生。1992年10月，第八次霍乱大流行，席卷印度和孟加拉国部分地区。

流感。1510年，英国发生有案可查的世界上第一次流感。最致命的是1918—1919年席卷全球的流感，它可能源于美国，1918年3月4日美国的一个军营发生流感，不到两天即有数百名士兵被感染，一周之内各州均出现病例，数月传遍全国，但未引起高度重视，相继传至欧洲、中国、日本、非洲和南美，仅西班牙就有800万人感染了流感。全球有2000万~4000万人在这场流感灾难中丧生。

肺结核。肺结核病被列为我国重大传染病之一，是严重危害人民群众健康的呼吸道传染病，我国每年因肺结核死亡人数为13万人左右。根据世界卫生组织的统计，全球目前约有20亿人感染结核分枝杆菌，平均每年新发病例约600万例，绝大部分位于发展中国家。我国是全球22个结核病流行严重的国家之一，同时也是全球27个耐多药结核病流行严重的国家之一。

从以上可以看出，传染病对人类的危害是巨大的。因此，大学生要重视并加强传染病的预防，防止或减少传染病的发生及流行，降低传染病的危害，保护公众健康和生命安全。

（三）传染病的分类

1.按传播途径分类

依据病原体从传染源排出后,侵入新的易感宿主前,在外界环境中所经历的过程不同,传染病可以分为以下四种。

(1)呼吸道传染病。呼吸道传染病是指病原体侵入呼吸道黏膜以后所引起的传染病,包括流行性感冒、白喉、肺结核、百日咳、流行性腮腺炎、猩红热、麻疹、水痘和流行性脑脊髓膜炎等。这些病原体的原始寄生部位是呼吸道黏膜和肺,主要通过空气飞沫传播,当病人呼吸、谈话,特别是咳嗽、打喷嚏时,含有病原体的飞沫可自鼻咽部喷出,飘浮于空气中,被易感者吸入而感染。

(2)消化道传染病。消化道传染病是指病原体侵入消化道黏膜以后所引起的传染病,包括细菌性痢疾、伤寒、甲型肝炎、蛲虫病和蛔虫病等。这些病原体的原始寄生部位是消化道及其附属器官,主要是通过饮用被病原体污染的水和食用被病原体污染的食物传播,部分通过直接接触病原体传播。

(3)血液传染病。血液传染病是指通过血液或吸血昆虫(如蚊、虱、蚤、蜱等)为媒介所引起的传染病,包括艾滋病、乙型肝炎、丙型肝炎、疟疾、流行性乙型脑炎、丝虫病和出血热等。病原体的原始寄生部位是血液和淋巴,主要通过输入血制品和吸血昆虫传播。

(4)体表传染病。体表传染病是指病原体主要通过接触传播所引起的传染病,因而又叫接触传染病,包括狂犬病、炭疽病、破伤风、沙眼、癣、疥疮和血吸虫病等。这些病原体的原始寄生部位是皮肤和体表黏膜,主要是通过接触传播。

2.按法定传染病分类

为了预防、控制和消除传染病的发生与流行,保障人民健康和公共卫生安全,国家制定了《传染病防治法》,根据传染病的传播方式、速度及对人类危害程度,将传染病分为甲、乙、丙三类,实行分类管理。甲类传染病也称为强制管理传染病(2种),包括:鼠疫、霍乱。乙类传染病也称为严格管理传染病(26种),包括:传染性非典型肺炎、人感染高致病性禽流感、病毒性肝炎、艾滋病、疟疾、登革热、甲型H1N1流感等。丙类传染病也称为监测管理传染病(11种),包括:流行性感冒、流行性腮腺炎、风疹、急性出血性结膜炎、手足口病等。

二、传染病的流行过程

传染病是由细菌、病毒、寄生虫等病原体引起的具有传染性的疾病。传染病在人群中发生、发展、传播及转归的过程必须具备传染源、传播途径和易感人群三个基本环节,缺少其中任何一个环节,都不能引起疾病的流行。

（一）传染源

体内有病原体滋生、繁殖,并能将病原体排出体外感染他人的人或动物称为传染源。多数情况下病人是最主要的传染源,这是由于在病人体内含有大量的病原体,可随病人的分泌物、排泄物排出体外,使人群中的易感染者感染;病原体携带者,即携带病原体,没有症状,但能排出病原体的人,包括病后期携带者、健康携带者和隐性感染者;患病或带菌的动物,某些动物间的传染病,如狂犬病、鼠疫、病毒性出血热等也可传染给人类。

（二）传播途径

病原体从受感染者体内排出后,再侵入易感者,机体所经过的途径称为传播途径。传播途径有内源性和外源性两种传播方式。

1.内源性传播

病原体通过局部或血液播散到身体其他部位称为内源性传播。

2.外源性传播

病原体从体外感染的方式称为外源性传播。传播方式有:空气传播,主要见于呼吸道传染病,如流行性感冒、肺结核等;食物传播,主要见于肠道传染病,如甲肝、痢疾等;接触传播,分直接接触和间接接触,前者指直接接触传染源所引起,如性病、狂犬病,后者指传染源排出的分泌物、排泄物污染日常生活用品,易感者接触这些污染物品而被感染,如接触被污染的毛巾而感染沙眼,接触被污染的衣帽而感染疥疮等;虫媒传播,通过节肢动物叮咬、吸血或机械携带传播,如蚊传播疟疾、苍蝇传播痢疾等;血液、体液传播,血液、体液、血制品可以传播乙型病毒性肝炎、艾滋病等;土壤传播,通过病原体的芽孢或幼虫或虫卵污染土壤,再通过多种方式侵入易感染者机体而传播,如蛔虫卵通过被污染的手指经口侵入;垂直传播,病原体经过母体的胎盘或产道传给胎儿或新生儿,使其受感染,如乙肝、艾滋病等。

（三）易感人群

对某种传染病缺乏特异性免疫力的人称为易感者。传染病的流行取决于易感染者在特定人群中的比例,当易感者比例增高,同时有传染源的进入和适合的传播途径时,就会引起传染病暴发流行。

三、传染病的预防途径

针对传染病的基本特征及流行过程中的重要环节,预防传染病的主要措施如下。

（一）控制传染源

控制传染源的关键在于早期发现传染病人,及时报告,及早隔离,及早治疗。传染病报告制度必须严格遵守、按照《中华人民共和国传染病防治法》及实施细则,对于甲类传染病和乙类的艾滋病及肺炭疽等强制管理传染病,要求立即隔离,城市和农村分别在规定时间内补报当地疾控中心。其余的乙类及丙类分别为严格管理和监测管理的传染病,在规定时间内上报。对于传染病的接触者和病原体携带者应根据具体情况采取检疫措施,密切临床观察,进行药物预防或预防接种。

(二)切断传播途径

卫生处理和消毒是切断传染病传播途径的关键环节,包括疫源地的消毒和预防性消毒两类。消毒的方法分为物理消毒法和化学消毒法。物理消毒法是利用物理因素作用于病原体,将它消除或杀死,如刷、洗、擦等。化学消毒法是应用化学消毒剂,使病原体凝固变性,或失去活性正将其杀灭。常用消毒剂有84消毒液、75%乙醇、戊二醛等。

(三)保护易感人群

疫苗接种是预防传染病发生的最有效的手段。通过接种疫苗,诱导机体产生抗体,对病毒、细菌、毒素等起特异免疫作用,叫主动免疫。主动免疫保护作用大多可持续数年。通过接种抗毒素使机体具有特异性免疫功能,叫被动免疫。被动免疫的保护作用持续时间较短,一般为2~3司。

任务二　常见传染病和预防

案例分析

2021年9月的一天下午,某高校的一名学生到学校的食堂就餐,当时只点了两碟菜,一是花菜炒肉,二是西红柿炒鸡蛋。到了晚9时10分左右,该学生突然感觉肚子胀了起来,还伴随着一阵阵疼痛、恶心,不久,就开始频繁呕吐、腹泻,学校立即安排了车辆将该学生送到附近医院。随后,中毒的学生陆续多了起来。到了凌晨,医院急诊室的所有病床都住满了学生,甚至走廊也腾了出来。学校的两位教师也出现了类似症状。据当地卫生防疫部门初步分析,这次群体性食物中毒初步断定为细菌性食物中毒……

大学生的年龄一般为18~23岁,是由青少年过渡到成人的后期,机体的生长发育逐渐稳定,各项生理功能和心理适应能力也基本成熟,体格和各项生理机能处于人的一生中的较高水平,健康向上,朝气蓬勃,机体免疫力强,较少患病。但是,大学生住宿舍、吃食堂、同上课的集体生活,容易造成传染病的流行。

一、大学生常见病毒性传染病和预防

(一)流行性感冒

流行性感冒简称流感,是由流感病毒引起的急性呼吸道传染病。该病潜伏期短、传染性强、传播速度快。临床特点为急起高热,明显头痛、全身肌肉酸痛、乏力或伴轻度呼吸道症状。

1.流感的传染源

流感患者和隐性感染者是流感的重要传染源。患者自潜伏期末到发病后3天内,从鼻涕、口涎、痰液中排出大量病毒,在病初2~3天传染性最强。隐性感染者体内有病毒复制,但无明显症状不易被发现。婴幼儿患者、重症患者、免疫缺陷患者排毒周期延长。轻型患者和隐性感染者数量大,可从事正常活动,是最危险的传染源。

2.流感的传播途径

病人及隐性感染者是主要传染源。通常,病人患病后1~7天均有传染性,发病早期传染性最强。流感的传播途径主要通过空气飞沫传播。病人及隐性感染者的呼吸道分泌物中的病毒,通过咳嗽、打喷嚏排到空气中,易感者吸入后引起感染。流感也可通过近距离直接接触传播,其传播速度与人群密集程度、环境条件、气候都有关系。由于各型流感病毒之间无交叉免疫,加之流感病毒不断变异,患过流感后还可能反复感染。

3.流感的临床表现

人类感染了流感病毒后,潜伏期一般是1~3天,最短数小时。发病后的特点是全身症状重而呼吸道症状较轻。主要表现为急性高热,体温迅速高达39℃~40℃,畏寒,头痛剧烈,全身酸痛,背部与四肢疼痛最显著,全身无力等。根据临床表现,单纯型流感最常见,急性起病,伴有畏寒,发热,体温达39℃~40℃,乏力、显著头痛、全身肌肉酸痛、食欲减退等全身症状,部分患者有鼻塞、流涕、干咳等上呼吸道症状。肺炎型流感较少见,季节性甲型流感(H1N1、H2N2和H3N2等)所致的病毒性肺炎主要发生于婴幼儿、老年人,慢性心肺疾病及免疫功能减退者,甲型H1N1流感还可在青壮年、肥胖人群、有慢性基础疾病者和妊娠妇女等人群中引起严重的病毒性肺炎,部分会发生难治性低氧血症。中毒性流感极少见,以中枢神经系统及心血管系统损害为特征,表现为高热、循环障碍、血压下降、弥散性血管内凝血(DIC)等严重症状,病死率高。胃肠炎型流感比较少见,以腹痛、腹泻、呕吐为主要临床表现,儿童多于成年人。

4.流感的预防

一旦得病,首先要注意保暖和多喝水,注意休息,多吃富含维生素C的水果,并及时就医。发病后应及时隔离，隔离至病后1周或热退后2日，咳嗽、打喷嚏时要用手帕盖住口、鼻，不要对着人，不随地吐痰，避免传染他人。

室内经常保持通风换气，降低病毒、细菌的密度，可减少传染机会。冬、春季节，家庭、办公室等场所应每天开窗通风，每次开窗保持10分钟以上。商场、餐饮、娱乐场所等较大公共场所每次通风时间应持续30分钟以上。

讲究个人卫生，均衡饮食，避免过度疲劳。季节交替时及时增减衣服，避免着凉感冒。加强体育锻炼，提高机体御寒能力，减少流感的诱发因素。勤洗手，使用肥皂或洗手液，并用流动水洗手，不用污浊的毛巾擦手。双手接触呼吸道分泌物后(如打喷嚏后)应立即洗手。不吸烟、不喝酒、不食辛辣食物，减少对呼吸道的刺激。

流感流行期间减少聚会，尽量不到人多拥挤、空气污浊的场所；不得已必须去时，最好戴口罩。在流感流行季节前接种流感疫苗也可减少感染的机会或减轻流感症状。

(二)病毒性肝炎

我国是个肝炎大国，病毒性肝炎发病数位居法定管理传染病的第一位，仅慢性乙型肝炎病毒感染者就达1.2亿。慢性乙型肝炎病程迁延，如得不到及时的治疗，将会发展为肝硬化甚至肝癌，严重危害人类健康。只有采取以切断传播途径为主的综合防治措施，做好易感人群的保护，才能减少疾病发生。

1.病毒性肝炎的概念

病毒性肝炎是由多种不同肝炎病毒引起的一组以肝脏损害为主的传染病。临床表现主要是食欲减退、疲乏无力、肝脏肿大及肝功能损害，部分病例出现发热及黄疸；但多数为无症状感染者。到目前为止，已确定的病毒性肝炎有5种，即甲、乙、丙、丁、戊型肝炎，部分乙型、丙型和丁型肝炎可演变成慢性并可发展为肝硬化和原发性肝细胞癌。

2.病毒性肝炎的主要类型及特征

(1)甲型病毒性肝炎。甲型病毒性肝炎由甲型肝炎病毒(HAV)引起(简称甲肝)，是一种消化道传播的肝炎，通常是通过粪便污染的食物或水经口传播。其特点是起病急，起病前多有发热、全身无力、食欲不振、恶心、厌油腻、腹泻等症状，继之出现尿黄、皮肤巩膜黄染、呕吐、肝区疼痛、肝功能异常，这就是所说的急性黄疸性肝炎。也有一部分不出现黄疸，称为急性无黄疸性肝炎。甲型肝炎通常预后良好，一般不会引起肝脏慢性病变。

(2)乙型病毒性肝炎。乙型病毒性肝炎是一种全球性的传染病(简称乙肝)，是由乙型肝炎病毒(HBV)引起的，以肝脏病变为主并可引起多种器官损坏的，有潜在致死性的肝脏疾病。乙肝在各型病毒性肝炎中危害最严重，可引发慢性肝炎、肝硬化和原发性肝细胞癌。在慢性肝炎中，乙肝占80%~90%。流行病调查表明，我国人群乙肝表面抗原(HBSAg)的阳性率高达 10.34%,已成为严重的公共卫生与社会问题。

乙型病毒性肝炎传播途径有:血液传播、母婴传播、性传播。与甲肝相比,乙肝有以下特点:起病相对较慢,潜伏期长;急性期可有发热、腹泻、恶心、纳差等症状,但发生率低于甲肝;部分患者可变成慢性,反复发作,成为慢性活动性肝炎或迁延性肝炎,乙肝病毒携带者仍可将病毒传染给他人;慢性患者少部分可演变成肝硬化和肝癌。

(3)丙型病毒性肝炎。丙型病毒性肝炎由丙型肝炎病毒(HCV)引起,一般通过血液传播。其特点为:患者多有输血、输血制品史;起病隐匿,病情相对较轻,肝功能异常主要表现为转氨酶(ALT)呈中度或轻度升高,部分患者出现黄疸;慢性化率高,治疗效果差;与肝硬化、肝癌关系密切,据统计,慢性丙型肝炎的 20% 将变成肝硬化,肝硬化中又有 20% 将发展成肝癌。

3.病毒性肝炎的预防

(1)保护易感人群。人血丙种球蛋白和人胎盘血丙种球蛋白对甲型肝炎接触者具有一定程度的保护作用,主要适用于接触甲型肝炎患者的易感儿童。注射时间愈早愈好,不得迟于接触后 7~14 天。乙型肝炎特异免疫球蛋白主要用于母婴传播的阻断,应与乙型肝炎疫苗一起使用,亦可用于意外事故的被动免疫。

(2)管理传染源。肝炎病人确诊后,应及时报告疫情,急性期的病人采取隔离措施,生活上不要与健康人共用毛巾、牙具、刀具及过度生活密切接触。对义务献血者应认真体检,严格执行献血法。抗 HBC 阳性不能作为献血者。

(3)切断传播途径。学校须加强饮食卫生管理,水源保护、环境卫生管理以及粪便无害化处理,提高卫生水平;血制品的 HBSAg 检测呈阳性者不得出售和使用,非必要时不输血或使用血液制品;避免日常生活感染,牙刷、剃须刀、洗澡巾严禁混用,急性病人的内裤,特别是月经期的内裤应单独清洗;防止性传播,阻断吸毒等感染途径。

(三)人禽流行性感冒

1.人禽流行性感冒的概念

人禽流行性感冒(以下简称"人禽流感")是由禽甲型流感病毒某些亚型中的一些毒株引起的急性呼吸道传染病。世界卫生组织认为该疾病可能是对人类存在潜在威胁最大的疾病之一。

2.人流感的流行病学特征

(1)传染源。主要为患禽流感或携带禽流感病毒的鸡、鸭、鹅等禽类。野禽在禽流感自然传播中扮演了重要角色。通过广泛的调查表明:与活的病禽密切接触是人类感染的原因。目前尚无人与人之间传播的确切证据。

(2)传播途径。主要经呼吸道传播,也可通过密切接触感染的家禽分泌物和排泄物、受病毒污染的物品和水等被感染,直接接触病毒毒株也可被感染。虽然在泰国、越南都发现了人被感染的情况,但从目前情况看,受禽流感感染的人主要是直接接触病禽的人。如果人类不接触病禽,应该说感染禽流感的可能性甚微。

（3）易感人群。一般认为,人类对禽流感病毒并不易感。尽管任何年龄均可被感染,但在已发现的H5N1感染病例中,13岁以下儿童所占比例较高,病情较重。从事家禽养殖业者及其同地居住的家属,在发病前1周内到过家禽饲养、销售及宰杀等场所者,接触禽流感病毒感染材料的实验室工作人员,与禽流感患者有密切接触的人员均为高危人群。

3.人禽流感的主要临床表现

不同亚型的禽流感病毒感染人类后可引起不同的临床症状。感染H9N2亚型的患者通常仅有轻微的上呼吸道感染症状,部分患者甚至没有任何症状;感染H7N7亚型的患者主要表现为结膜炎;重症患者一般均为H5N1亚型病毒感染。患者呈急性起病,早期表现类似普通型流感。主要为发热,体温一般高于38℃,常呈持续性高热,可伴有畏寒、肌肉酸痛、关节酸痛、头痛、乏力等。在早期,使用退热药可有效。进入进展期,通常难以用退热药控制高热,呼吸系统症状多为干咳、少痰,少部分患者出现咽痛,有胸闷,严重者渐出现呼吸加速、气促,甚至呼吸窘迫。部分患者可有恶心、腹痛、腹泻、稀水样便等消化道症状。重症病人病情发展迅速,可出现肺炎、急性呼吸窘迫综合征、肺出血、胸腔积液、全血细胞减少、肾功能衰竭、败血症等多种并发症。

4.人禽流感的预防措施

应按照《动物检疫法》有关规定,就地销毁,对疫源地进行彻底消毒,对病人及疑似病人进行隔离治疗。发生疫情后,对禽类养殖场,售禽类摊档,患者所在单位、家庭进行彻底消毒,对死禽及禽类废弃物应立即就地销毁或深埋;加强健康教育,养成良好的生活方式;加强体育锻炼,避免过劳。保持室内空气流通,尽量少去空气不流通和人群聚集的公共场所;注意个人卫生,用正确的方法洗手;禽鸟类食品加热100℃以上2分钟可以灭活病毒。在接触过可疑人禽流感患者后,在医生的指导下,必要时可以使用抗流感病毒药物或按中医药辨证疗法进行预防性用药。我国已研制人用禽流感疫苗,但应全面评估疫苗安全性以及正确评价疫苗的适用人群。

二、大学生常见细菌性传染病和预防

（一）细菌性食物中毒

1.细菌性食物中毒的概念

细菌性食物中毒是由于进食被细菌或其毒素所污染的食物而引起的急性感染中毒疾病,临床分为胃肠型与神经型两类。胃肠型食物中毒较常见,其特点为潜伏期短,集体发病,大多数有恶心、呕吐、腹痛、腹泻等急性胃肠炎症状,且多见于夏、秋季。神经型食物中毒又称肉毒中毒,是进食含有肉毒杆菌外毒素而引起的。临床上以神经系统症状为主,如眼肌和咽肌瘫痪,如不及时抢救,病死率较高。

2.细菌性食物中毒的主要传染途径

细菌性食物中毒的传染源主要为病人、感染的家禽和家畜以及带病菌的正常人。传染途径主要是通过进食被污染的食物而传播,也可通过带菌的粪便直接或间接途径污染水源,或通过苍蝇、蟑螂污染食品、餐具等,再经过口而引起中毒。

3.细菌性食物中毒的主要临床表现

细菌性食物中毒的潜伏期均较短,多在进食后数小时发病。主要以胃肠道症状为主,如腹痛、恶心、呕吐、腹泻等,呕吐物多为进食的食物残渣,腹痛以上腹或脐部周围较为明显,腹泻频繁,每日数次至数十次,严重者出现脱水酸中毒,甚至休克。部分病人还伴有发热、畏寒、头痛、乏力等全身中毒症状。

4.细菌性食物中毒的预防措施

食物中毒常集体发病,后果严重,故预防工作非常重要。做好饮食、饮水、食品加工的卫生管理,是预防本病的关键措施。个人要注意饮食卫生,做到不吃不洁净或腐烂变质的食物,不喝生水,吃海鲜及水产品应注意新鲜和煮熟。同时,要加强食堂的卫生工作,建立良好的食堂卫生管理制度。做到食品洗净、煮熟,加工过程生熟分开,严防熟食再次被污染,防止苍蝇、蟑螂、鼠类等污染食品。严格执行食品管理制度,严禁出售腐烂变质食品。饮食从业人员应定期体检,如发现有皮肤感染、腹泻等疾患,要及时调离本岗位,等彻底康复后再从事此行业的工作。

(二)细菌性痢疾

1.细菌性痢疾的概念

细菌性痢疾简称菌痢,是由痢疾杆菌感染而引起的肠道传染病。主要病变为结肠黏膜弥漫性炎症。主要临床表现为腹泻、腹痛、里急后重及黏液脓血便,可伴有发热及全身中毒症状。

细菌性痢疾有明显季节性,以夏、秋季高发,主要是由于这两个季节适宜细菌繁殖和苍蝇滋生,人们又喜食生冷食品,极易引起胃肠功能失调。发病年龄以儿童发病率高,其次为中青年。细菌性痢疾主要通过粪口途径传播,即细菌随病人粪便排出,污染食物、水、生活用品或手,再经口感染,也可通过苍蝇污染食物传播。人群对细菌性痢疾普遍易感,感染后获得免疫力短暂且不稳定,由于不同菌群之间无交叉免疫,故易重复感染和复发。

2.菌痢的主要临床表现

潜伏期一般为1~2天,短则数小时,长可达7天,临床上分急性期和慢性期两期。急性普通型起病急,有发热、腹泻、腹痛、里急后重等症状,每日排便10余次至数十次。急性中毒型起病急骤、高热、惊厥、嗜睡、昏迷,伴有严重的毒血症,多见2~7岁儿童。

慢性菌痢指病程超过2个月病情未愈者,发生的原因可能与急性期治疗不及时、不彻底,耐药菌株感染,营养不良,免疫力低下等有关。

3.菌痢的预防措施

主动了解细菌性痢疾的防病知识,注意饮用水卫生和饮食卫生,不饮生水,不吃生的海鲜、水产品,不吃腐烂变质食物,生吃瓜果要洗净,剩余的食品要正确存放,食用前要彻底加热。注意培养良好的个人卫生习惯,做到饭前便后洗手,不买不洁净、不安全、过期食品,把好"病从口入"这一关。平时还应加强体育锻炼,合理膳食,提高机体的免疫力。

(三)肺结核

1.肺结核的概念

肺结核是由结核分枝杆菌入侵肺部引起的感染性疾病,是各种结核病中最常见的类型,约占全身结核病的80%~90%,其中痰中排菌者称为传染性肺结核病。肺部病灶中的结核杆菌除沿支气管在肺内播散外,还可穿过胸膜引发结核性胸膜炎;通过血液、淋巴管等播散至全身各器官,引发相应器官的结核病。未经治疗的排菌病人是最重要的社会传染源。主要是经呼吸道传播。

近10年来,结核病在全球呈明显上升趋势,成为传染病中第一杀手。我国结核病疫情也相当严重,病人总数仅次于印度,列全球第二位。结核病的死亡人数居法定传染病疫情报告之首位。该病属慢性传染病,早期无自觉症状,多在健康检查时才被发现,故其发病季节性不强。近年我国中学生和大学生中结核病发病率明显上升。总结我国结核病疫情特点是:高感染率、高肺结核患病率、死亡人数多和地区患病率差异大。

2.肺结核的临床表现

(1)全身症状。发热是早期活动性结核病的主要症状之一,轻症病人多为低热,病变恶化、合并感染或重症病人可有高热。结核病人发热特点是,长期午后低热,凌晨降至正常,急性粟粒型肺结核患者可表现为持续高热。部分患者可伴有倦怠、乏力、盗汗、食欲减退、体重减轻、失眠、月经不调、易激惹、心悸、面颊潮红等症状,或无明显自觉不适。

(2)呼吸系统症状。咳嗽咳痰为最常见症状,也是排除气道分泌物的生理反应。早期肺结核病人常常无痰,当结核病进展出现干酪坏死空洞形成或合并感染时痰量才逐渐增多;咯血,三分之一至二分之一病人在不同病期有咯血。咯血量不等,可为痰中带血、血痰或咯血。多数为少量咯血,少数为大咯血。胸痛,部位不定的隐痛常是神经反射作用引起。固定性针刺样痛,随呼吸和咳嗽加重而侧卧位症状减轻,常是胸膜受累的缘故;膈胸膜受刺激,疼痛可放射至肩部或上腹部;呼吸困难,一般肺结核病人无呼吸困难。当气管受压,肺不张,大量胸腔积液、胸膜增厚和肺气肿时,病人才感到呼吸费力。

3.肺结核的预防措施

（1）控制传染源。从当地疫情实际出发，定期开展重点线索调查和健康检查，普及肺结核知识，尽早治疗肺结核病人。对于开放性肺结核患者可以适当进行空气隔离，并加强宣教，不随地吐痰以免增加其对公共人群的传染危害。遵循直接督导下短程化疗策略，督导患者整个治疗过程。

（2）切断传播途径。病人及医务人员戴14层棉纱口罩或其他防护性口罩均能减少呼吸道的细菌数量，对结核菌的呼吸道传播有一定的预防作用。管理好患者的痰液。用2%甲皂酚消毒，污染物阳光曝晒。

（3）保护易感人群。新生儿必须及时接种卡介苗。卡介苗（BCG）是一种无毒牛型结核菌活菌疫苗。接种后机体反应与低毒结核菌原发感染相同，产生变态反应同时获得免疫力。除对结核病有一定特异性抵抗力外，对其他细胞内病原菌感染和肿瘤的非特异性抵抗力亦有提高。学习和生活环境应经常通风。锻炼身体，养成良好的生活习惯。

三、艾滋病的预防和治疗

（一）艾滋病的危害

1.艾滋病对个人的危害

人体一旦感染上艾滋病病毒，它将损害人体的免疫功能，使人体抵抗力逐渐下降，从而容易引起以机会性感染和恶性肿瘤为主要临床特征的传染性疾病，最后导致死亡。由于很多人对艾滋病的传播途径缺乏了解，在心理上造成了对艾滋病的恐惧，加之有的人是因为性乱、吸毒等违背法律和道德的行为而感染，所以艾滋病病毒感染者和患者往往受到社会的歧视，也很难得到亲友的关心和照顾。有的艾滋病病毒感染者在就业、子女上学、医疗等方面都受到了歧视。由于艾滋病目前还不能治愈，一个人一旦知道自己感染上了艾滋病病毒，无异于听到了死刑的宣判，在心理上难免产生巨大压力，有的可能发生过激行为甚至报复社会，有的可能因感到绝望而自杀。

案例分析

一个名叫小曼的26岁姑娘，在一次酒后与刚认识不久的男生发生了一夜情，后被医院检查出感染了艾滋病病毒。周边的同事与朋友得知这个消息全都疏远她，不愿与她继续往来，并且她也找不到合适的工作，失去了经济来源。于是在某一天的晚上从20楼跳下，结束了自己的生命。在这个悲剧中，夺走她生命的不是艾滋病而是身边人的歧视。

上述案例告诉我们，不要歧视艾滋病病毒感染者及患者，给予他们人道主义的关心和帮助有利于预防和控制艾滋病的负面影响。

2.艾滋病对家庭的危害

社会上对艾滋病病毒感染者的种种歧视态度,不可避免地会殃及其家庭,他们的家庭成员和他们一样,也将背上沉重的心理负担。由此极易产生家庭不和,甚至导致破裂。而艾滋病病毒感染者本人也会因此无处栖身,被迫推向社会,引起其他问题。从艾滋病病毒感染者的年龄看多为青壮年,他们往往是家庭经济的主要来源。一般都是上有老下有小,需要他们支撑着这个家,当他们本身不能再工作,又需要支付高额的医药费用时,其家庭经济状况就会很快恶化。艾滋病病人的家庭结局一般都是留下孤儿无人抚养,或留下父母无人养老送终。

3.艾滋病对社会的危害

在现有的医疗技术水平下,艾滋病至少在短时期还无法治愈。一旦形成蔓延之势,其传播速度之快超乎想象,艾滋病夺去的大多是19至49岁青壮年的生命,使国家丧失大批青壮年劳动力及科技人才,影响了经济的发展。统计表明,因艾滋病流行导致撒哈拉以南非洲国家的经济下降2%~4%。就我国而言,各级政府每年都要拿出一笔经费用于防治艾滋病。艾滋病的流行导致了大量的孤儿,并由此带来一系列的社会问题。目前全球约有1400万因艾滋病失去单亲或双亲的孤儿,其中大约80%生活在撒哈拉以南非洲国家。我国19%的艾滋病病毒感染者家庭有5岁以下儿童。这些儿童在他们未成年以前将失去父亲、母亲或双亲,成为孤儿,又会给社会带来沉重负担。受艾滋病影响的孤儿不仅失去亲人的关爱和照顾,而且其基本的居住、饮食、健康和教育的权利也受到严重影响。

知识拓展

在云南边境的一些村子里,由于毒品泛滥和艾滋病猖獗,不少青壮年都因吸毒成瘾而丧失劳动能力,导致田地荒芜无人耕种。有的由于共用注射器吸毒感染上艾滋病病毒,发病后丧失了劳动能力,不仅不能通过生产劳动增加家庭收入,而且由于治疗费用加大了支出,既严重影响了自己的生活质量,也影响了当地的形象和经济发展。

(二)艾滋病的传播途径

1.艾滋病传播具备的三个条件

(1)HIV感染者存在。必须存在HIV的传染源,才有可能发生感染和传播。有些人担心和怀疑只要有过某些行为,如性行为,就会得艾滋病,即使没有HIV的存在也一样,这种观点是错误的。

（2）足够量的病毒从感染者体内排出。HIV的数量只有达到一定的水平才会导致感染的发生。例如，感染者的血液、精液、乳汁中带有比较多的病毒，只要少量就足以感染别人，接触这些体液感染的危险性比较高。而唾液、泪液和尿液中病毒含量很少或者没有病毒，因而日常生活接触不会传播艾滋病病毒。

（3）HIV必须进入受感染者的血液中。光是接触到有病毒的体液并不足以感染上HIV，健康、无破损的皮肤可阻止HIV进入机体，能有效地防止HIV感染。HIV可以通过伤口或溃疡面进入机体，或者透过肛门、直肠、生殖道、口腔、眼睛等处的黏膜进入人体。

在成人中，HIV传播的比例为：异性传播71%、同性恋传播15%、静脉吸毒者7%、血液传播5%、其他原因不明者2%。

2.艾滋病的性传播

（1）同性恋。一项调查显示，同性恋中有30%的人采用肛交，这种性交方式传播艾滋病病毒的危险性是最大的。因为感染艾滋病病毒男子的精液中含有大量的艾滋病病毒，并且他们在进行性交时，由于肛门直肠黏膜比较脆弱，经常摩擦会造成肛门黏膜表面损伤，形成创口，带有艾滋病病毒的精液就通过创口进入血液循环系统，使人体感染艾滋病病毒。而且，男同性恋一般有多个性伴侣，有50%的男同性恋一生中可能有10个以上的性伴侣，所以艾滋病最早是在同性恋群体中暴发的。同时，还有些人采用口交的方式，这种方式也较容易传播艾滋病。一方面是因为一方有口腔疾病，另一方面是因一方的外生殖器在口交时难免被对方的牙齿咬伤。只要有伤口，即使是肉眼看不到的伤口，也会导致艾滋病病毒的侵入。

（2）异性恋。目前异性性接触已经成为全球传播艾滋病的主要途径，异性性接触在性接触感染艾滋病病毒的比例为80%左右。某些地区，性工作者在艾滋病的传播中起着重要的作用。在非洲，性工作者的感染率高达88%；目前印度的艾滋病病人和艾滋病病毒感染者中的大多数都是被性工作者所传染的。由于他们流动性较强，并且不坚持使用保护措施，很容易将感染的艾滋病病毒传染给其他人。

异性间多采用阴道性交，只有少数人采用肛交，也有一些人采用口交的形式。阴道性交与肛交相比较而言，危险性比较小，但是女性的阴道黏膜也是很脆弱的，经过多次摩擦也会导致有细微的擦伤和小伤口，艾滋病病毒就会侵入女性的体内。在异性性交时，更容易患艾滋病。根据美国和英国的学者研究，发现如果一位妇女经常性地同一位男性艾滋病病毒感染者发生性关系，用不了多久她的血清反应就会变成阳性。但是在同一条件下，男性能抵抗两年。

3.艾滋病的血液传播

艾滋病病毒通过血液传播的方式主要有使用被病毒污染的针头、注射器，接受带有病毒的血液或血制品，还有医疗方面的传染。

（1）静脉注射毒品。由于很多吸毒者都喜欢集中吸毒并且共用针头，如与艾滋病病毒感染者共用一个注射器，其艾滋病病毒就留在了针头上，其他人使用了带有病毒的注射器，那么其病毒就进入了人体中，从而导致艾滋病在吸毒者中快速传播。

（2）输入带病毒的血液或血制品。因为在艾滋病的空窗期，血液是无法检测到艾滋病病毒抗体的，供血者可能也不知道自己感染了艾滋病病毒。血友病病人患有艾滋病的概率较高。输血和用过血液制品的人也有被感染艾滋病病毒的可能性，但不是每个输血者都会感染艾滋病病毒。如果输过血，到医院定期检查艾滋病病毒抗体是必要的，以便早发现早预防。

（3）医疗方面的传播。医疗器具不洁，造成艾滋病病毒感染。大家在就医时，一定要选择消毒严格的医院，不仅病人，还有医务人员也会受到不洁医疗器具的毒害。他们大多是不小心刺伤皮肤及外伤引起，个别是因为护理艾滋病患者而感染艾滋病。因而使用被血液污染而没有严格消毒的医疗器具是很危险的。此外，接受器官和骨髓移植也容易感染艾滋病。

4.艾滋病的母婴传播

母婴传播是指患有艾滋病或携带有艾滋病病毒的孕妇通过胎盘将艾滋病病毒直接传染给胎儿，或者在产程中（出生时通过产道）和产后（通过哺乳）将艾滋病病毒传染给新生儿。这种传播途径叫母婴传播。如果不经过任何治疗，感染艾滋病病毒的孩子往往会在5岁以前死亡。据报道，母婴感染概率在7%~10%，艾滋病婴儿的父母一方约73%是患有艾滋病或是艾滋病病毒感染的高危人群；所有被艾滋病病毒感染的婴儿，其母亲都是血清试验阳性的艾滋病病毒携带者；而在父亲带有艾滋病病毒，母亲不带艾滋病病毒的家庭中，到目前为止，尚未发现过有艾滋病婴儿。这充分说明，婴儿感染艾滋病病毒是源于母亲而不是父亲。在多数情况下，往往是父亲先感染艾滋病病毒，后传给母亲，最终传给了婴儿。

（三）艾滋病的临床表现与治疗

1.艾滋病的临床表现

艾滋病病毒进入人体后的繁殖需要一定的时间，从感染艾滋病病毒到发病有一个完整的自然过程，感染艾滋病病毒的头三个月叫"窗口期"。在"窗口期"，艾滋病病毒感染者的血液检测查不到艾滋病病毒抗体，结果呈阴性。"窗口期"的长短个体有差异，一般6周到6个月，平均为3个月。从艾滋病病毒感染者发展到艾滋病患者可由数月至数年，一般为8~10年，最长可达19年。当感染者的免疫功能被破坏到一定程度后，其他病菌就会乘虚而入，这时感染者就成为艾滋病患者了。

艾滋病的临床症状多种多样，一般初期的开始症状为伤风、流感、全身疲劳无力、食欲减退、发热、体重减少，随着病情的加重，症状日渐增多，如皮肤、黏膜出现白色念球菌感染，以及单纯疱疹、带状疱疹、紫斑、血肿、血疱、滞血斑，皮肤容易损伤，伤后出血不止等；以后逐渐侵犯内脏器官，不断出现原因不明的持续性发热，可长达3~4个月。还可出现咳嗽、气短、持续性腹泻便血、肝脾肿大、并发恶性肿瘤、呼吸困难等。由于症状复杂多变，每个患者并非上述所有症状全部出现。一般，常见一两种以上的症状。

2.艾滋病的预防

（1）艾滋病性接触传播预防。要预防艾滋病传染，就要规范个人行为，做到洁身自爱、遵守性道德，避免婚外性行为；同性恋者必须停止多性伴的性乱活动，要对自己的性伴进行了解，看其是否已经被艾滋病病毒感染；严格约束自我的性行为，克制性冲动，不卖淫、嫖娼；正确认识和使用安全套，避免直接与艾滋病患者的血液、精液、阴道分泌物、尿液和乳汁接触；使用安全套对艾滋病病毒感染有一定预防作用，当有性接触时，要正确使用质量合格的安全套。

（2）艾滋病血液感染预防。杜绝静脉吸毒行为，切忌与他人共用注射器具吸毒；使用一次性消毒的注射器或自己专用的注射器具，如果在万不得已的情况下共用，每次注射前必须彻底消毒；提高自我保护意识，避免使用不安全的血液和血液制品，在接受输血或手术时需要了解是否安全，当患者本人不能这样做时，家属一定要重视了解情况；主动监督血站的消毒和无菌操作措施，使用无菌针具，不与他人共用针头、针管、纱布、药棉等用具。

（3）艾滋病母婴途径传播预防。婚检、孕检和产前检查是预防疾病、优生优育的三道防线。婚前体检应化验艾滋病病毒抗体，婚检结果要告知男女双方，避免"知情不报"情况发生。婚后双方都必须严格遵守性道德，互相绝对忠诚。已经感染上艾滋病病毒的妇女要避免怀孕。感染艾滋病病毒的妇女如果怀孕，应考虑人工流产。如考虑保留胎儿，可以到当地疾病预防控制中心进行详细咨询，采取母婴阻断治疗措施，服用有关抗艾滋病的药品，婴儿感染艾滋病病毒的可能性就会降低很多。采用剖腹产，人工喂养。

任务三　意外伤害与处理办法

一、人工呼吸和心肺复苏技术训练

（一）人工呼吸

人工呼吸是根据呼吸运动的原理，用外力使胸廓扩大或缩小，引起肺被动地扩张或收缩，以帮助病人恢复呼吸。人工呼吸的方法有口对口吹气法、俯卧背压法、仰卧压胸法等。口对口吹气法的方法简便、效果好,使用比较广泛。

1. 人工呼吸前期准备

轻拍重唤:轻拍患者的双肩或靠近患者耳旁呼叫:"喂,你怎么了!"如果患者没反应,就要准备急救。摆体位:摆放为仰卧位,放在地面或质地较硬的平面上(千万不可以放在沙发、草坪及软质的东西上)。清除异物:清除口腔内的异物,如淤泥、假牙、口香糖、槟榔等。开放通道:患者意识丧失时,舌后坠,可将呼吸道阻塞。应该压头抬颏,舌和会厌会抬举,解除阻塞。判断呼吸:压头抬颏后,随即将耳贴近患者嘴鼻,眼看胸部有无起伏,耳听鼻部有无气流,面部感受有无气息,若没有胸部起伏、气息、气流,感觉没有呼吸,即可进行人工呼吸,这些判断需要在10秒内完成。

2. 人工呼吸具体操作

首先,用拇指与食指捏紧患者的鼻翼,捏住鼻孔。其次,抢救者深吸气、口包口(要把病人的口部完全包住),要密闭,缓慢用力向病人口内吹气,缓慢吹气会扩张萎缩的肺,减小胃膨胀,膈上升,防止食物反流误吸。吹入气体量为700~1100ml,吹气时间1~2秒。一次吹气完毕后,松鼻、离唇、眼视胸部,停顿4秒进行第二次。人工呼吸每分钟14~18次。最后,人工呼吸有效标准:能自主进行呼吸。

3. 注意事项

口对口人工呼吸时,可在患者口上垫一层纱布,不要漏气,吹气力量要足。每次吹气量不要过大。若吹气量过大,可能造成胃内充气,导致食物反流。对儿童施行人工呼吸时,应根据儿童年龄控制吹气的力量,避免用力过大而损伤肺泡。

(二)胸外心脏按压

胸外心脏按压形成人工循环是心搏骤停后唯一有效的方法。建立人工循环的方法有胸外心脏按压及开胸心脏按压。在现场急救中,只能应用胸外心脏按压术,开胸心脏按压只适用于医院内,由专业人员操作。

1. 胸外心脏按压前期准备

颈动脉位于喉结外侧2~3cm处,可以顺着耳朵下缘向前,摸到颈动脉,看看有没有搏动。了解心脏位置,找到按压点,沿肋骨缘向上滑到胸骨底部,即剑突上二横指的地方。简单寻找按压点的方法就是位于两乳头之间。

2. 胸外心脏按压具体操作

第一步,患者仰卧在硬质的木板上或坚实平坦的地方,以免因垫卧物柔软而抵消了按压的力量。

第二步,救护人站在患者的左侧,正确的按压方法是双手重叠、十指交叉、掌根紧贴按压点,患者如果是儿童,那么,用一只手加压就够了,如果是婴儿,只要用一只手的指尖按压胸骨即可。

第三步,按压应平稳,有规律地进行,不能间断;按压时,垂直向下用力,要有冲击性。

第四步，每次按压后，应立即放松，使胸廓复位，心脏舒张。按压深度：成年人：胸骨下陷4~5cm；未成年人：胸骨下陷2~3cm；婴幼儿：胸骨下陷1~2cm。按压频率：100次/分。有效标准：能触摸到颈动脉搏动。

第五步，心脏按压应与人工呼吸同时进行，如有两个人同时抢救，一个人做口对口人工呼吸，一个人做心脏按压，每按压4~5次，吹1口气；做心脏按压的救护人员感到疲劳时，可以和做人工呼吸的救护人员互换。但不能中断按5∶1的速率进行的心脏按压和人工呼吸动作。交换位置时，做人工呼吸的救护人员在向伤病员肺内吹气之后，立即向其胸部另一侧移动，双手靠近正在做心脏按压动作的救护人员手旁，手一到位，做心脏按压的人就可以将双手撤回到做人工呼吸。如果只有1个人抢救，则按压心脏与人工呼吸次数比应为15∶2。

第六步，人工呼吸及心脏按压有效，可以见到伤病员面色转红润，自主呼吸逐渐恢复，能摸到颈动脉搏动，能听到心跳的声音。

3.注意事项

按压时，抢救者要以髋关节为支点，肘部不能弯曲，用力要垂直。否则按压力量不够，按压深度不足，会使按压无效。正常应为手掌根紧贴按压点，若按压定位不正确，容易使剑突受压折断而致肝破裂。向两侧错位易致肋骨或肋软骨骨折，导致气胸、血胸。冲击式按压，若用力过猛，易导致骨折，应该控制好力量。救护人员尽量不要因为疲劳就随意停止抢救。要坚持到恢复心跳和自主呼吸，或者坚持到医生赶来。在没有任何复苏迹象的情况下至少要救45分钟。

二、扭伤的处理

大学生在运动时，或上下楼梯，不小心容易扭伤，拉伤。具体处理办法如下。

无皮肤破损，可以将扭伤处垫高，采用冷敷、施压，然后用绷带将受伤关节紧扎起来，并限制关节活动，避免再出血。用两块毛巾浸泡在冷水中，交替使用，或用热水袋灌入1/3~1/2袋冷水，排出空气。要经常翻转，保证接触皮肤部位有凉感，达到冷敷的作用，因为在损伤的急性期即24小时内，皮下软组织周围的小血管会发生破裂。冷敷可减轻肿胀，同时用绷带包扎压迫扭伤部位，这样不仅保护和固定受伤关节，也可帮助减轻肿胀。在伤后24小时内，不可对患部做热敷。

受伤48小时后，可用热水或热毛巾热敷患处，也可用加热的食醋浸泡受伤的脚踝（每天浸泡2~3次，每次浸泡15分钟）。并可在患处进行按摩，促使血液循环加速，肿胀消退，有条件的还可进行理疗。一般12天后，肿胀与疼涌开始减轻，患肢也可以做些轻微活动。经过以上治疗以及相应的肢体锻炼，一般扭伤的肌肉和韧带都能痊愈，恢复到原来的状态。

腰部扭伤的病人应在硬床上躺卧休息,如不见好转要送医院检查治疗。如果局部疼痛严重,或有其他异常情况,也应及时去医院诊治。

三、简易包扎

普通胸部包扎。将三角巾顶角向上,贴于局部,如系左胸受伤,顶角放在右肩上,底边扯到背后在后面打结;再将左角拉到肩部与顶角打结。背部包扎与胸部包扎相同,唯位置相反,结打于胸部。注意一般家庭没有三角巾,但其在急救时用途较广,应配备。制作很简单,用一米见方的布,从对角线剪开即成。

螺旋包扎法。先将绷带缠绕肢体两圈固定,然后由受伤部位的下方开始,由下而上包扎;包扎时应用力均匀,由内而外扎牢,每绕一圈时,遮盖前一圈绷带的三分之二,露出三分之一;包扎完成时应将盖在伤口上的敷料完全遮盖。使用此法时绷带卷斜行缠绕,每卷压着前面的一半或三分之一。此法多用于肢体粗细差别不大的部位。

环形包扎法。这是绷带包扎法中最基本、最常用的,一般小伤口清洁后的包扎都是用此法。它还适用于颈部、头部、腿部以及胸腹等处。常用于肢体较小部位的包扎,或用于其他包扎法的开始和终结。包扎时打开绷带卷,把绷带斜放伤肢上,用手压住,将绷带绕肢体包扎一周后,再将带头和一个小角反折过来,第一圈环绕稍作斜状,第二圈、第三圈作环形,并将第一圈斜出的一角压于环形圈内,这样固定更牢靠些。最后用粘膏将尾固定,或将带尾剪开成两头打结。

四、催吐办法

催吐,指使用各种方法,引导促进呕吐的行为。常用的方法是使用手指,按压舌根,并碰触扁桃体,使机体产生反射,并发生呕吐反应,或用双手挤压胃部以下位置,或轻拍背部对应于胃的位置等。也有使用药物催吐的方法,通常在医院进行。通过催吐的方法可以使人排除体内有毒的物质,效果往往强于洗胃。但是,频繁催吐,会因为胃酸反逆到口的过程中,灼伤食道和腐蚀牙齿,严重者会因为滥用催吐而患厌食症,丧失生活自理和工作能力。

五、海姆立克急救法

急性呼吸道异物堵塞在生活中并不少见,由于气道堵塞后患者无法进行呼吸,故可能致人因缺氧而意外死亡。海姆立克腹部冲击法(Heimlich Maneuver)也称为海氏手技,是美国医生海姆立克发明的。其具体操作方法如下。

急救者首先以前腿弓、后腿蹬的姿势站稳,然后使患者坐在自己弓起的大腿上,并让其身体略前倾。然后将双臂分别从患者两腋下前伸并环抱患者。左手握拳,右手从前方握住左手手腕,使左拳虎口贴在患者胸部下方,肚脐上方的上腹部中央,形成"合围"之势,然后突然用力收紧双臂,用左拳虎口向患者上腹部内上方猛烈施压,迫使其上腹部下陷。这样由于腹部下陷,腹腔内容上移,迫使膈肌上升而挤压肺及支气管,这样每次冲击可以为气道提供一定的气量,从而将异物从气管内冲出。施压完毕后立即放松手臂,然后再重复操作,直到异物被排出。

需要注意的是,海氏冲击法虽然有一定的效果,但也可能带来一定的危害,尤其对老年人,因其胸腹部组织的弹性及顺应性差,故容易导致损伤的发生,故发生呼吸道堵塞时,应首先采用其他方法排除异物,在其他方法无效且患者情况紧急时才能使用该法。如果患者已经发生心搏停止,此时应按照心肺复苏的常规步骤为患者实施心肺复苏,直到医务人员到来。

六、晕厥的处理

晕厥是指一种急起而又短暂的意识丧失过程。晕厥的发生,一般先有心慌、头晕、恶心、面色苍白、眼前发黑、全身发软等先兆症状。随即意识丧失,昏倒在地。倒地后多可迅速恢复知觉,同时伴有四肢无力、面色苍白、出冷汗等。休息片刻后多可恢复。大学生中常见的晕厥有反射性晕厥,如疼痛、紧张,恐惧、悲哀、闷热等引起的晕厥;心源性晕厥(多见于心律失常);脑原性晕厥;其他原因引起的晕厥,如低血糖,急性失血、失水,或因平卧及下蹲后起立过快,或因排尿,或因衣领过紧,或因剧烈运动,等等。发生晕厥的具体处理方法如下。

晕厥发生时,首先应观察其脉搏或心跳以及有无其他伴随症状,如尖叫、牙关紧闭、口吐白沫等,以排除猝死、癫痫等其他疾病。晕厥发生后,应迅速将患者移至空气流通处,头低位平卧(脑后不要垫枕头),大多即可恢复。指掐人中穴(鼻唇沟上三分之一,下三分之二处),针刺人中穴、十宣穴(即十指尖端,甲下约3mm)、百会穴(两耳尖直上头顶正中)等,可有助于知觉恢复。

如果是因为注射或针灸所致者应立即出针;衣领过紧的应立即解开衣领并避免穿领子过紧的衣服;有直立性低血压者,平卧或下蹲后起立要慢,避免骤然改变体位,不要穿弹性长袜或紧身牛仔裤;心源性晕厥应治疗心律不齐;低血糖的可静脉推注50%葡萄糖液或口服热糖水;因痛经所致者应治疗痛经;因失血所致者应查找失血原因予以止血或输血,失水者应予补液等。

晕厥的发生多与身体素质较差、机体代偿能力不完善有关,因此加强体育锻炼,增强身体素质十分重要,同时要注意饮食营养以及保证足够的睡眠时间。

总之,大学生应该掌握基本的急救知识,学会在必要的时刻保护自己和他人,但如果出现紧急情况除了必需的应急反应之外,还应该第一时间联系医院,尽快送往医院进行专业救治。

📖 课后自习

一、案例阅读

12月1日是世界艾滋病日,自从1981年世界首例艾滋病患者出现以来,艾滋病在全球迅速蔓延。1987年2月,我国诊断出大陆首例艾滋病患者,从此敲响了艾滋病踏入国门的警钟。虽已年届九旬,郑育英还清晰地记得患者刚送来医院的容貌,很瘦,因为长期反复地莫名低烧,患者看起来十分虚弱。这名36岁的男性患者林某(化名)原是福建籍,1975年前后,他去香港定居,不久去往美国纽约一家餐馆当了5年厨师。

1981年回国探亲,第二年又接着去美国工作了4年。从1986年1月开始,各种奇怪的症状就逐渐缠上了他,没有诱因的双上肢麻木,拿东西时不自觉地掉落,突然地双目眼前黑蒙,间隔数日至一周又发作,同时还有不规则低烧……美国的医院并未能明确他的病因,只是诊断为神经衰弱、贫血、过度疲劳等,治疗3周后,有短时间缓解。临近1986年底,症状越发严重的林某决定回国就医。在国内,他历经几家医院,曾误诊为"原发性癫痫""SLE"。最后,在1987年1月中旬到福建省立医院住院。"面对林某种种的莫名病症,专家来了一拨又一拨,也给他做了各种各样的检查,可始终摸不清他的发病原因,感觉就是个'四不像'。"郑育英回忆说。当时还是住院医师的郑小敏成为林某的主管医师,她说,医生们给林某查心脏,发现心脏有心包积液,有心肌损伤。查脑部,发现有脑萎缩、脑电图异常。查眼底,眼底也有渗出……"查什么似乎都有问题,可单纯用我们已知的疾病去套,却又都不是。"郑小敏说。就在大家都一筹莫展的时候,郑小敏找到林某,询问了他在国外的性生活情况。这一询问,竟然发现林某与在美国艾滋病流行区的性工作者有过性接触。想到患者目前消瘦,体重减轻30%以上,长期不规则发烧(一年),出现了两个月以上的腹泻,以及不易治愈的感染、发烧等症状,一个惊人的推断蹿入郑小敏的脑海中——难道是艾滋病?

要知道,国内此前还未有中国人感染艾滋病的报告,关于艾滋病,始终是蒙着一层神秘而恐怖的面纱。得知郑小敏的推断后,时任省立医院副院长的钱维顺马上邀请了传染病院的专家前来会诊,大家也高度怀疑为艾滋病。要说服同仁相信中国已经出现艾滋病人,必须拿出血清学证据。很快,患者的血清被寄送到北京。几天后,在北京卫生防疫站和中国预防医学科学院的协助下,给血清做了HIV抗体检测,证明为强阳性。2月中旬,卫生部及中国预防医学科学院、北京协和医院等4位专家到省立医院会诊,认为可确诊为艾滋病。患者遂被转入专科病院。这个病例发现后,中国预防医学科学院向全国各省市进行了通报。随后,当时的中新社对外发稿,正式公开本例的诊断情况,向国内人民指出艾滋病已进入国门,引起国内外人民极大关注。

二、课后练习

1.什么是传染病? 常见的传染病有哪些?

2.简述乙肝的传染途径及预防措施。

3.结合实际,谈谈如何进行应急处理?

参考文献

[1]俞国良.心理健康教育前沿问题研究[M].北京:北京师范大学出版社,2021.

[2]吴增强,蒋薇美.心理健康教育课程设计[M].北京:中国轻工业出版社,2023.

[3]胡剑虹.大学生心理适应与发展[M].苏州:苏州大学出版社,2009.

[4]黄希庭,郑涌.大学生心理健康与咨询[M].北京:高等教育出版社,2000.

[5]桑志芹,李绍珠.大学生心理健康教程[M].南京:江苏人民出版社,1999.

[6]韦彦凌,等.大学生心理健康与咨询[M].北京:中国经济出版社,1995.

[7]张翼.大学生人际交往心理素质训练手册[M].北京:科学出版社,2022.

[8]林宁,等.人际关系与沟通[M].北京:清华大学出版社,2018.

[9]田建华,微表情心理学[M].北京:北京联合出版公司,2022.

[10]金晓明,等.大学生心理危机干预指南[M].杭州:浙江大学出版社,2023.

[11]齐德才,黄琦.校园心理危机识别与干预[M].北京:机械工业出版社,2020.

[12]孙宏伟.心理危机干预[M].2版.北京:人民卫生出版社,2022.

[13]孔燕,等.大学生心理健康教育[M].合肥:安徽人民出版社,2001.

[14]黄希庭,徐凤姝.大学生心理学[M].上海:上海人民出版社,1988.

[15]张厚粲.大学心理学[M].北京:北京师范大学出版社,2002.

[16]盖凤武.心理健康教育[M].南京:东南大学出版社,2003.

[17]郑日昌.大学生心理卫生[M].济南:山东教育出版社,2001.

[18]李百珍.青少年心理卫生与心理咨询[M].北京:北京师范大学出版社,1997.

[19]周莉.大学生心理健康教育[M].北京:中国人民大学出版社,2019.

[20]胡谊,张亚,朱虹.大学生心理健康教育[M].上海:华东师范大学出版社,2019.

[21]许世彤,区英琦,肖鹏.性科学与性教育[M].北京:高等教育出版社,2004.

[22]许毅.性的奥秘[M].北京:人民卫生出版社,2000.

[23]中国性科学百科全书编辑委员会,中国大百科全书出版社科技编辑部.中国性科学百科全书[M].北京:中国大百科全书出版社,1998.

[24]李中莹.爱上双人舞[M].北京:世界图书出版公司,2005.

[25]戴尔·卡耐基.卡耐基人际交往心理学[M].张然,译.北京:中国国际广播出

版社,2017.

　　[26]马歇尔·卢森堡.非暴力沟通:修订版[M].刘轶,译.北京:华夏出版社,2021.

　　[27]理查德·格里格,菲利普·津巴多.心理学与生活(第19版)[M].王垒,等,译.北京:人民邮电出版社,2016.

　　[28]卡伦·霍妮.自我分析[M].徐娜,译.北京:世界图书出版公司,2023.

　　[29]戴维·伯恩斯.伯恩斯焦虑自助疗法[M].叶可非,译.北京:世界图书出版有限公司,2023.

　　[30]理查德·K.詹姆斯,佰尔·E.吉利兰.危机干预策略(第七版)[M].肖水源,等,译.北京:中国轻工业出版社,2018.

　　[31]维克多·弗兰克尔.活出生命的意义[M].吕娜,译.北京:华夏出版社,2021.

　　[32]斯宾塞·A.拉瑟斯,等.性与生活[M].甄宏丽,译.北京:中国轻工业出版社,2007.

　　[33]杰拉尔德·科里,等.心理学与个人成长[M].王晓波,译.北京:中国轻工业出版社,2007.

　　[34]莎伦·布雷姆,等.亲密关系[M].郭辉,等,译.北京:人民邮电出版社,2005.

　　[35]陈欣.心流体验及其研究现状[J].江苏师范大学学报(哲学社会科学版),2014,40(5).

　　[36]薛绍鸥,辛小林,张雷.大学生希望感研究现状[J].承德医学院学报,2017,34(5).

　　[37]林艳艳,李朝旭.心理学领域中的爱情理论述要[J].赣南师范学院学报,2006(1).

　　[38]杜红霞.大学新生如何尽快适应学校生活[J].湖北经济学院学报(人文社会科学版),2005(2).

　　[39]石冬晓.谈如何提高大学毕业生的社会适应能力[J].漯河职业技术学院学报,2012,11(4).

　　[40]余国政.大学生适应与发展的特点及途径[J].湖南科技学院学报,2007(11).

　　[41]蒋长好,陈婷婷.身体活动对情绪的影响及其脑机制[J].心理科学进展,2014,22(12).

　　[42]冯斌.强迫症的诊断和治疗[J].浙江医学,2020,42(2).

　　[43]李佑波,吴比.大学生同居态度调查[J].当代青年研究,2006(2).

　　[44]温蓉.大学生婚恋观的现状及特点分析:基于对西北民族大学的调查[J].湖北广播电视大学学报,2011(6).